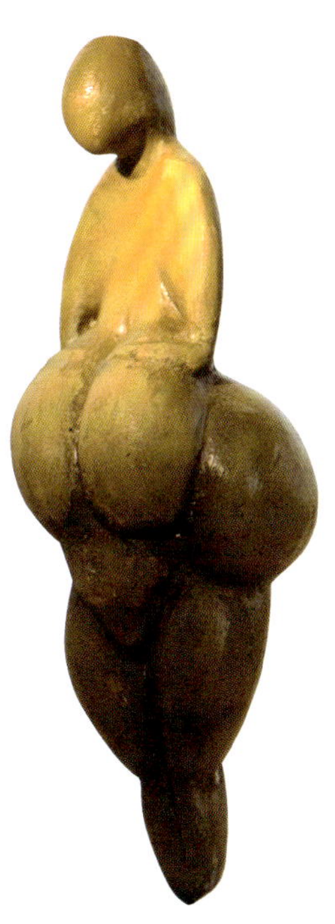

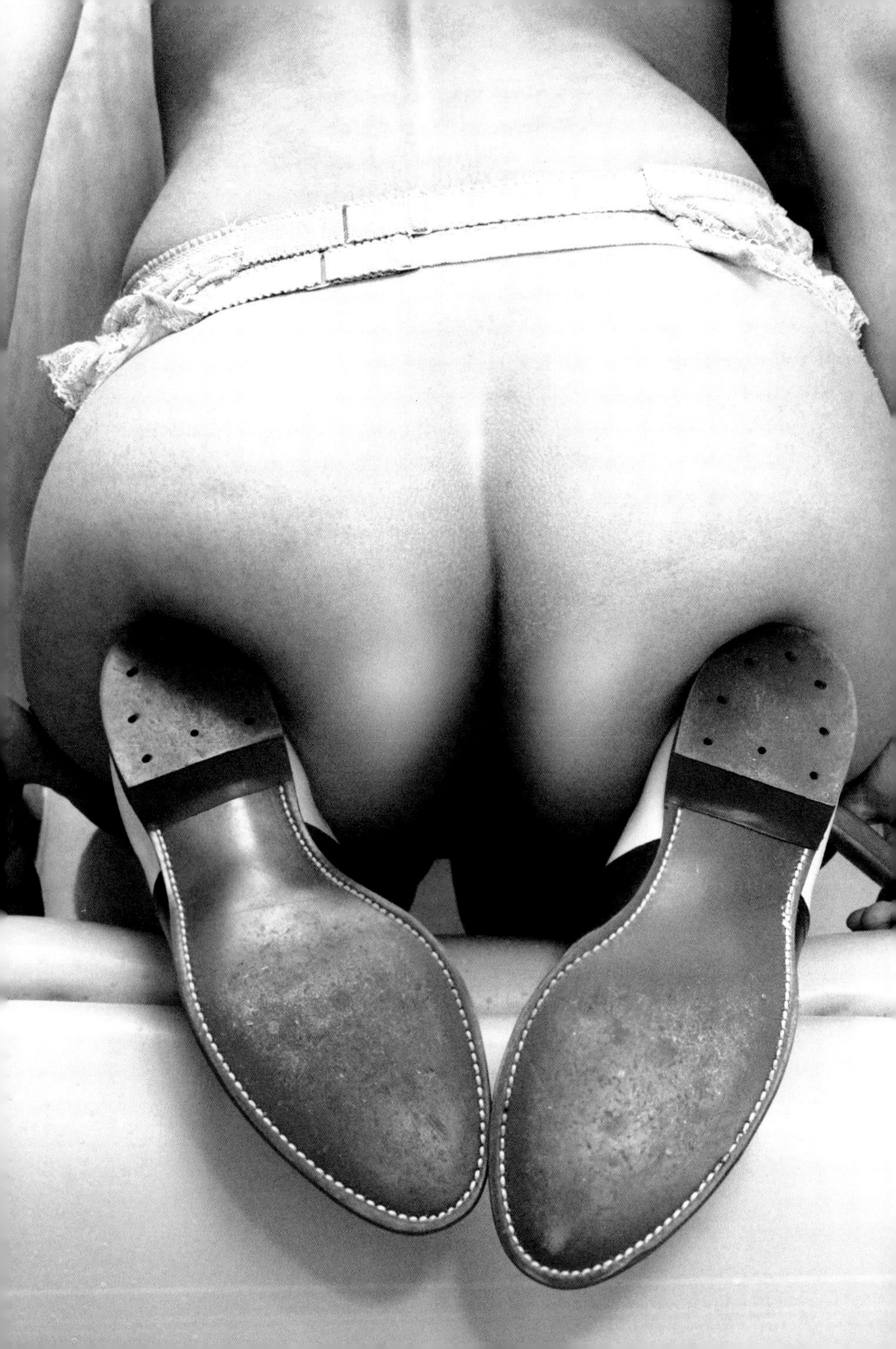

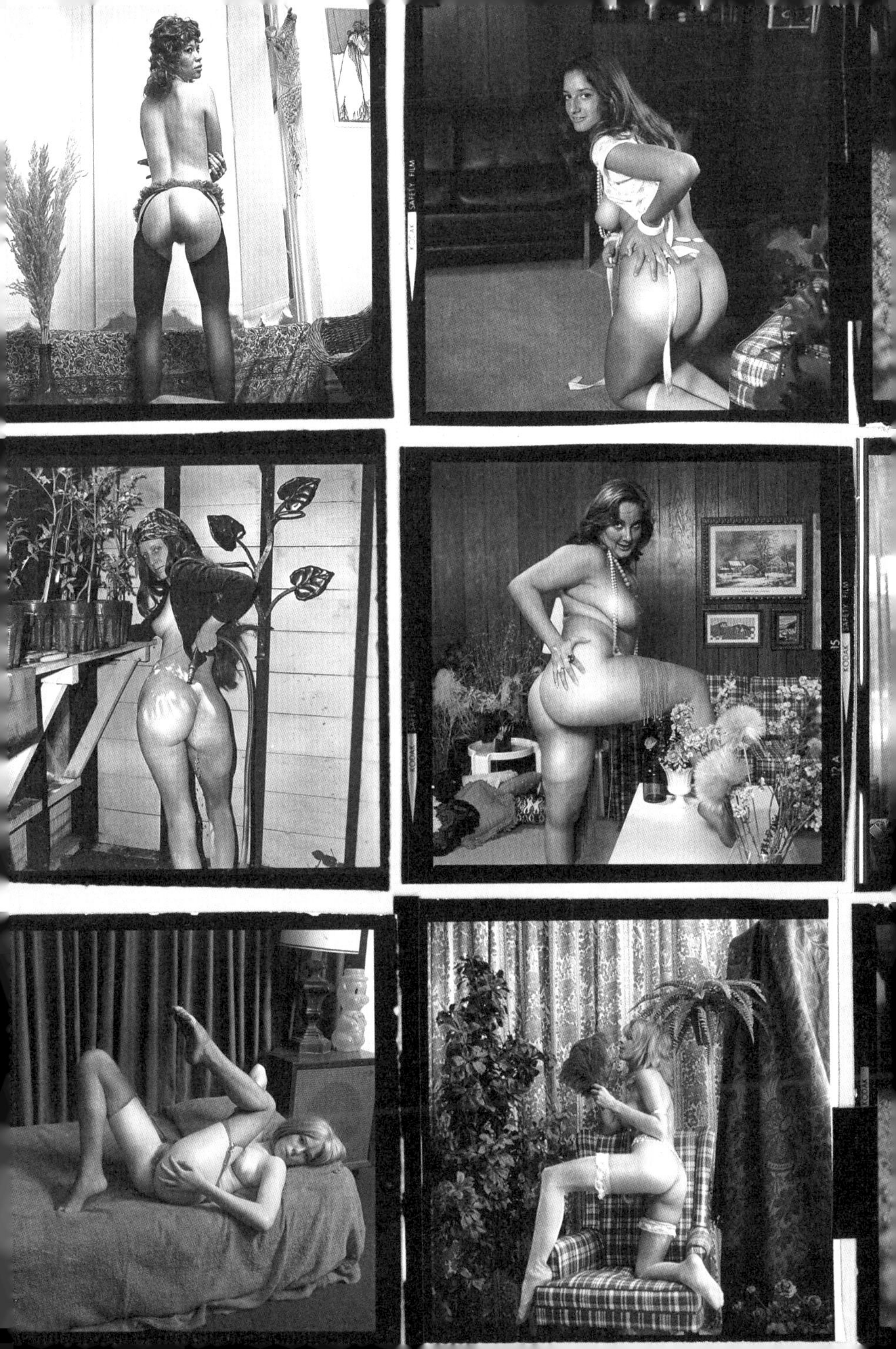

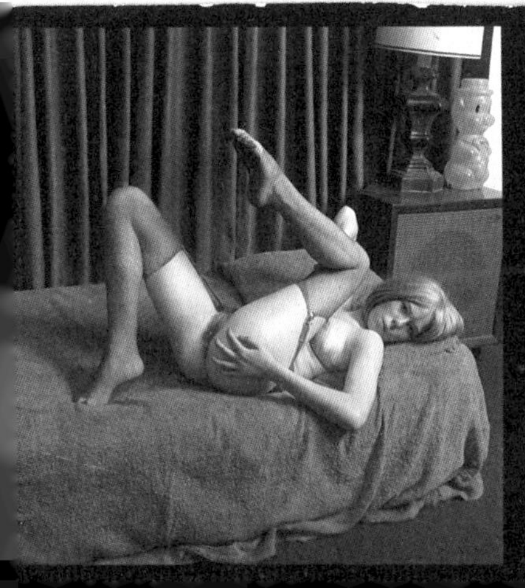
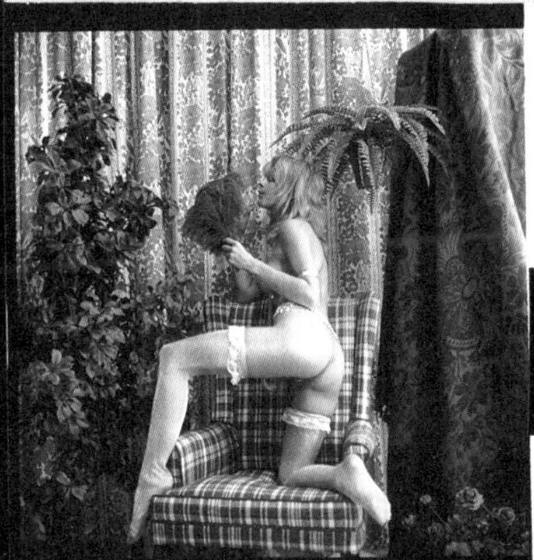

DIAN HANSON

THE LITTLE BIG

Butt Book

The Tiny Tome of Tasty Tush

TASCHEN

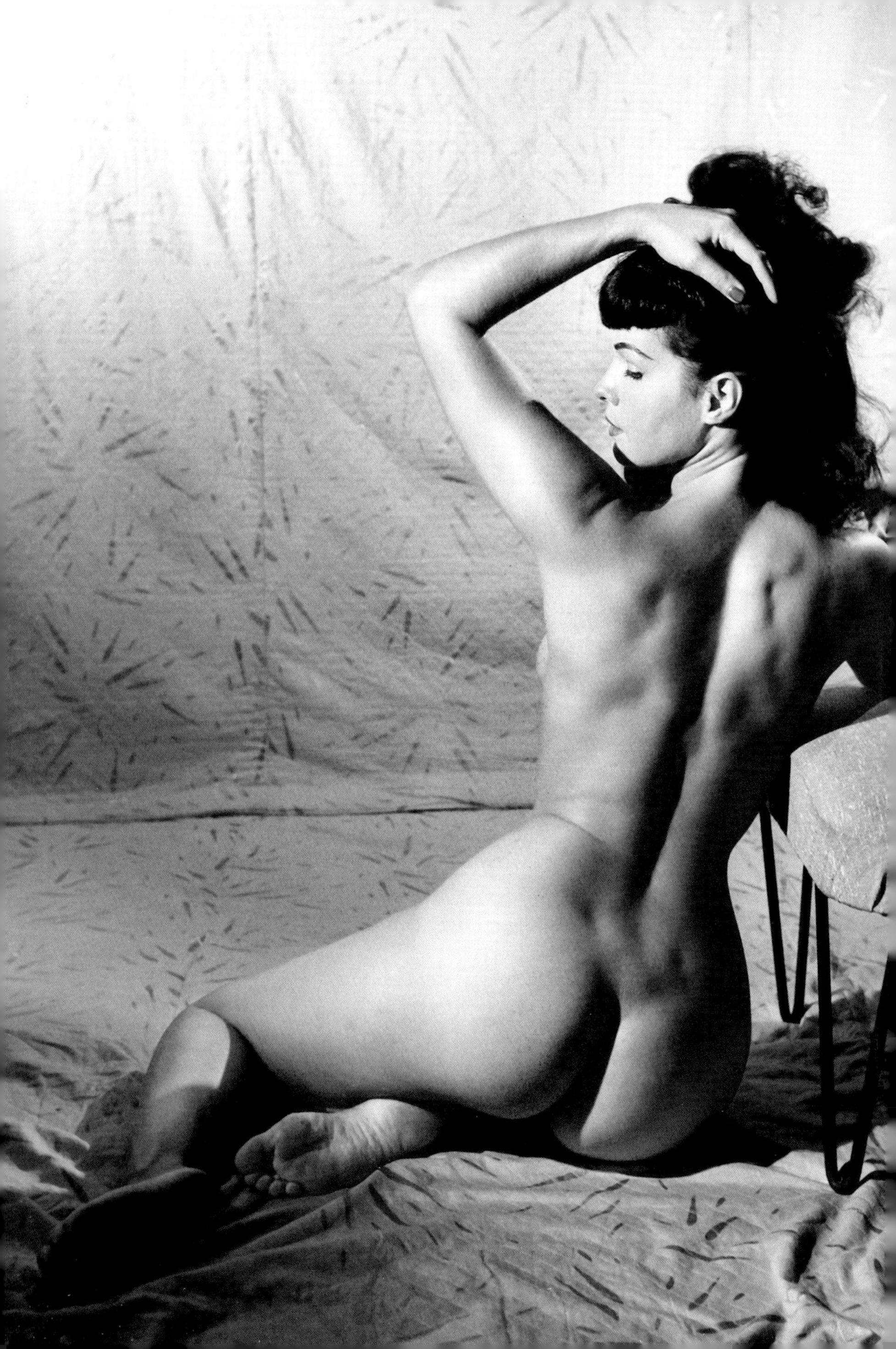

I Like Big Butts

BY DIAN HANSON

Italians think buttocks bring good luck, and touch them before placing a bet. Ancient Greeks built a temple to them, while medieval Germans hung them out the door to repel Satan. Biologist Dennis Bramble says that our "huge" human butts are simply the means for us to run, and "keep you from pitching over on your nose each time a foot hits the ground." But to every pygophiliac, the clinical term for butt lovers, the female fundament is made to please the eyes, hands, and parts south, as eloquently explained by Sir Mix-A-Lot: "My anaconda don't want none/ Unless you've got buns, hun."

The male obsession with female buttocks dates to the dawn of *Homo sapiens*, if not to his Neanderthal predecessor. Italian filmmaker Tinto Brass calls it the most primitive expression of sexuality, and certainly rear-entry coitus, a natural for butt lovers, mimics the procreative

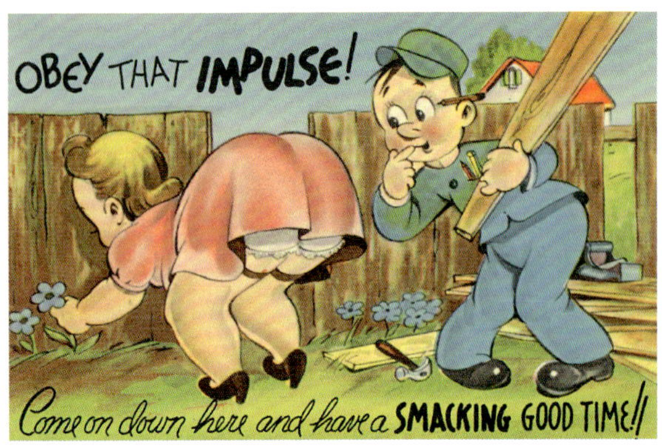

style of animals. Many pygophiles revel in this link to less-civilized ancestors — a link made more tangible in May 2009, when archeologists excavating the Hohle Fels cave in Southern Germany unearthed the oldest known piece of human sculpture. Dated at 35,000 to 40,000 years old, the mammoth ivory figure depicts — what else? — a voluptuous woman with big, round buttocks. The Cro-Magnon who created it apparently wasn't shy about letting his Paleolithic companions know he liked big butts: The tiny sculpture features a ring where the figure's head should be, leading scientists to suggest it was worn as jewelry. We have no way of knowing if Cro-Magnon females had substantial buttocks, as skeletal artifacts are all that remain, but Cro-Magnon man clearly knew what he liked, and perhaps the Hohle Fels carving provided him the same talismanic thrill that a modern man gets from a *Smooth* magazine centerfold.

Tastes in jewelry have evolved, while man's taste for ass has endured. Between 1865 and 1890 every stylish woman in the Western world wore a corset and wire-framed bustle to create the illusion of a small waist and enormous ass. Sitting was almost impossible. Around 1700, and again in the 1770s, Englishwomen wore butt pads made of cork, appropriately called cork rumps. 16th and 17th century fashion mandated the bum roll, a tubular pad tied around the waist to increase the appearance of hips and buttocks. And way back in the grand Hellenistic period, Greek women even prayed to a butt goddess.

The temple dedicated to Aphrodite Kallipygos — Aphrodite of the Beautiful Buttocks — was erected at Syracuse, in Sicily, during the Greek occupation of 734 to 212 BC. All the statues portraying this goddess show her lifting her gown to peer over her shoulder at her bare, buxom posterior. It was a pair of "fair-buttocked" sisters celebrated by the classical poets Cercides of Megalopolis and Nicandor of Colophon who apocryphally inspired the cult, its temple, and the statues. The story goes that these rustic farm girls were arguing in the street about who had the better booty (as girls will) when the son of a rich man passed by, beheld their

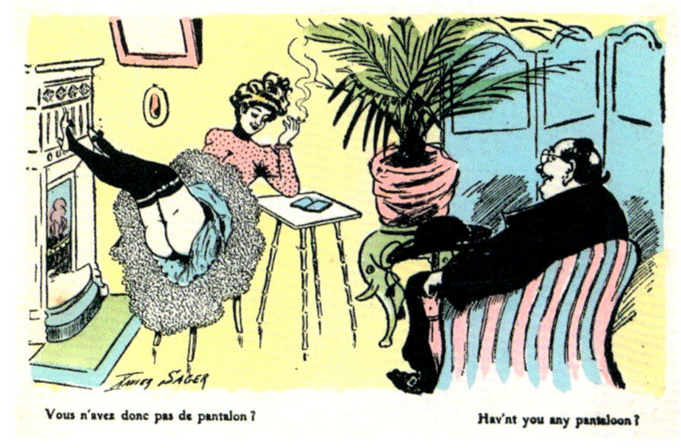

magnificent buttocks, and fell instantly in love with the older sister. He went home that night and told all to his younger brother, who sought out the sisters and, conveniently, fell in love with the younger one. When their father was unable to deter their passion, he brought the girls to Syracuse, where they married his sons and were forever after called Kallipygoi (the fair-buttocked) by the citizens. It's not clear how the girls went from having the best butts in town to their own temple, but who can question the Greeks' legendary affinity for ass? And since Aphrodite's temples traditionally sheltered sacred prostitutes, was the temple of Aphrodite Kallipygos home to whores with equally incredible asses? I prefer to think it was.

The female hormone estrogen promotes deposition of fat on the buttocks, while the male hormone testosterone mitigates against it. Women who carry most of their fat above the waist, in the traditionally male pattern, typically have large breasts but small buttocks. Pear-shaped women carry more fat on their buttocks, but very wide hips often result in thin gluteal muscles and the dreaded flat ass. Narrow-hipped women who nonetheless carry their fat below the waist show the most spectacular buttock projection, especially when combined with moderate lordosis, or outward curvature of the lower spine. If such women also engage in athletic activities that require sprinting, buttocks closely approximating the "shelf" configuration may develop. Witness tennis star Serena Williams, who has, without doubt, the best butt in professional sports today.

For all its bootyliciousness, Serena's is not the butt that launched our current bootymania. Most agree that singer/actress Jennifer Lopez was the one to popularize the healthy backside for the first time in 80 years.

J. Lo debuted as a dancer on *Yo! MTV Raps*, and appeared in various hip-hop videos before landing a role as a Fly Girl on the television show *In Living Color* (1990). The wholesale worship of her butt began when she played the lead in the film *Selena* (1997), the story of a Tejano music star murdered by the president of her fan club. The real Selena was as famous for her

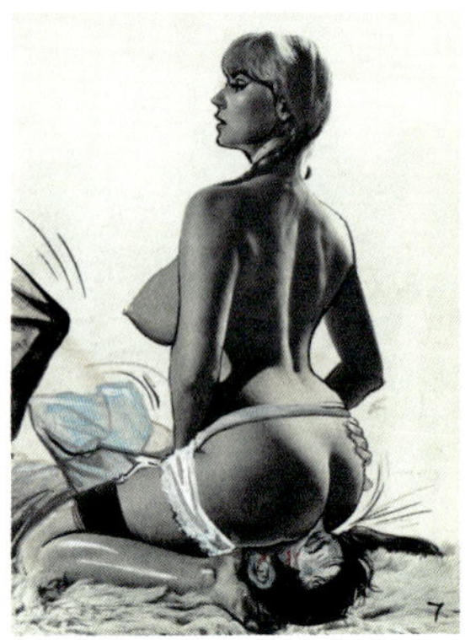

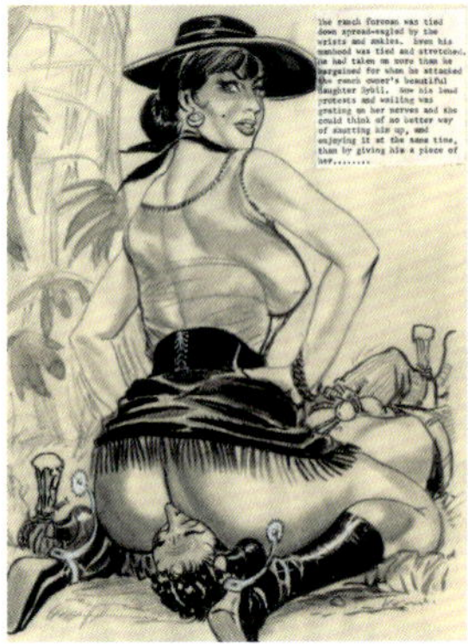

FAR LEFT Magazine photograph over-painted by fetish artist Eric Stanton.

LEFT India ink and Wite-Out illustration by Eric Stanton on a face-sitting theme similar to far left.

prodigious butt as for her voice, but that fame was limited to the Latin community, where ass already reigned. With the film, J. Lo took Selena's esthetic mainstream, flaunting her big butt to a society that was, by and large, neurotically terrified of ass. White America had been all about the boobs for decades, creating a body ideal of an ever-thinner frame with ever-larger breasts. Not since the '70s had any *Playboy* centerfold admitted that her hips measured larger than her bust before Jennifer Lopez came along. Did J. Lo know we were poised for change, that America was just waiting for one hot star to take pride in her fat ass? No telling at this point, but with Lopez the butt thing went big.

This shift in interest from the wholesome breast to the orifice-adjacent buttocks coincides, perhaps not incidentally, with an increased cultural acceptance of pornography. The butt has always been more hardcore than the breast, which, while sexy, is also maternal, representing the nurturing nature of women. Even the Virgin Mary bares her breasts in classical paintings. Baring the butt sends an entirely different message, so opposite that of the breast that many religions regulate its exposure.

You may, for instance, hold the Koran in your hand, press it to your bosom, or place it on your head, but you are forbidden to touch it to your buttocks. Rabbinic texts instruct men to undress facing north or south so that their bare buttocks will never face — and offend — God. The biblical apostle Paul declared the buttocks a "less honorable" part of the body which must not be shown in public. Not all Christians agreed. In his book *The Naked Woman* Desmond Morris states that early Europeans recognized buttocks as a uniquely human characteristic and believed that Satan, for all his shape-shifting abilities, could never conjure himself an ass. His deficiency filled him with such anguish that he had to avert his evil gaze from the sight of bare human buttocks. This is why Medieval German wives hung their naked butts out the door during severe storms, to scare off the devil and save their roofs. Morris speculates that this superstition inspired

"…German wives hung their naked butts out the door during severe storms, to scare off the devil and save their roofs."

all buttock displays for insult and social commentary, including soldiers taunting invading Crusaders with bared buttocks during the Fourth Crusade's siege of Constantinople in 1204; the Etchemin Indians of Maine flashing ass to repel white explorers around 1600; 50 women in Swaziland discarding their underwear and walking three hours to moon their prince over land seizure in 2000; hundreds of Swedes exposing their butts to then-President George W. Bush in 2001; and the thousands who've converged on Laguna Niguel, California, every July 11 since 1979 to drink beer and moon Amtrak passenger trains.

Gift, curse, or simply the means to stand upright, buttocks clearly loom large in the world today. Sadly, this was not the case for much of the 20th Century, and I had a hard time finding historical photos for this book. As I moved into the '70s and '80s, the butts improved rapidly, like watching evolution on fast forward. Models were more fit, but they'd also learned to arch their backs for the camera, to stick that round thing *out,*

instead of curling up like snails as in the '50s and '60s. Slowly, the photo pile grew, until I'd found good, great, and even a few spectacular butts in every decade. Still, I knew this book would not be complete without contemporary models.

The women I selected do not just have the biggest butts, the roundest butts — or, God help us, the butts that can clap the loudest — but cultural significance in the rise of booty consciousness. Notable among the modern models are Buffie the Body, Alexis Texas, Coco, and Brazil's Watermelon Woman, all of whom can stand up to any competition. When buttock scholars of the 22nd Century write the history of posterior ascendance these names will be the ones evoked as the courageous pioneers who put their asses on the line to bring the Western world back to its structurally essential, morally controversial, possibly primitive, and decidedly sexy booty roots.

Now, if only Sir Mix-A-Lot had returned my calls.

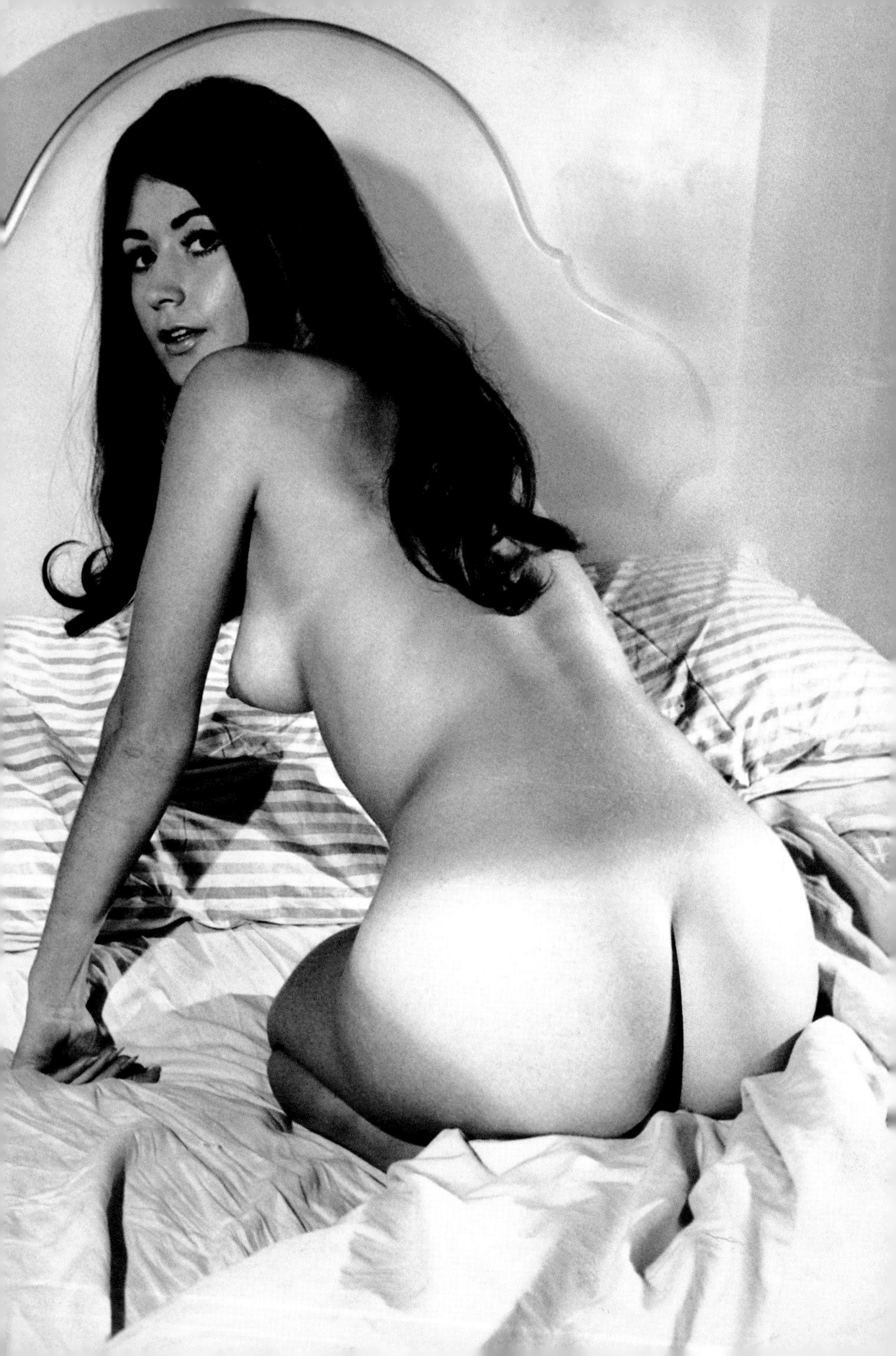

**Auf dicke Ärsche steh ich, was soll's?
Und Jungs, was hilft's zu leugnen:
Kommt superschlank ein Weib mit stolz
gewandtem rundem Arsch euch zu Gesicht,
dann hat's euch voll erwischt …**

SIR MIX-A-LOT

Himmlische Hintern

VON DIAN HANSON

Italiener betatschen Frauenhintern, bevor sie eine Wette abgeben, denn das soll Glück bringen. Die alten Griechen errichteten ihnen einen Tempel, und im mittelalterlichen Deutschland streckte man sie zur Tür heraus, um den Teufel abzuschrecken. Der Biologe Dennis Bramble behauptet, dass die „ausgeprägten" menschlichen Gesäßformen uns erst das Laufen ermöglichen und „davor bewahren, jedes Mal, wenn wir einen Fuß auf die Erde setzen, auf die Nase zu fallen". Doch für Pygomanen, so werden die eingefleischten Fans dieses Körperteils genannt, ist der weibliche Po dazu da, dem Auge, den Händen und tiefer sitzenden Körperteilen zu schmeicheln.

Die männliche Obsession für weibliche Hintern lässt sich bis weit in die Frühzeit des Homo sapiens zurückverfolgen. Möglicherweise war sie schon beim Neandertaler verbreitet. Für den italienischen Filmemacher Tinto Brass ist sie der urtümlichste Ausdruck von Sexualität und der Koitus über den Hintereingang für Po-Liebhaber die natürlichste Sache der

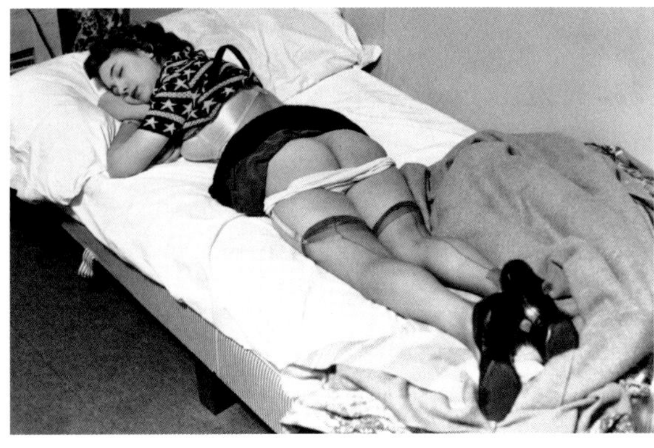

Welt, ahmt er doch den Zeugungsakt bei Tieren nach. Viele Pygomanen feiern daher unsere noch nicht ganz so zivilisierten Vorfahren, vor allem seit Archäologen im September 2008 in der Höhle „Hohler Fels" auf der Schwäbischen Alb eine der ältesten bekannten menschlichen Skulpturen entdeckten. Die 35 000 bis 40 000 Jahre alte Figur aus Mammut-Elfenbein stellt eine üppige Frau mit mächtigen, runden Pobacken dar. Der paläolithische Mensch, der sie geschaffen hatte, stand wohl auf dicke Ärsche: Am oberen Ende der winzigen Skulptur ist eine ringförmige Halterung angebracht, und so vermuten Wissenschaftler, dass sie als Schmuck getragen wurde.

Der Schmuckgeschmack hat sich seitdem verändert, doch die Vorliebe der Männer für weibliche Ärsche ist geblieben. Zwischen 1865 und 1890 trug jede modisch gekleidete Frau der westlichen Welt ein Korsett und ein aus Draht geformtes Gesäßpolster – eine Turnüre –, um den Eindruck einer schmalen Taille und eines voluminösen Hinterns zu erwecken. Um 1700 und danach wieder in den 1770er-Jah-

ren trugen Engländerinnen Po-Einlagen aus Kork. In der Mode des 16. und 17. Jahrhunderts waren Po-Rollen angesagt, röhrenförmige Einlagen, die um die Taille geschlungen wurden, um Hüften und Hintern hervorzuheben. Und in hellenistischer Zeit beteten griechische Frauen sogar zu einer Göttin „mit schönem Hintern".

Als in Sizilien die Griechen herrschten, zwischen 734 und 212 v. Chr., wurde in Syrakus ein der Aphrodite Kallipygos – der Aphrodite mit schönem Hintern – geweihter Tempel errichtet. Alle Statuen, die diese Göttin darstellen, zeigen, wie sie ihr Gewand hebt und über ihre Schulter auf ihren nackten, drallen Hintern schaut. Zwei von den klassischen Dichtern Kerkidas von Megalopolis und Nikandros von Kolophon gefeierte Schwestern mit „hübschen Ärschen" sollen diesen Kult inspiriert haben. Die beiden Landeier sollen sich auf der Straße gestritten haben, welche von ihnen den schöneren Arsch habe. In diesem Augenblick kam ein Sohn aus reichem Hause vorbei, nahm die herrlichen Hinterteile in Augenschein und verliebte sich auf der Stelle in die Ältere der Schwes-

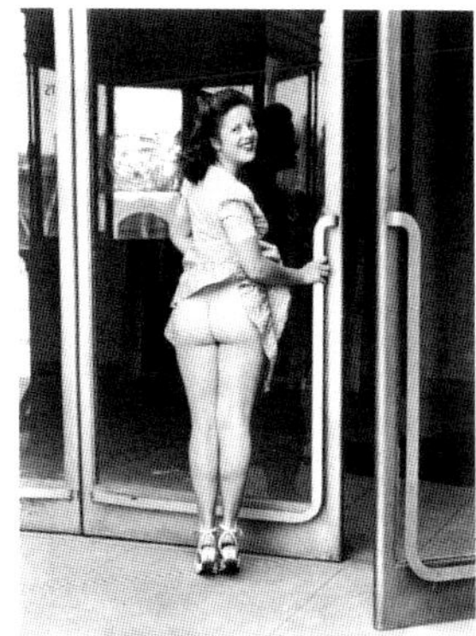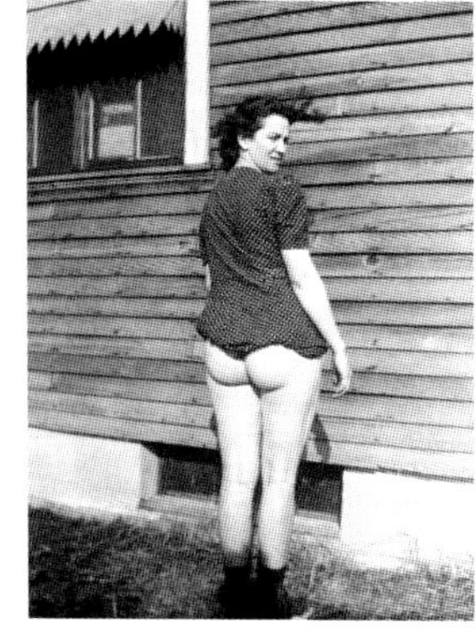

tern. Am Abend erzählte er seinem jüngeren Bruder von dieser Begebenheit. Der machte die Schwestern ausfindig und verliebte sich in die Jüngere. Als der Vater der Burschen feststellen musste, dass er seinen Söhnen die Leidenschaft für die beiden Schwestern nicht ausreden konnte, brachte er die Mädchen nach Syrakus. Dort heirateten sie seine Söhne und wurden von den Bürgern fortan Kallipygoi (die mit den hübschen Hintern) genannt. Wie es dazu kam, dass den beiden Mädchen ein eigener Tempel gewidmet wurde, bleibt im Dunkeln. Doch wer will bezweifeln, dass die alten Griechen für schöne Hinterteile ausgesprochen empfänglich waren? Traditionell fanden ehrwürdige Prostituierte in Tempeln der Aphrodite stets Schutz. Ob der Tempel der Aphrodite Kallipygos wohl Huren mit schönen Hintern Unterschlupf bot? Ich neige dazu, diese Frage zu bejahen.

Das weibliche Hormon Östrogen fördert die Ablagerung von Fett in den Pobacken, während das männliche Hormon Testosteron diesen Prozess abmildert. Frauen, die das meiste Fett über der Taille mit sich rumschleppen, haben in der Regel große Brüste, aber einen kleinen Po. Frauen mit birnenförmiger Figur tragen mehr Fett in ihrem Hintern, doch wenn sie überbreite Hüften haben, sind die Gesäßmuskeln oft dünn. Frauen mit schmalen Hüften, die unterhalb ihrer Hüfte Fett angesammelt haben, verfügen über die spektakulärsten Po-Formen, vor allem wenn eine solche Figur mit einer moderaten Lordose (konvexe Krümmung der Wirbelsäule nach vorn) oder einer ausgeprägten nach hinten weisenden Biegung der unteren Wirbel einhergeht. Wenn sich diese Frauen dazu noch sportlich betätigen, kann sich ihr Hinterteil fast wie eine „Ablage" ausformen. Als Beleg dafür mag der Tennisstar Serena Williams gelten, die aktuell zweifellos den besten Hintern im Profisport hat. Es war jedoch nicht Serena, die die aktuelle Po-Manie losgetreten hat. Es ist relativ unstrittig, dass die Sängerin und Schauspielerin Jennifer Lopez den Knackarsch wieder populär machte.

J. Lo debütierte als Tänzerin bei *Yo! MTV Raps* und trat in verschiedensten Hip-Hop-Videos auf, bevor sie eine Rolle

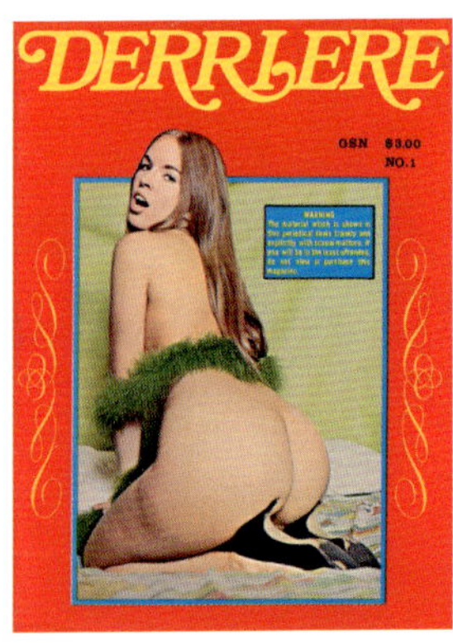
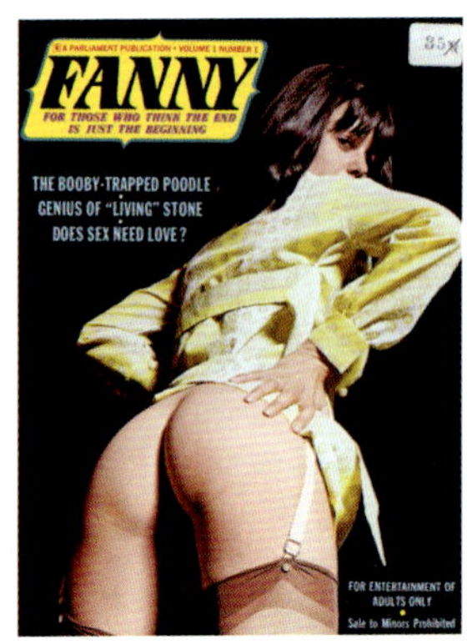

als Background-Tänzerin in der Fernsehshow *Living Color* (1990) ergatterte. Der Megakult um ihren Hintern setzte ein, nachdem sie die Hauptrolle in dem Film *Selena – Ein amerikanischer Traum* (1997) gespielt hatte. Der Streifen erzählt die Geschichte einer US-mexikanischen Tejano-Sängerin, die von der Präsidentin ihres Fanklubs ermordet wurde. Die echte Selena war für ihren Hintern genauso berühmt wie für ihre Stimme, doch dieser Ruhm war auf die Latino-Gemeinde beschränkt, in der Ärsche ohnehin schon angesagt waren. In dem Film zeigte J. Lo ihren dicken Hintern einer Gesellschaft, die auf Ärsche bislang weitgehend mit neurotischer Schreckhaftigkeit reagiert hatte. Jahrzehntelang war das weiße Amerika völlig auf Titten fixiert. Nicht erst seit den 1970er-Jahren gab es im *Playboy* kein Playgirl des Monats mehr, dessen Hüften breiter waren als der Umfang des Busens – bis Jennifer Lopez auftauchte. Wusste J. Lo, dass wir für Veränderungen offen waren, dass Amerika nur noch auf den einen heißen Star wartete, der selbstbewusst seinen fetten Hintern schwang?

Schwer zu sagen, doch mit Lopez waren Ärsche wieder angesagt.

Diese Verschiebung des Interesses von formschönen Brüsten zu den eine Körperöffnung umschließenden Arschbacken geht, vielleicht nicht zufällig, mit einer gewachsenen kulturellen Akzeptanz von Pornografie einher. Der Hintern gehörte seit jeher viel eher zum Hardcore als die Brust. Ein Busen ist zwar sexy, repräsentiert aber auch etwas Mütterliches, denn er symbolisiert die nährende Natur der Frauen. Ein entblätterter Hintern dagegen vermittelt eine völlig andere Botschaft. Der Unterschied ist so vehement, dass viele Religionen den Umgang mit diesem Körperteil reglementieren.

So darf man zum Beispiel einen Koran in den Händen halten, ihn gegen die Brust drücken oder auf den Kopf legen, doch es ist verboten, ihn mit dem Hintern in Berührung zu bringen. Rabbinische Texte schreiben den Gläubigen vor, dass sie in Richtung Norden oder Süden blicken müssen, wenn sie sich ausziehen, damit Gott nie ihres nackten Hinterns ansichtig wird. Und Apostel Paulus erklärte, der

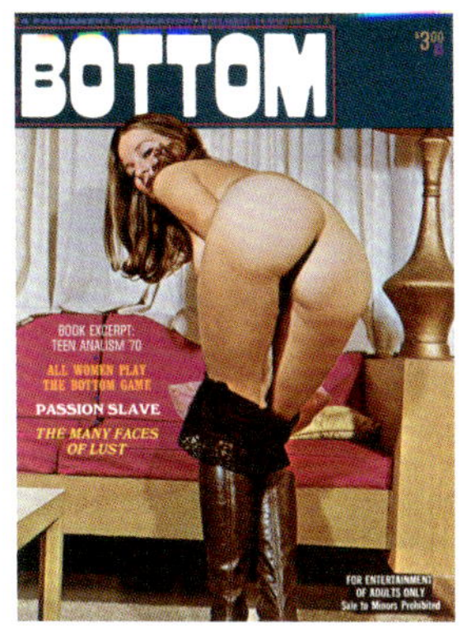

Hintern sei ein „unwürdigerer Teil" des Körpers, der öffentlich nicht gezeigt werden sollte. Damit waren allerdings nicht alle Christen einverstanden. In seinem Buch *Die nackte Eva* bemerkt Desmond Morris, dass die frühen Europäer den Hintern als einzigartiges Charakteristikum des Menschen sahen und glaubten, Satan könne sich, trotz all seiner Wandlungsfähigkeit, nie einen Hintern anzaubern. Diese Unzulänglichkeit habe ihn so sehr mit Angst erfüllt, dass seine teuflischen Augen den Anblick eines nackten menschlichen Hinterns unbedingt meiden mussten. Daher streckten deutsche Frauen im Mittelalter ihren nackten Hintern während eines Sturms zur Tür heraus, um so den Teufel zu vertreiben und damit das Dach ihres Hauses zu retten. Morris vermutet, dass dieser Aberglaube Hintergrund jeder Zurschaustellung des Hinterns ist, die beleidigen soll oder als politischer Kommentar gedacht ist: Während des vierten Kreuzzugs zeigten Soldaten den Kreuzfahrern bei der Belagerung von Konstantinopel 1204 ihre nackten Hintern; die Etchemin-Indianer in Maine ließen um 1600 ihre

Ärsche aufblitzen, um weiße Entdecker abzuschrecken; 50 Frauen in Swasiland zogen sich im Jahr 2000 die Schlüpfer aus und protestierten während eines dreistündigen Marsches mit ihren Blankseiten gegen ihren König, der Land beschlagnahmt hatte; 2001 zeigten Hunderte von Schweden dem damaligen Präsidenten George W. Bush ihre Hinterteile, und seit 1979 kommen im kalifornischen Laguna Niguel an jedem 11. Juli Tausende zusammen und zeigen ihre Ärsche den Passagieren vorbeifahrender Amtrak-Züge.

Ob Gabe oder Fluch, in unserer heutigen Welt spielen Hintern eindeutig eine große Rolle. Traurigerweise war das die meiste Zeit im 20. Jahrhundert nicht der Fall, und so hatte ich ernsthaft Probleme, historische Fotos für dieses Buch zu finden. Als ich zu den 1970er- und 1980er-Jahren kam, wurden die Ärsche zusehends schöner. Die Models waren attraktiver, aber sie hatten auch gelernt, ihren Rücken vor der Kamera durchzudrücken, damit jenes rundliche Ding besonders gut hervorstach. Schließlich hatte ich aus jedem Jahrzehnt schöne, großartige und manchmal sogar spektakuläre Ärsche gefunden. Mir war aber auch bewusst, dass dieses Buch ohne Aufnahmen von zeitgenössischen Models unvollständig wäre. Es stellte sich die Frage, wer im aktuellen Überangebot den in jeder Hinsicht perfekten Arsch präsentieren könnte.

Die Frauen, die ich ausgewählt habe, besitzen nicht einfach nur die größten und rundesten Ärsche, sie spielen eine große Rolle für das Aufkommen eines Po-Bewusstseins. Zu nennen sind unter diesen Models vor allem Buffie the Body, Alexis Texas, Coco und Brasiliens Wassermelonen-Frau. Wenn jemand im 22. Jahrhundert die Geschichte der herausragendsten Hinterteile schreiben wird, dann werden diese Frauen als mutige Pionierinnen genannt werden, die beispielhaft ihre Ärsche hingehalten haben, um die westliche Welt zu ihren grundlegenden, moralisch kontroversen, möglicherweise primitiven, doch entschieden sexy aussehenden Po-Ursprüngen zurückzuführen.

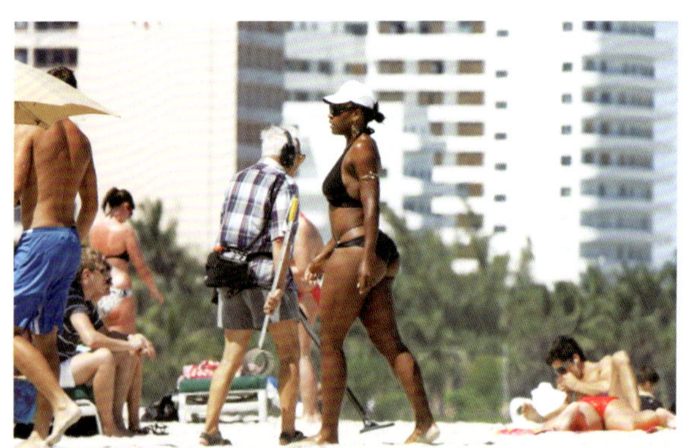

LEFT Serena Williams shows off her mighty ass on Miami Beach, 2009. Mavrixphoto.com.

OPPOSITE Unknown model, circa 1975.

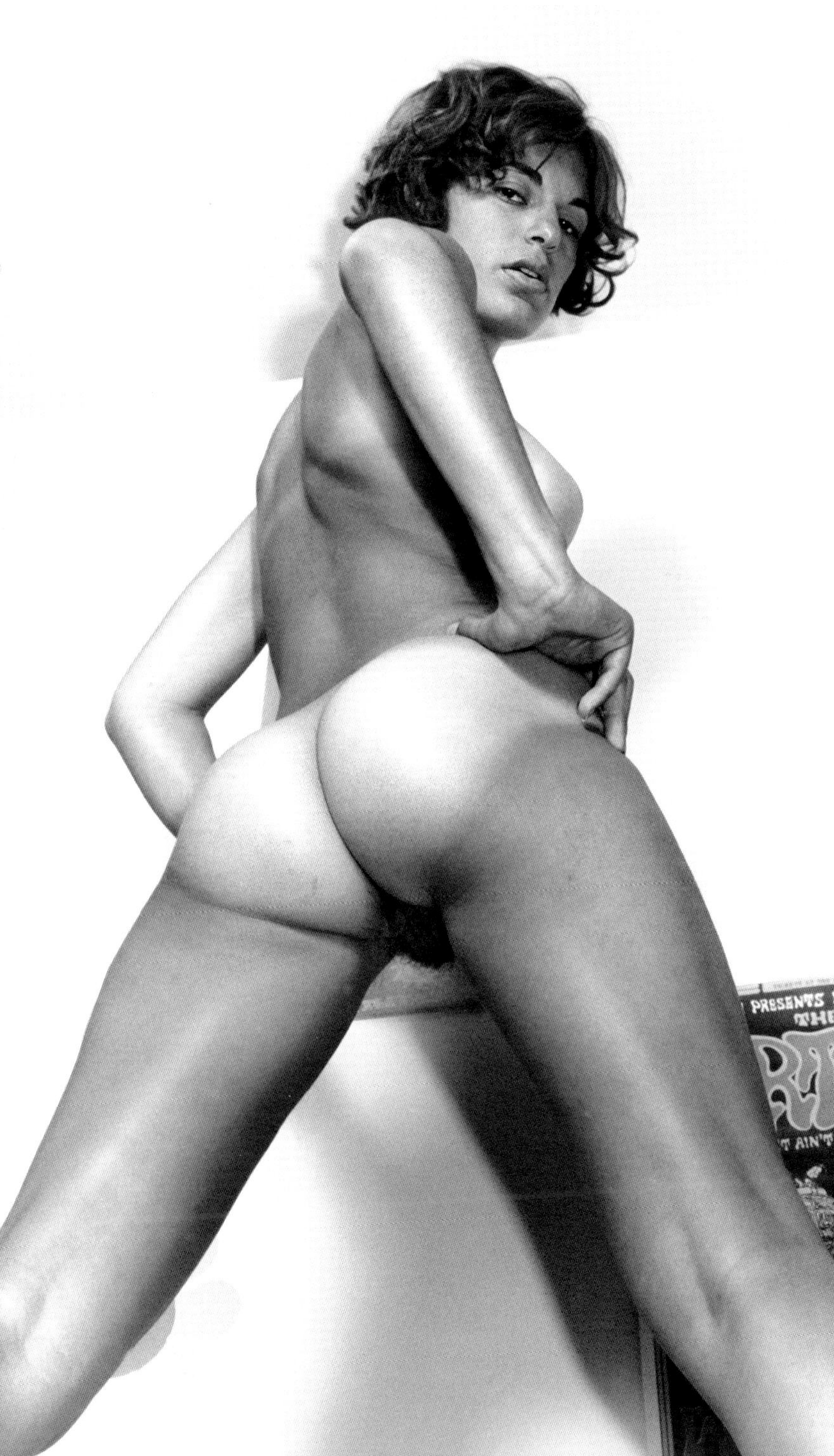
PRESENTS IN DANCE-CONC
THE
"T AIN'T ME, BABE"
THE
CIRC
ON

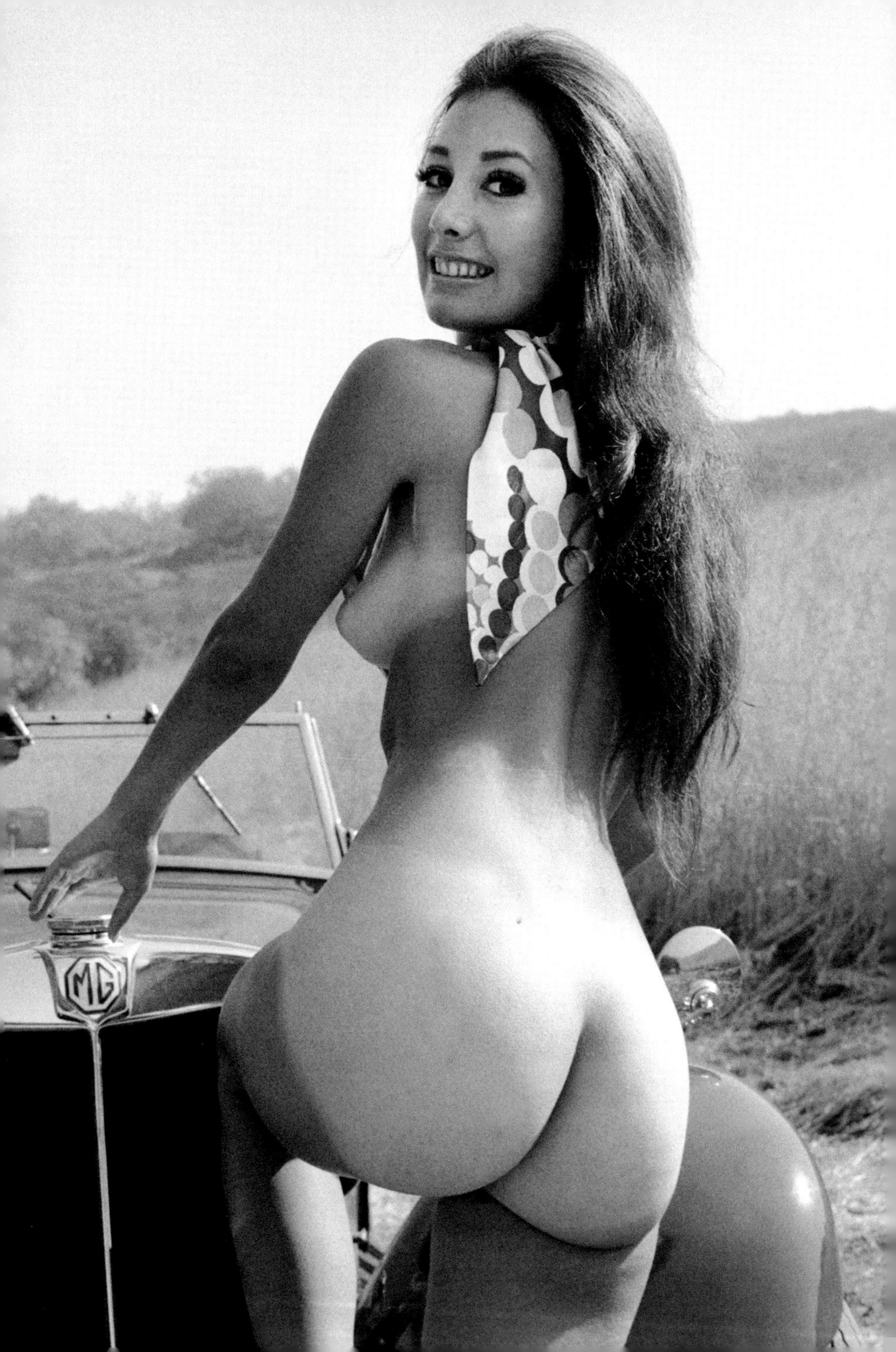

J'aime les grosses fesses, oui je le
confesse,
Et toi aussi mon frère, avoue que ta tête
se dresse,
Quand une fille balance sous une taille
XXS
Son engin rond tout en souplesse...
Sir Mix-A-Lot

J'aime les gros derrières

PAR Dian Hanson

Les Italiens pensent que les fesses portent bonheur, ils les touchent avant de faire un pari. Les Grecs leur ont bâti un temple, tandis qu'en Germanie on s'en servait pour repousser les assauts de Satan. D'après le biologiste Dennis Bramble, nos «énormes» culs d'humains ne sont que les chairs qui nous permettent de courir «sans aller mordre la poussière à chaque foulée». Mais n'importe quel pygophile – nom clinique des amateurs de croupes – vous dira que le postérieur féminin existe pour satisfaire le regard, les mains, ainsi que d'autres parties plus intimes du corps, comme le proclame avec éloquence Sir Mix-A-Lot: «My anaconda don't want none/Unless you've got buns, hun» («Mon anaconda s'en fiche/à moins que t'aies des miches, ma biche»).

L'obsession que nourrissent les mâles pour le fessier féminin remonte à l'aube de l'humanité, à l'*Homo sapiens*, si ce n'est à l'homme de Néandertal. Le réalisateur italien Tinto Brass le considère comme l'expression la plus primitive de la sexualité et il semble évident que le coït par derrière, met favori des amateurs de culs,

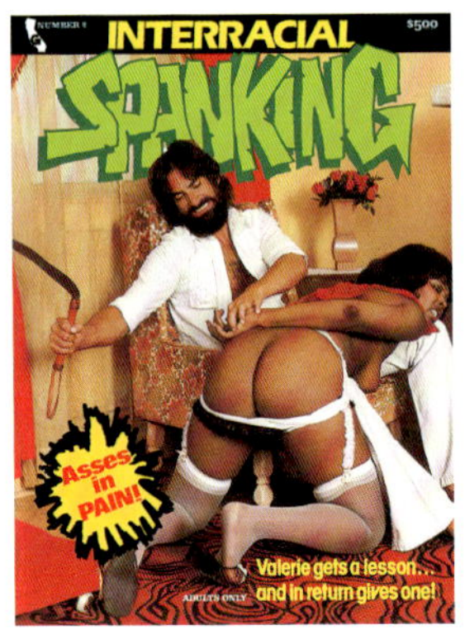

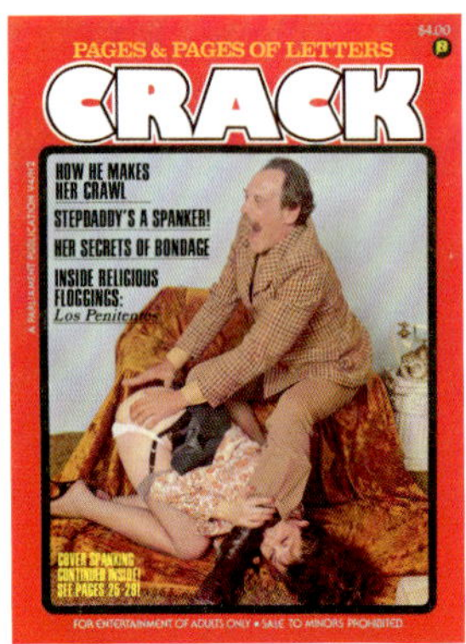

imite la procréation animale. Beaucoup de pygophiles revendiquent fièrement ce lien avec leurs ancêtres moins civilisés, un lien rendu plus tangible en mai 2009, quand des archéologues qui fouillaient la grotte de Hohle Fels, dans le sud de l'Allemagne, ont découvert une petite statuette en ivoire de mammouth, vieille de 35 000 à 40 000 ans, représantant une femme voluptueuse avec des fesses rondes et dodues. L'homme du paléolithique qui a créé cet objet ne semblait pas craindre de partager avec ses compagnons son goût pour les grosses fesses : la figurine forme en effet un anneau là où devrait se trouver la tête, ce qui fait dire aux chercheurs qu'elle était portée comme un bijou. Nous n'avons aucun moyen de savoir si la femme du paléolithique avait un postérieur particulièrement épanoui, mais son homme savait à l'évidence où allaient ses préférences. Peut-être la statuette lui procura-t-elle le même frisson fétichiste que celui qu'éprouve l'homme moderne devant la page centrale du magazine *Smooth*.

Les goûts en matière de bijoux ont évolué, mais celui des hommes pour le *culo* ne s'est pas démenti. Entre 1865 et 1890, toute femme occidentale à la mode se devait de porter un corset et une tournure constituée de baleines métalliques horizontales pour créer l'illusion d'une taille fine et d'un cul immense. Aux environs de 1700, puis à nouveau dans les années 1770, les femmes anglaises portaient des faux-culs en liège. La mode des XVIe et XVIIe siècles impose le port du « bumroll », sorte de coussin cylindrique attaché autour de la taille pour accentuer le décalage entre taille, hanches et fesses.

Des centaines d'années plus tôt encore, les femmes grecques faisaient même des offrandes à une déesse des fesses. Le temple consacré à Aphrodite callipyge – l'Aphrodite aux belles fesses – aurait été érigé à Syracuse, en Sicile, à la période où l'île était occupée par les Grecs, entre 734 et 212 av. J.-C. Toutes les statues représentant cette déesse la montrent en train de soulever sa robe drapée et de regarder par-dessus son épaule pour admirer son postérieur dodu ainsi dénudé. Ce sont deux sœurs « joliment fessues », célébrées par les poètes classiques Cercides de Megalopolis

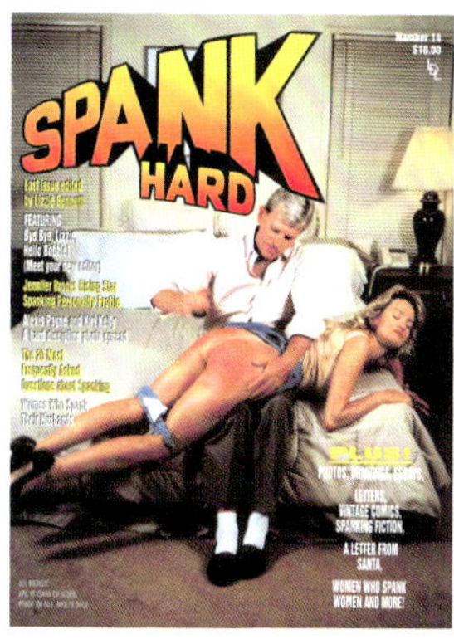

et Nicandre de Colophon, qui auraient inspiré ce culte apocryphe, le temple et les statues. D'après la légende, ces deux jeunes paysannes étaient occupées à se disputer en pleine rue pour savoir laquelle des deux était dotée du plus beau derrière, lorsque le fils d'un homme riche passa par là. Il observa avec attention leurs magnifiques croupes, et tomba instantanément amoureux de la sœur aînée. De retour chez lui, il raconta son aventure à son jeune frère, qui partit en quête des deux sœurs et, fort opportunément, tomba sous les charmes de la cadette. Leur père fit venir les deux jeunes filles à Syracuse, où elles épousèrent les deux frères et où la population les surnomma les *Kallipygoi* (celles aux jolies fesses). Les circonstances dans lesquelles ces filles sont devenues des déesses sont assez floues, mais personne ne saurait remettre en question la passion des Grecs pour le postérieur féminin. Les temples d'Aphrodite accueillaient traditionnellement des courtisanes sacrées ; cela signifie-t-il que celui d'Aphrodite callipyge abritait des prostituées aux arrière-trains tout aussi invraisemblables ? J'aime à le penser.

L'hormone œstrogène féminine favorise le dépôt de graisse sur les fesses, tandis que la testostérone masculine contrecarre cette tendance biologique. Les femmes qui portent la majeure partie de leur graisse autour de la taille, comme les hommes, ont généralement des grosses poitrines, mais de petites fesses. Les femmes à la silhouette en poire portent davantage leur poids sur les fesses, mais les hanches trop larges ont tendance à affiner les muscles fessiers, et donc à créer le tristement célèbre cul plat. Les femmes aux hanches étroites qui portent néanmoins leur graisse sous la ceinture sont celles qui donnent à voir les projections fessières les plus spectaculaires, en particulier quand ces aspects sont renforcés par une légère lordose, une cambrure du bas de la colonne vertébrale. Si ces femmes se livrent à des exercices de gym et de musculation, ainsi qu'à des sprints réguliers, elles verront pousser au bas de leurs reins une protubérance que le Grec n'eut pas niée. Il suffit de regarder la championne de tennis Serena Williams, indubitablement dotée du plus beau cul du monde sportif.

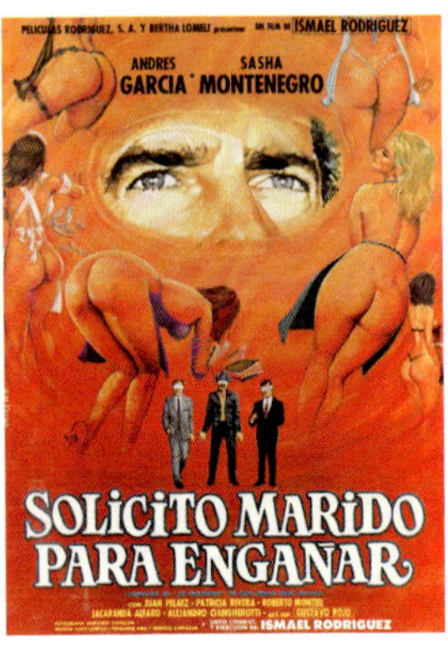

LEFT *Solicito Marido Para Enganar* Mexican film poster, 1988. Title translates to *Ask a Cheating Husband.*

OPPOSITE LEFT *Taxista de Señoras* Spanish film poster, 1976. Title translates to *Ladies' Cabbie.*

OPPOSITE RIGHT *"Pepito"* film poster, 1981, a Spanish dubbing of the Italian film *Pierino medico della SAUB.*

Malgré ses allures d'icône *bootylicious*, ce n'est pas l'arrière-train de Serena qui nous a précipités dans la «culomanie» actuelle. De l'avis de la majorité, c'est l'actrice et chanteuse Jennifer Lopez qui a popularisé le derrière plantureux pour la première fois depuis 80 ans. J. Lo a débuté comme danseuse dans l'émission *Yo! MTV Raps*, et a fait des apparitions dans plusieurs clips de hip-hop avant de décrocher un rôle de danseuse dans l'émission de télévision *In Living Color* (1990). Son cul commença à faire l'objet d'un culte lorsqu'elle obtint le premier rôle du film *Selena* (1997), l'histoire d'une chanteuse texane d'origine mexicaine assassinée par le président de son fan-club. La vraie Selena était aussi célèbre pour son cul prodigieux que pour sa voix, mais sa gloire se limitait à la communauté latine, où le postérieur régnait déjà en maître. Avec ce film, J. Lo a fait entrer l'aspect physique de Selena dans les fantasmes du plus grand nombre. Elle a balancé ses fesses au nez et à la barbe d'une Amérique blanche qui ne s'intéressait qu'aux seins depuis des décennies et avait façonné une silhouette idéale, de plus en plus mince, avec une poitrine de plus en plus énorme. Depuis les années 1970, aucune fille honorée par la page centrale de *Playboy* n'avait avoué un tour de hanches plus large que son tour de poitrine, jusqu'à Jennifer Lopez. J. Lo a-t-elle senti que le monde était mûr pour ce changement de perspective ? Difficile à dire pour l'instant, mais il est évident que Lopez a allumé la mèche.

Ce passage de la blanche poitrine au croupion coïncide avec une banalisation de la pornographie. Le cul a toujours été plus cru et osé que les seins qui, bien que sensuels, représentant aussi la nature féminine nourricière. Même la Vierge Marie dénude son sein dans les peintures classiques. Montrer ses fesses communique un message fondamentalement différent, tant et si bien que plusieurs religions réglementent les relations à entretenir avec elles. Il est interdit par exemple de mettre le Coran en contact avec votre séant. Les textes rabbiniques engagent les hommes à se déshabiller face au nord ou au sud, pour que la vision de leurs parties charnues ne puisse jamais offenser Dieu. L'apôtre bi-

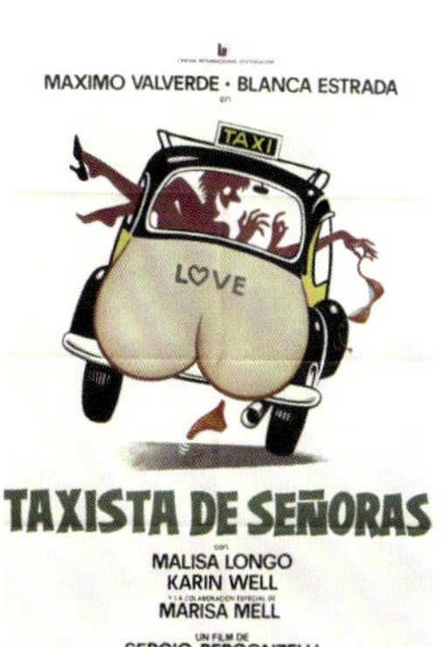

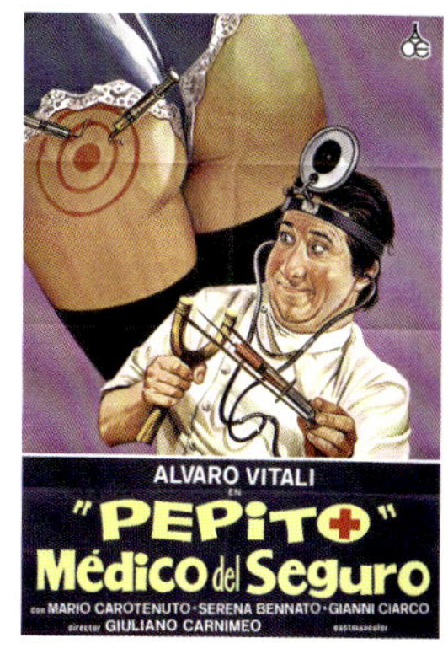

blique Paul estimait que les fesses étaient une partie «moins honorable» du corps, qui ne devait pas être montrée en public.

Tous les chrétiens n'étaient pas de son avis. Dans son livre *The Naked Woman*, Desmond Morris raconte qu'au Moyen Âge les Européens considéraient les fesses comme un apanage strictement humain et pensaient que Satan, malgré ses dons de métamorphose, n'avait jamais réussi à se doter lui-même d'un cul. Cette lacune l'aurait rendu tellement fou de frustration qu'il ne pouvait regarder les humains face à fesse. C'est ainsi qu'en Germanie les épouses laissaient dépasser leurs fesses nues des portes entrouvertes pendant les grosses tempêtes, pour chasser le diable et sauver leur foyer. Morris suppose que cette superstition est à l'origine du lien entre l'exhibition des fesses et les manifestations de contestation ou de révolte. Citons ces soldats narguant les envahisseurs chrétiens, pantalons baissés, lors du siège de Constantinople de 1204 ; ces Indiens Etchemin du Maine montrant leur lune pour repousser l'explorateur blanc aux alentours de 1600 ; ces cinquante femmes du Swaziland qui déchirèrent leurs sous-vêtements et marchèrent plus de trois heures pour montrer leur derrière au prince et protester contre sa décision de saisir leurs terres, en 2000 ; les centaines de Suédois qui, en 2001, ont exhibé leurs fesses pâles au président américain d'alors, George W. Bush ; et les milliers d'anonymes qui, chaque 11 juillet depuis 1979, convergent vers Laguna Niguel, en Californie, pour montrer leurs fesses aux passagers de la ligne ferroviaire Amtrak.

Les fesses occupent une large place dans le monde actuel. Ce ne fut malheureusement pas le cas pendant une majeure partie du XXe siècle, si bien qu'il a été très difficile de trouver des photos d'archives pour ce livre. Alors que je fouillais dans l'iconographie des années 1970 et 1980, j'ai enfin trouvé des postérieurs correspondant à mes critères ; c'était comme assister à l'évolution de la race en avance rapide. Les modèles étaient plus sportives, mais elles apprenaient aussi à cambrer les reins pour l'objectif, à projeter leurs hanches en arrière, au lieu de les faire rouler en avant pour en cacher la courbe voluptueuse, comme dans les années 1950 et 1960. Petit à petit, ma pile de photos a grandi, jusqu'à compter des ambassadeurs charnus d'une qualité parfois spectaculaire pour chaque décennie du siècle passé. Je savais pourtant que ce livre ne saurait être complet sans des modèles contemporains.

Les femmes que j'ai choisies ne sont pas seulement celles qui ont les culs les plus gros ou les plus ronds, ou, Dieu nous en préserve, les culs qui applaudissent le plus fort : elles ont joué un rôle culturel dans l'avènement du derrière. Parmi elles, Buffie the Body, Alexa Texas, Coco ou la Femme pastèque du Brésil sont uniques en leur genre. Lorsque les chercheurs de fesses du XXIIe siècle écriront une Histoire de l'influence du postérieur, ces femmes et les autres personnalités présentes dans ce livre seront citées comme des pionniers qui ont risqué leurs fesses en première ligne pour ramener le monde occidental à son fondement, son assise structurelle, moralement controversée, sans doute primitive, mais assurément sexy.

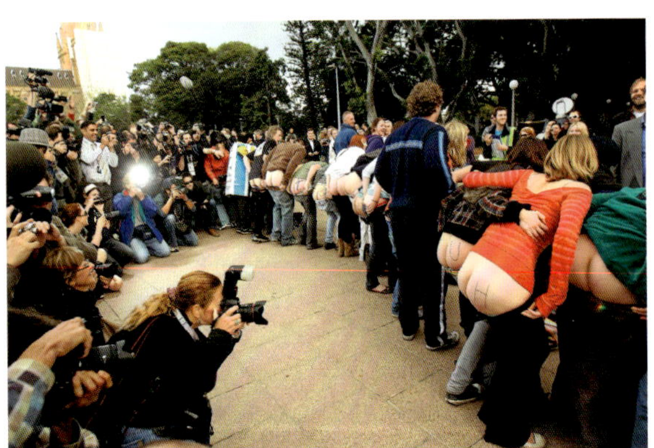

LEFT *Bums for (George) Bush* protest at the Asia-Pacific Economic Cooperation summit in Sydney Australia, 2007. Ezra Shaw/Getty Images.

OPPOSITE Bachelor party fun, circa 1980.

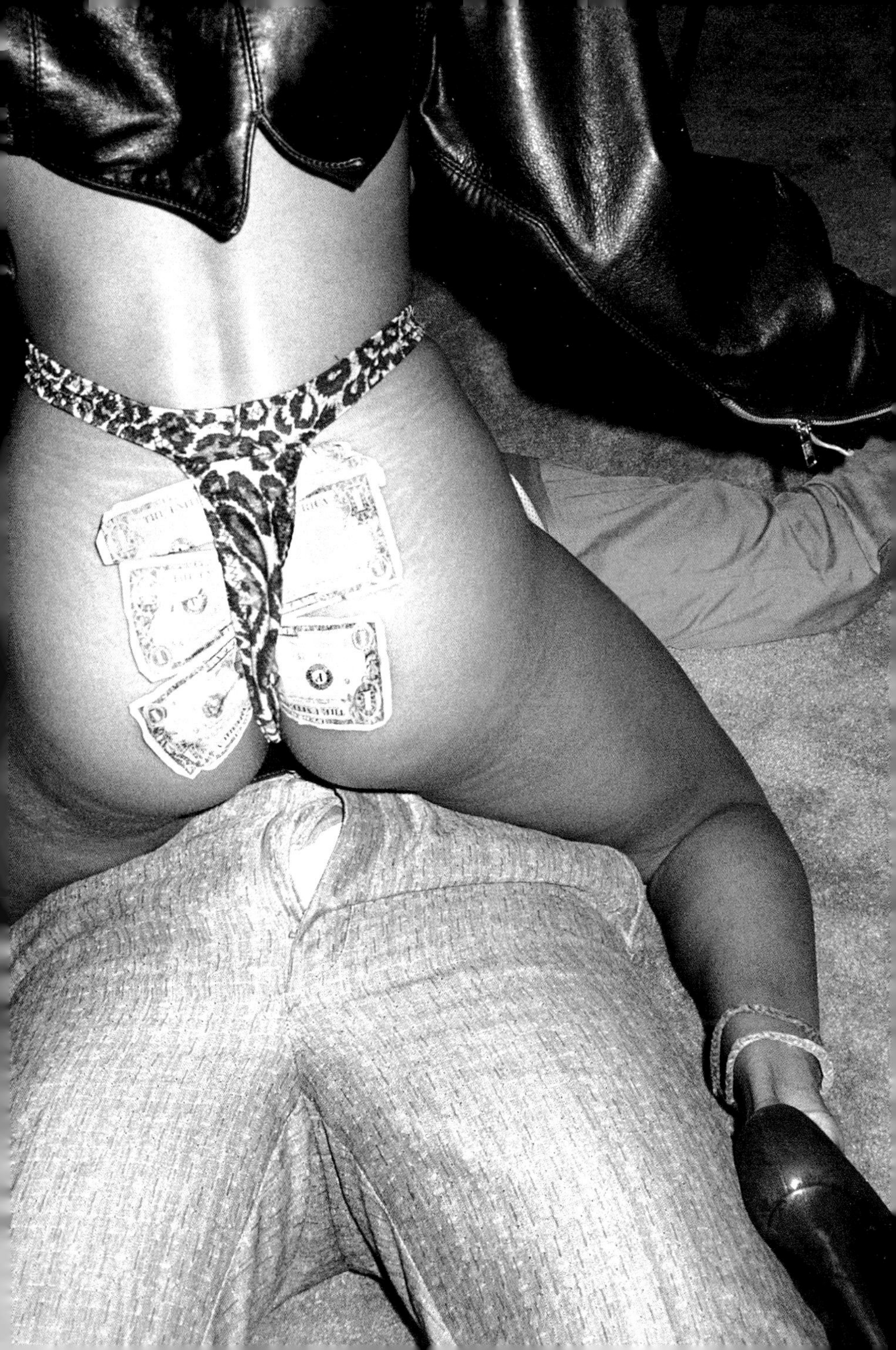

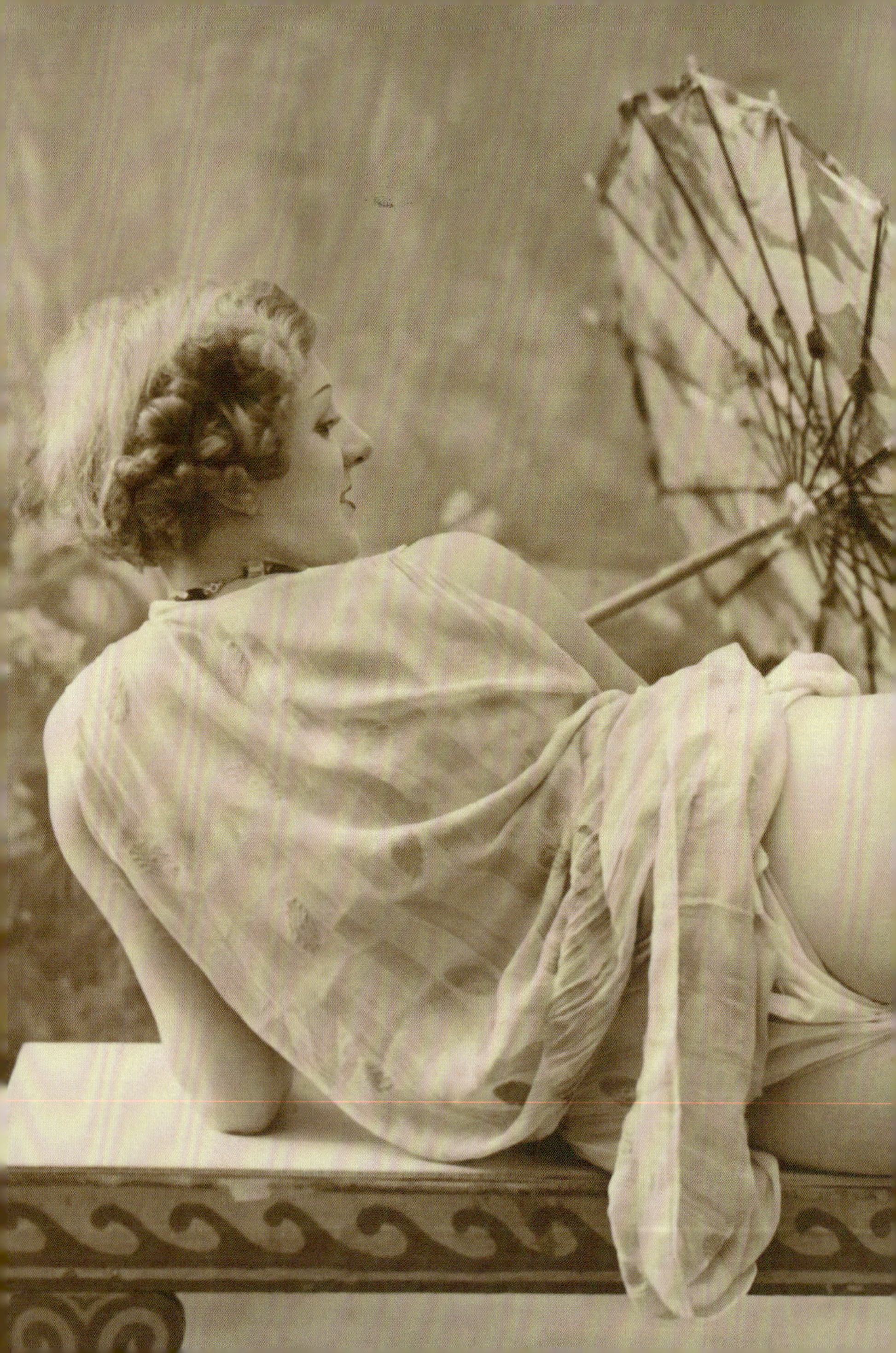

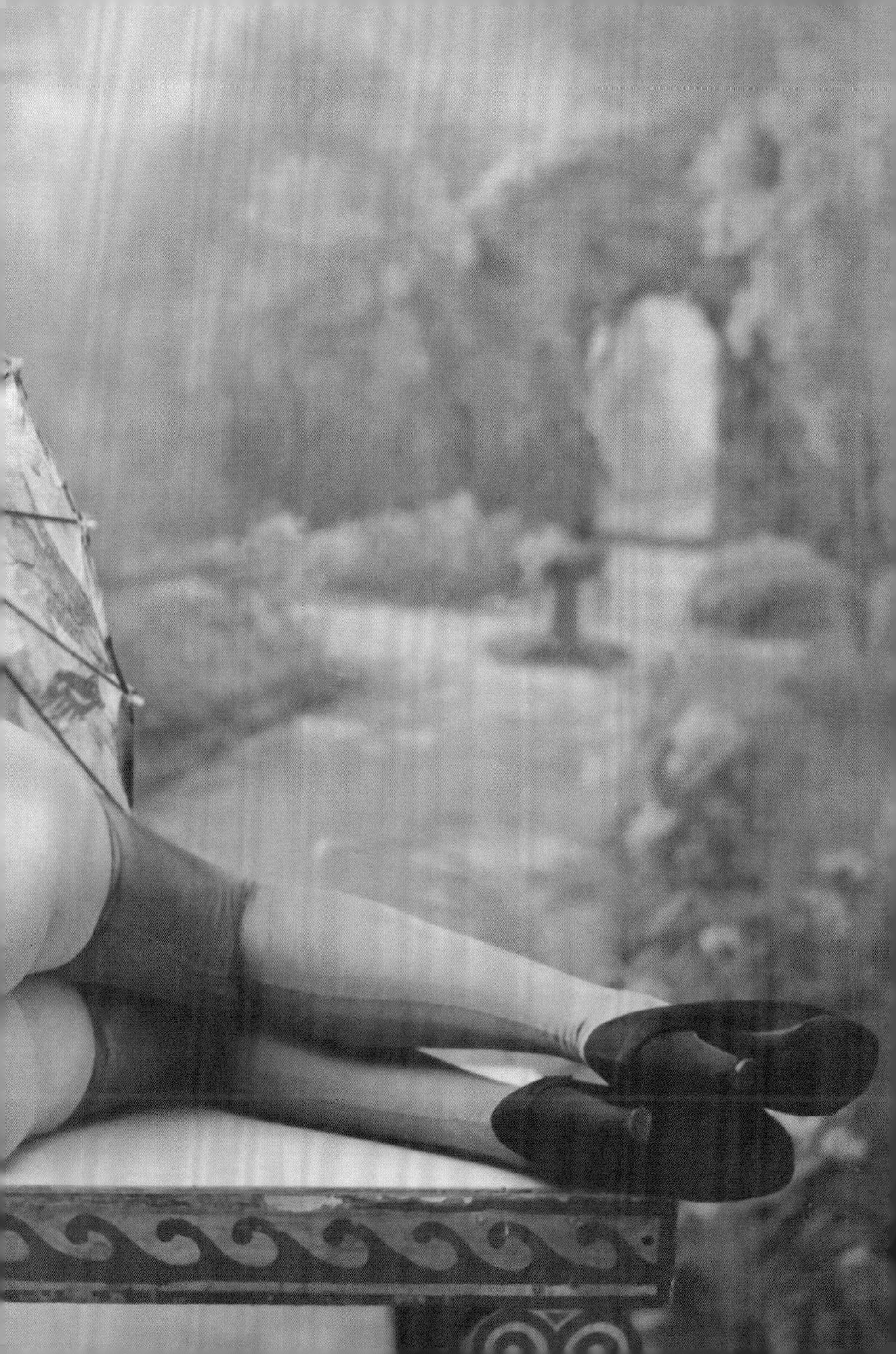

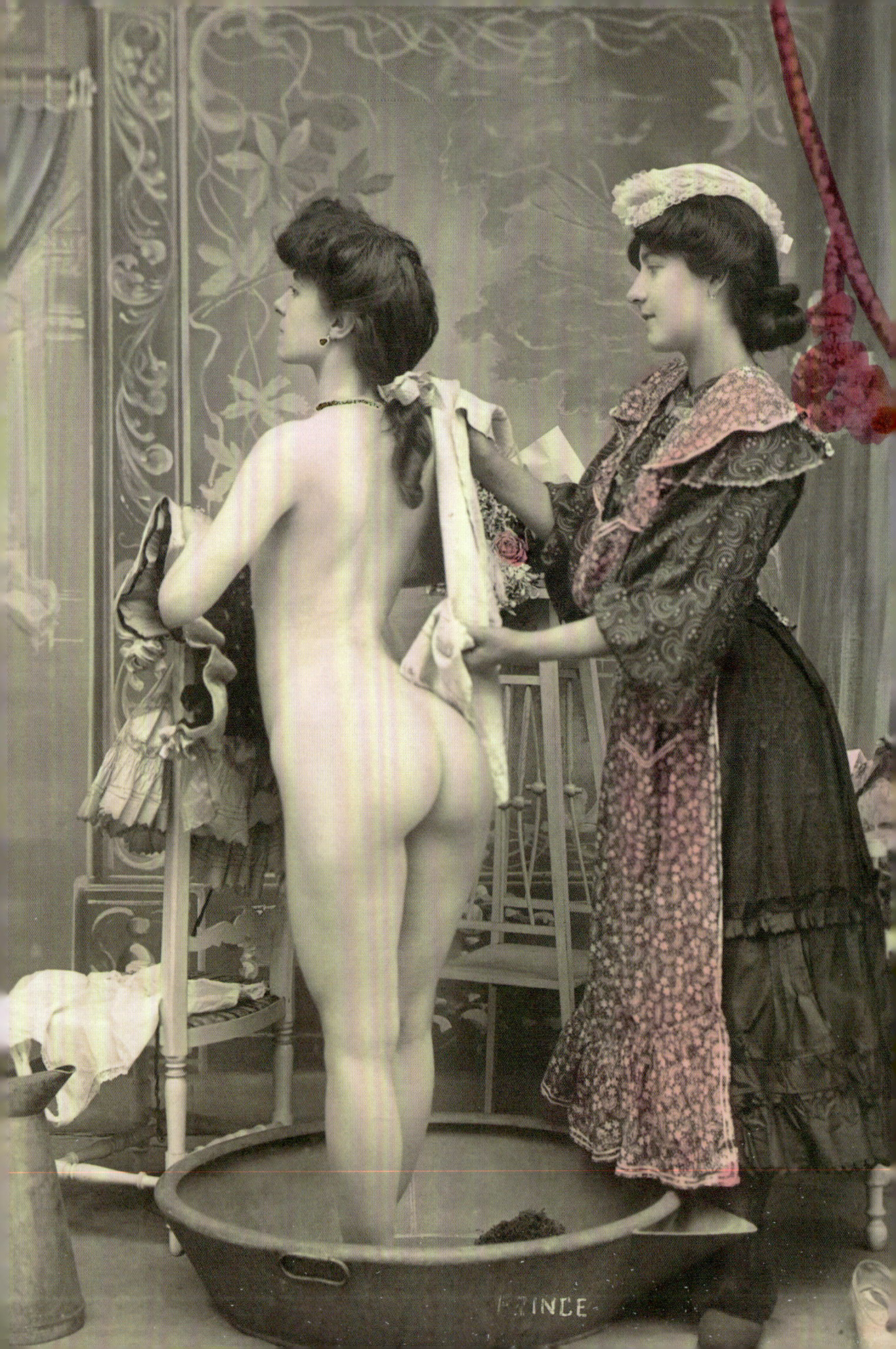
PRINCE

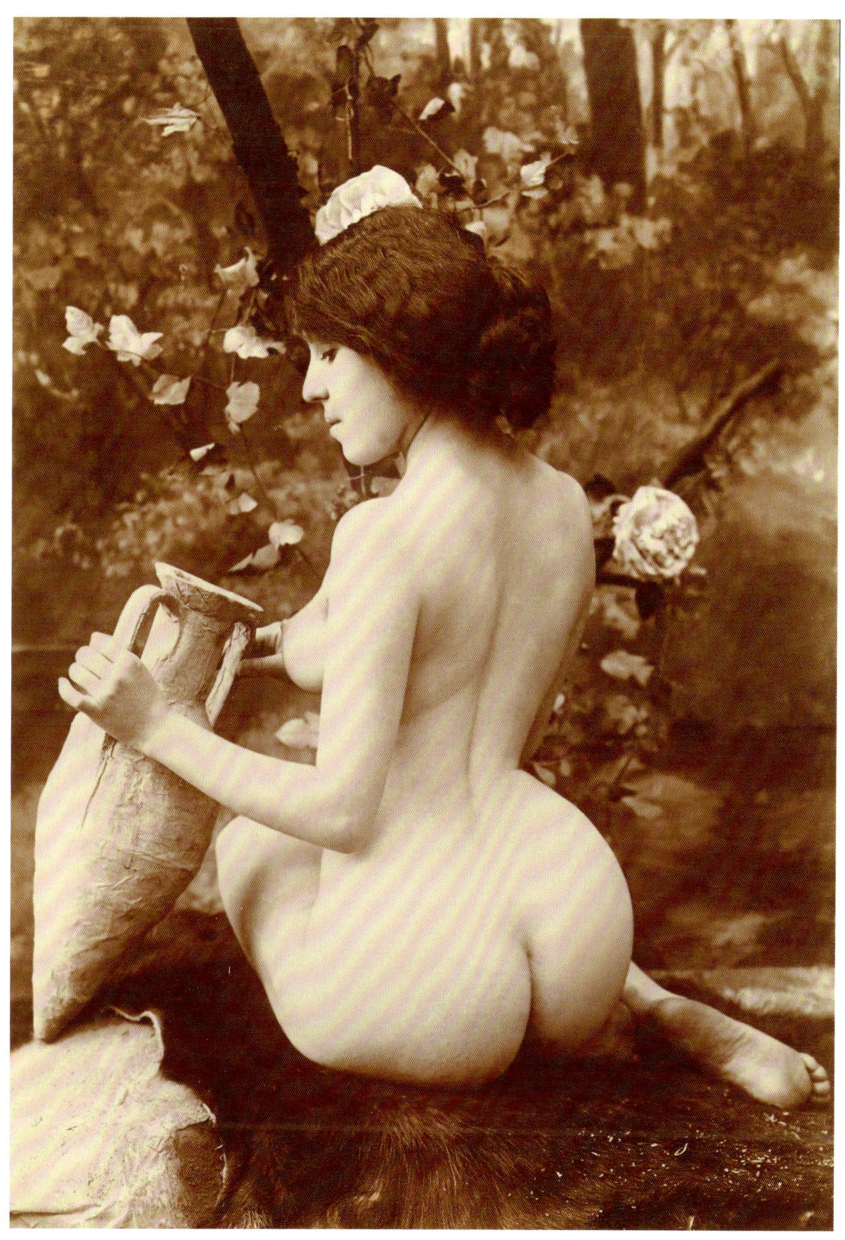

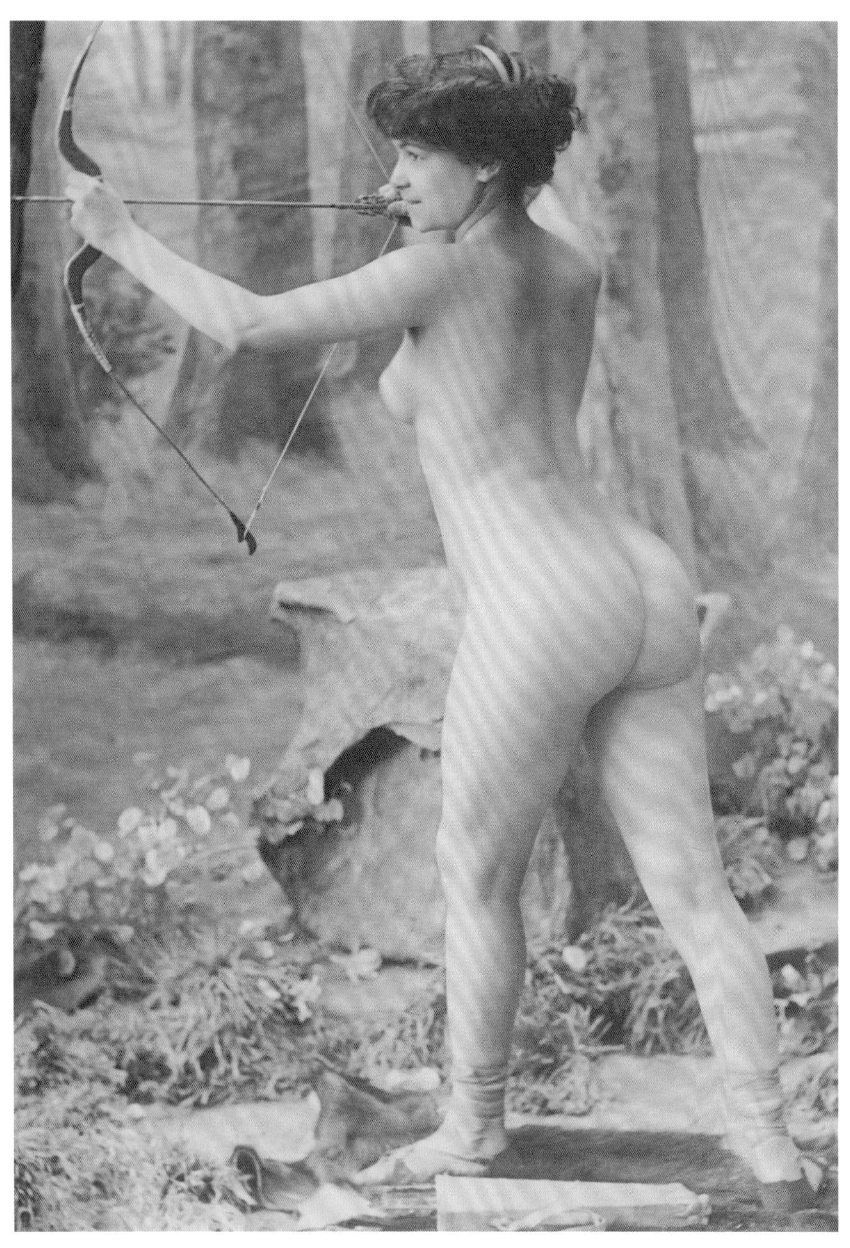

ABOVE AND OPPOSITE **Unknown**

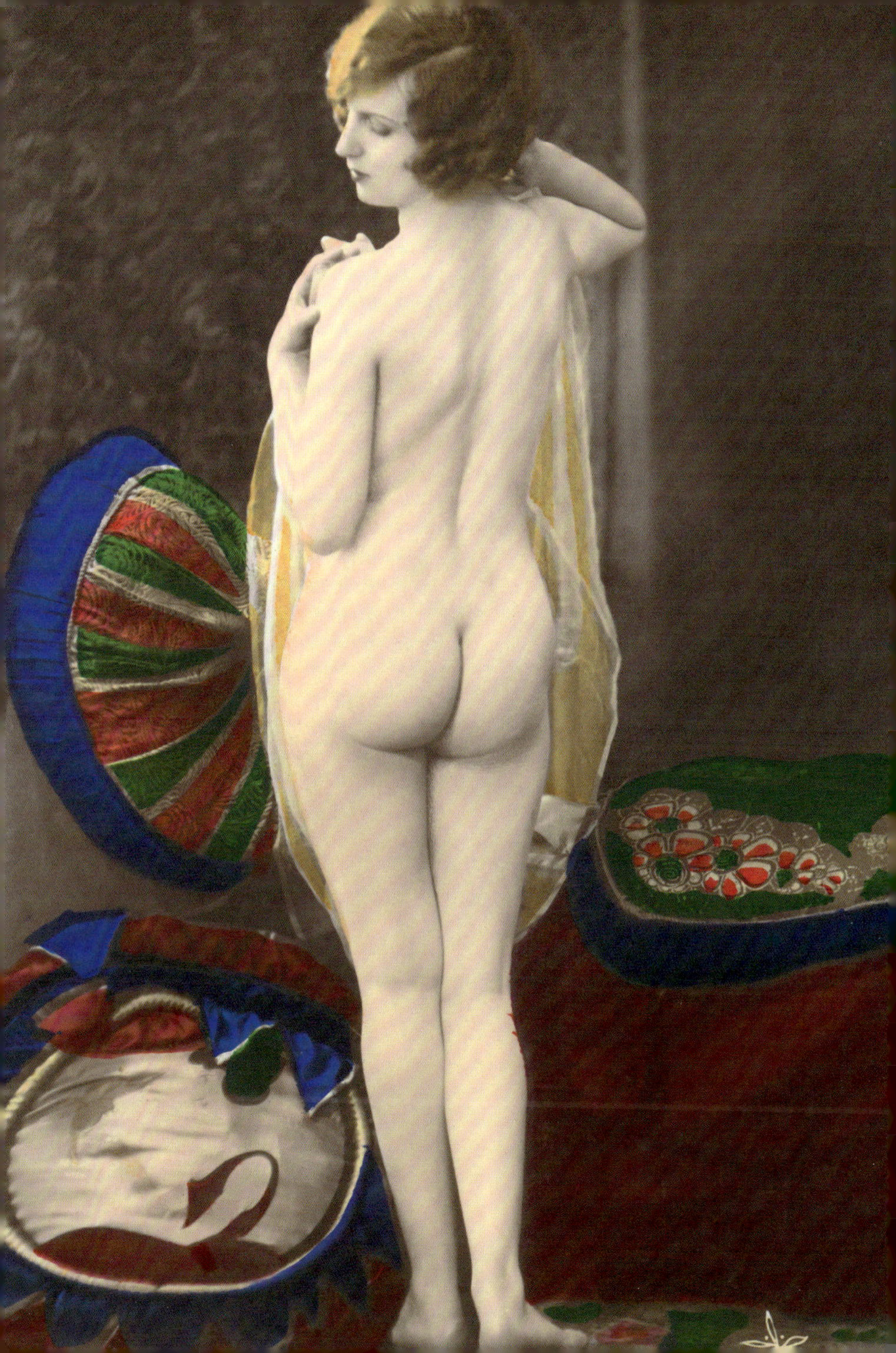

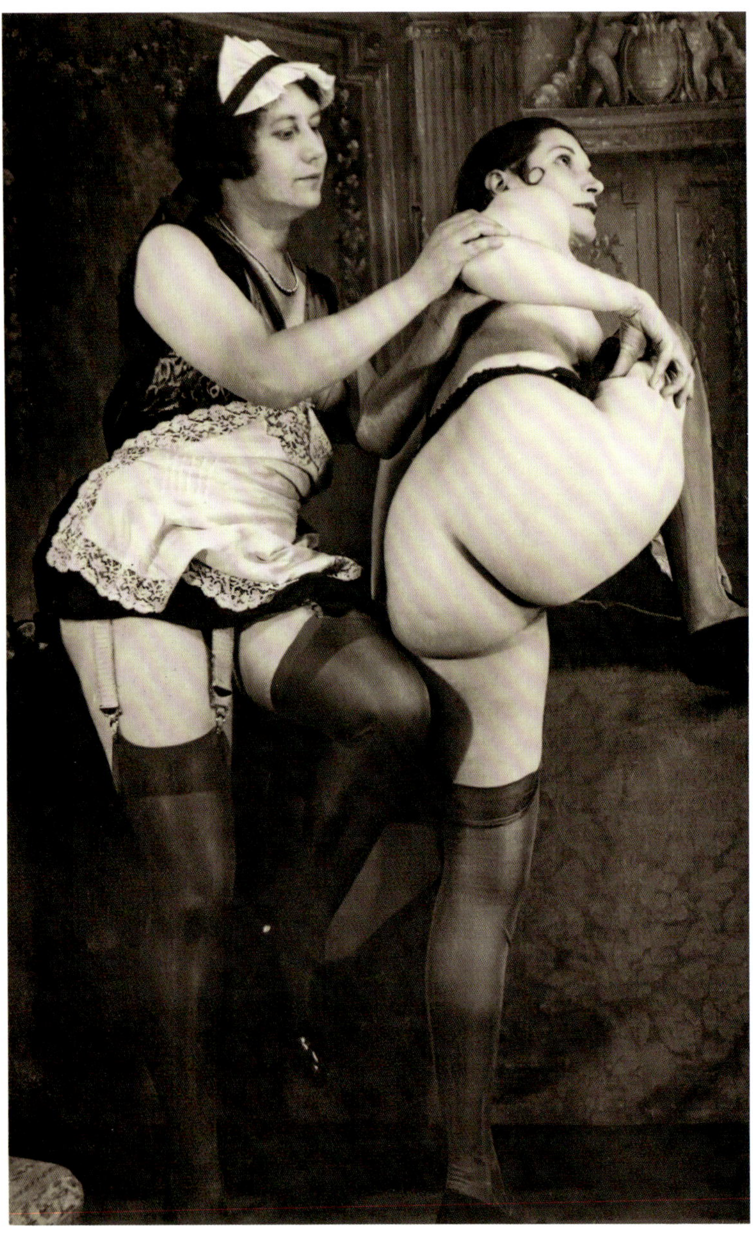

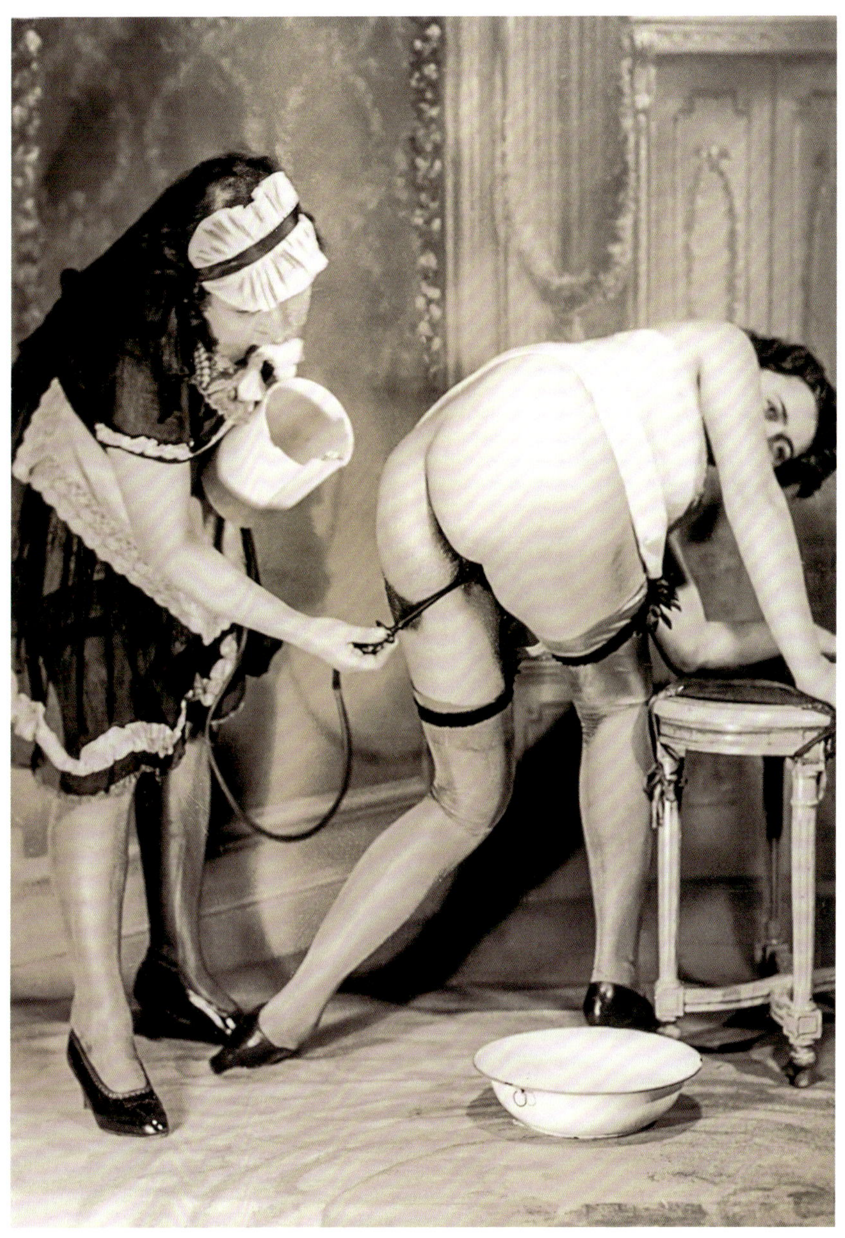

OPPOSITE AND ABOVE **Unknown**

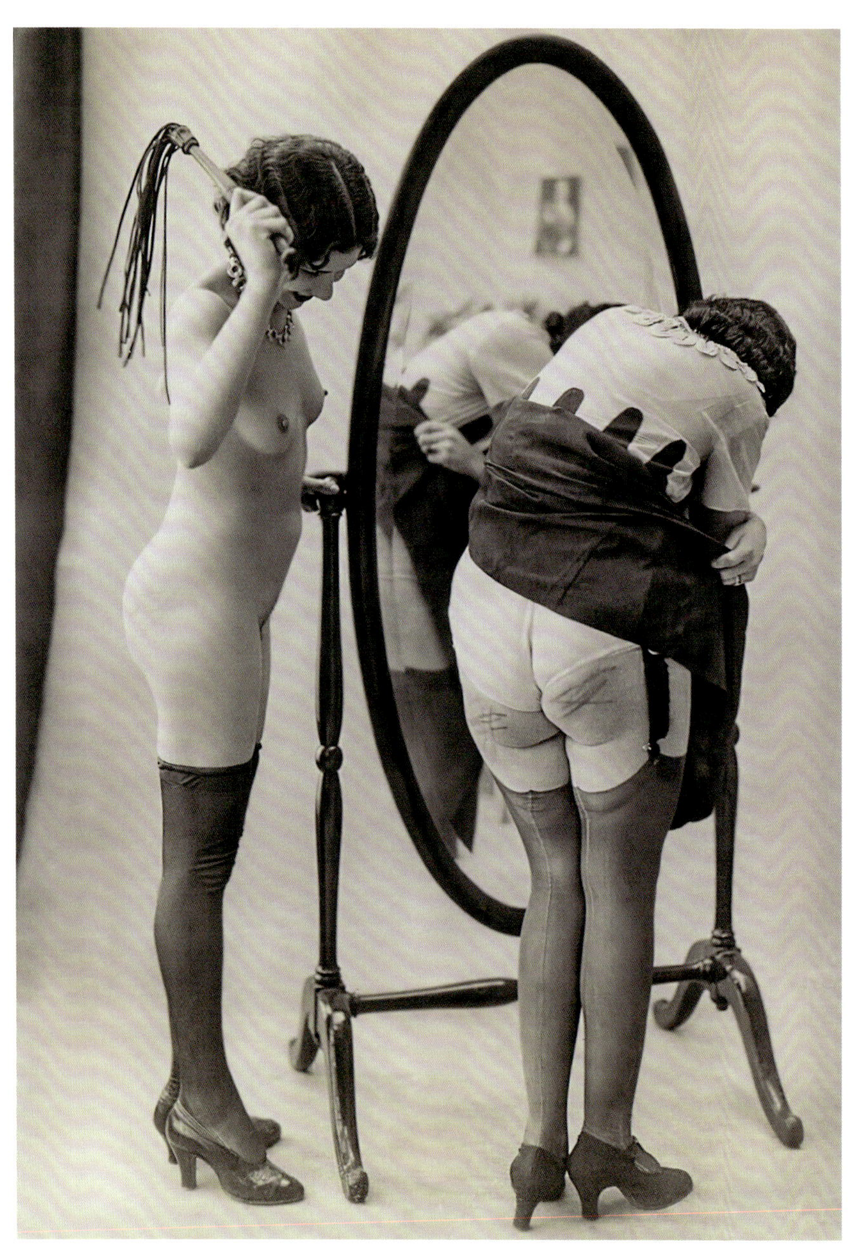

ABOVE, OPPOSITE, AND PAGES 36-37 **Unknown**

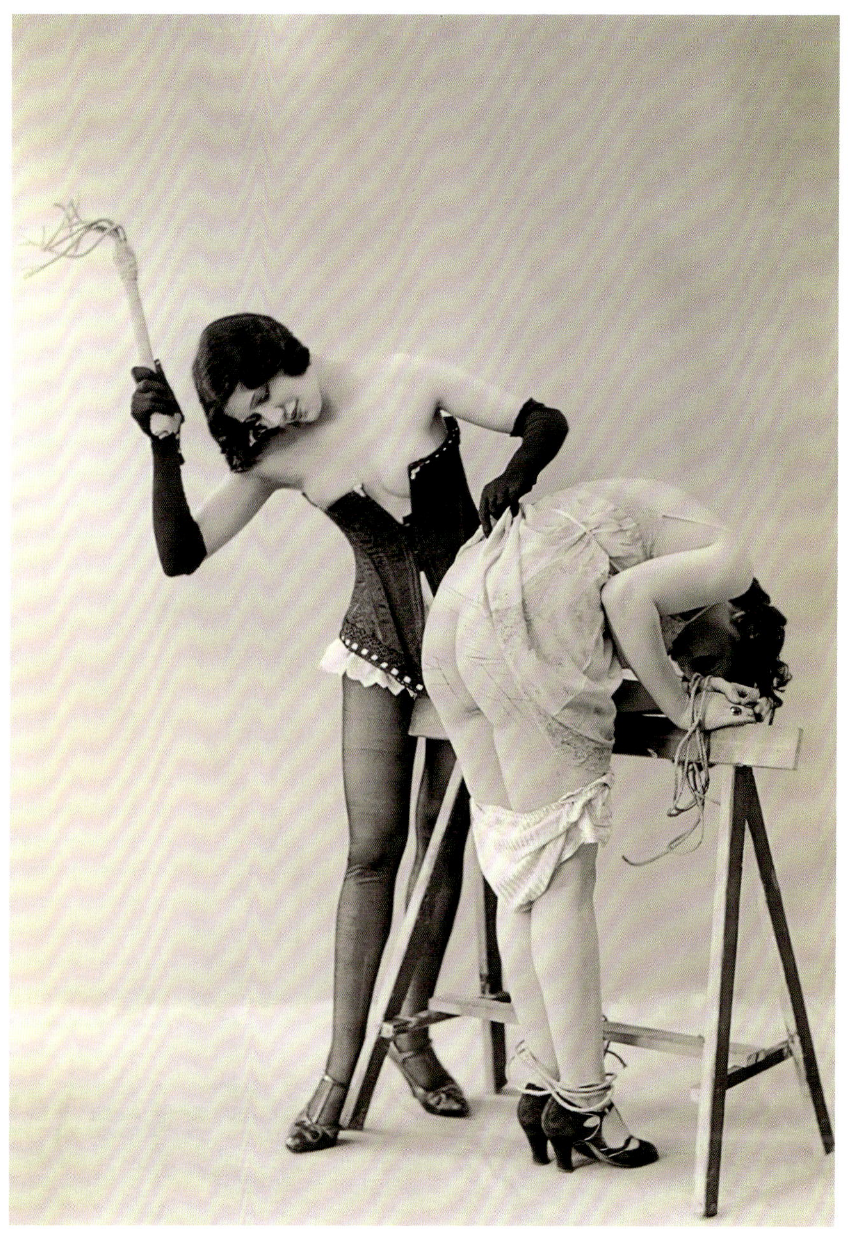

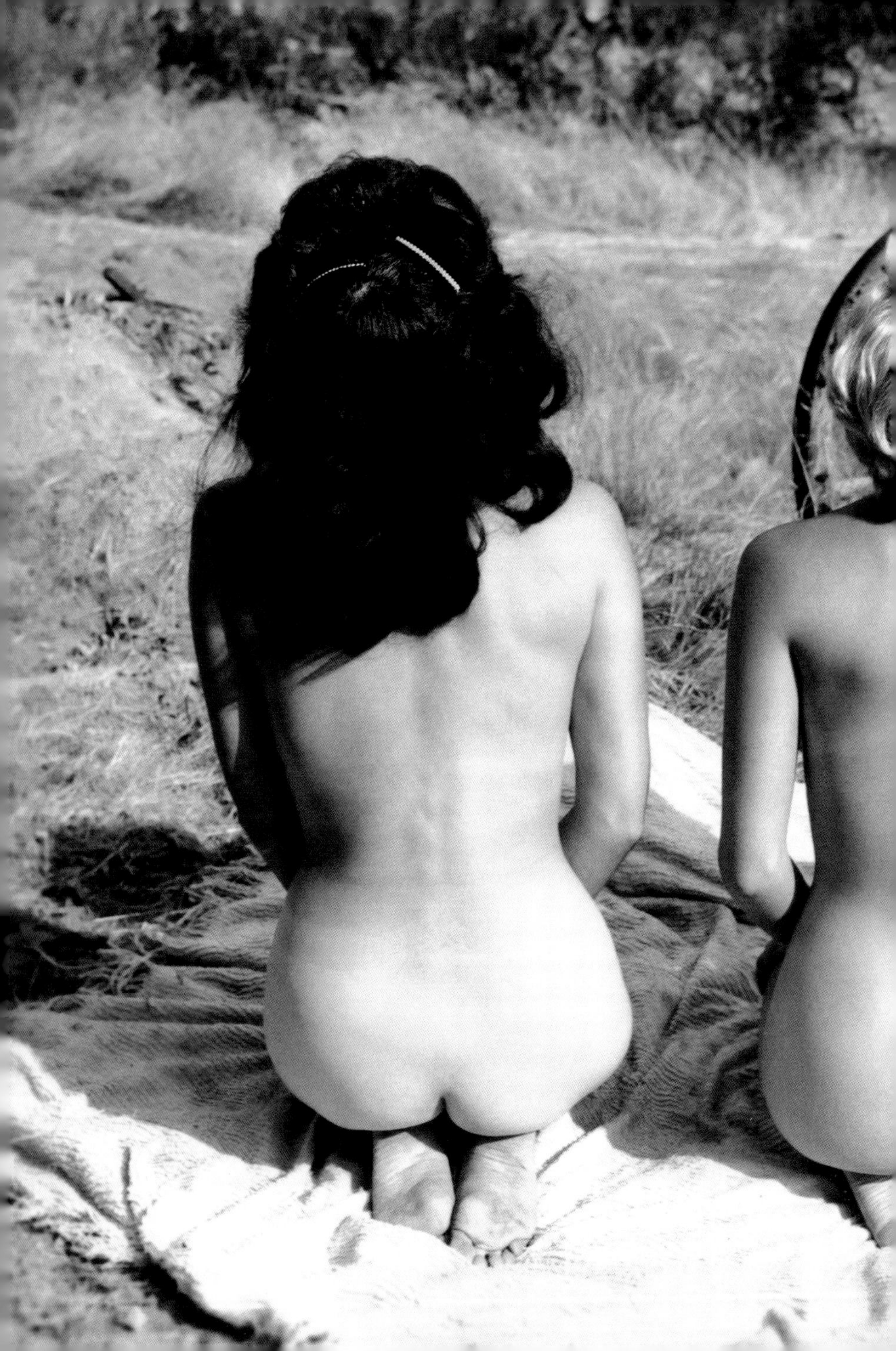

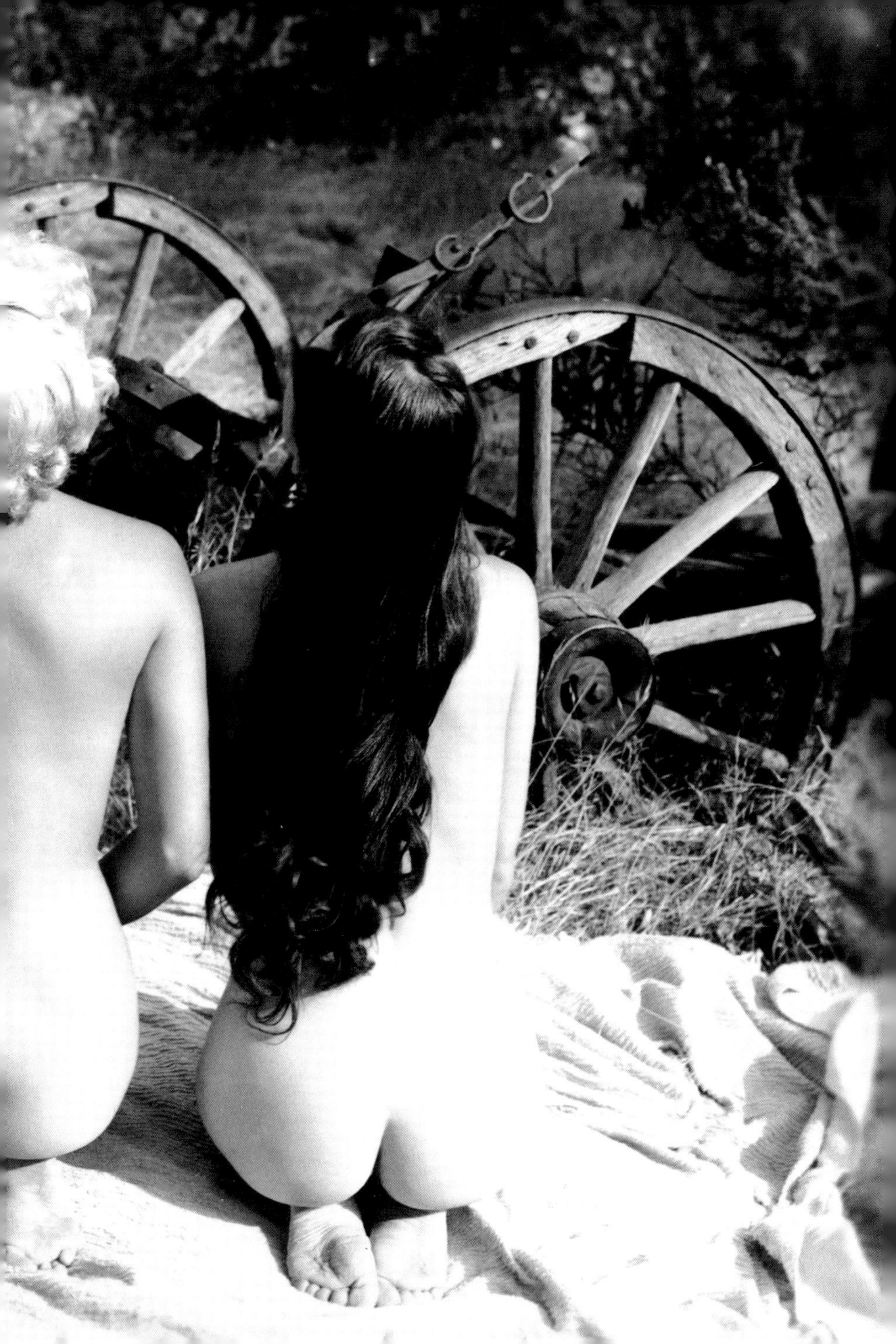

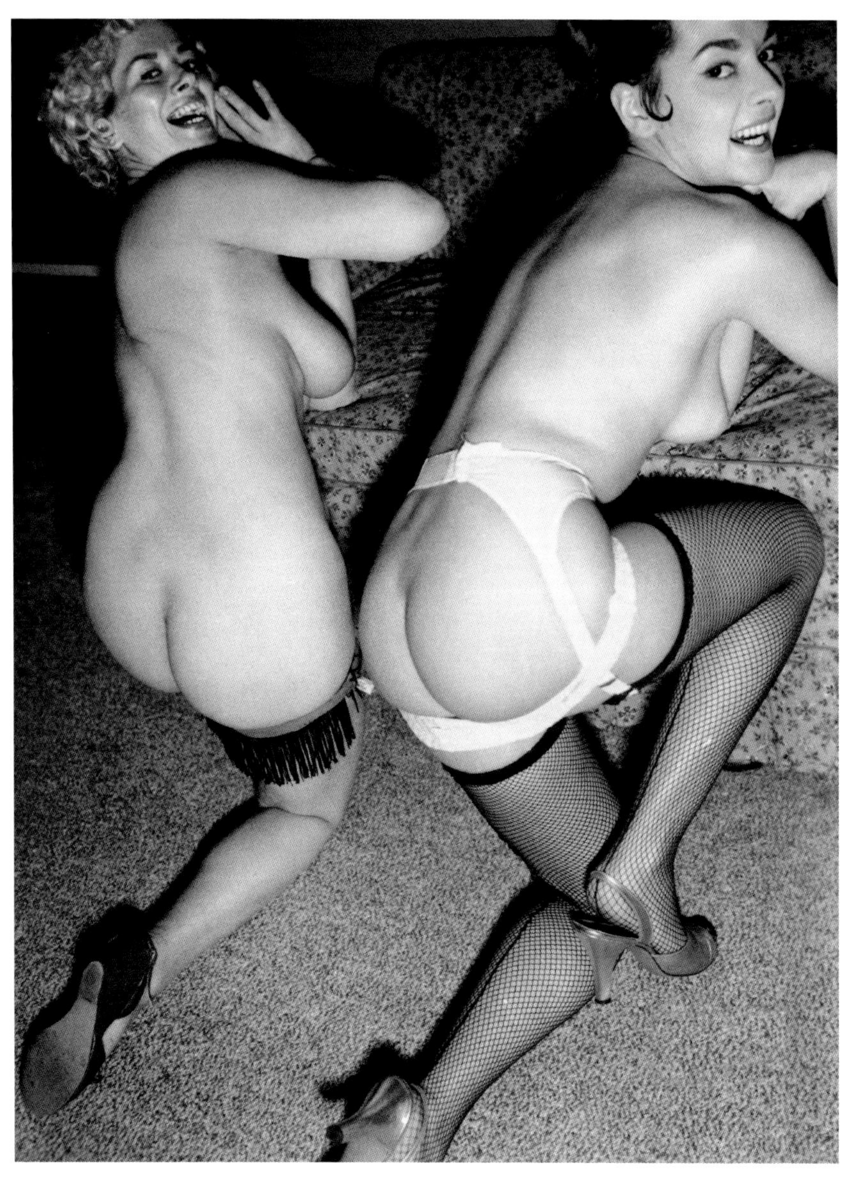

ABOVE, OPPOSITE, AND PAGES 40-41 **Unknown**

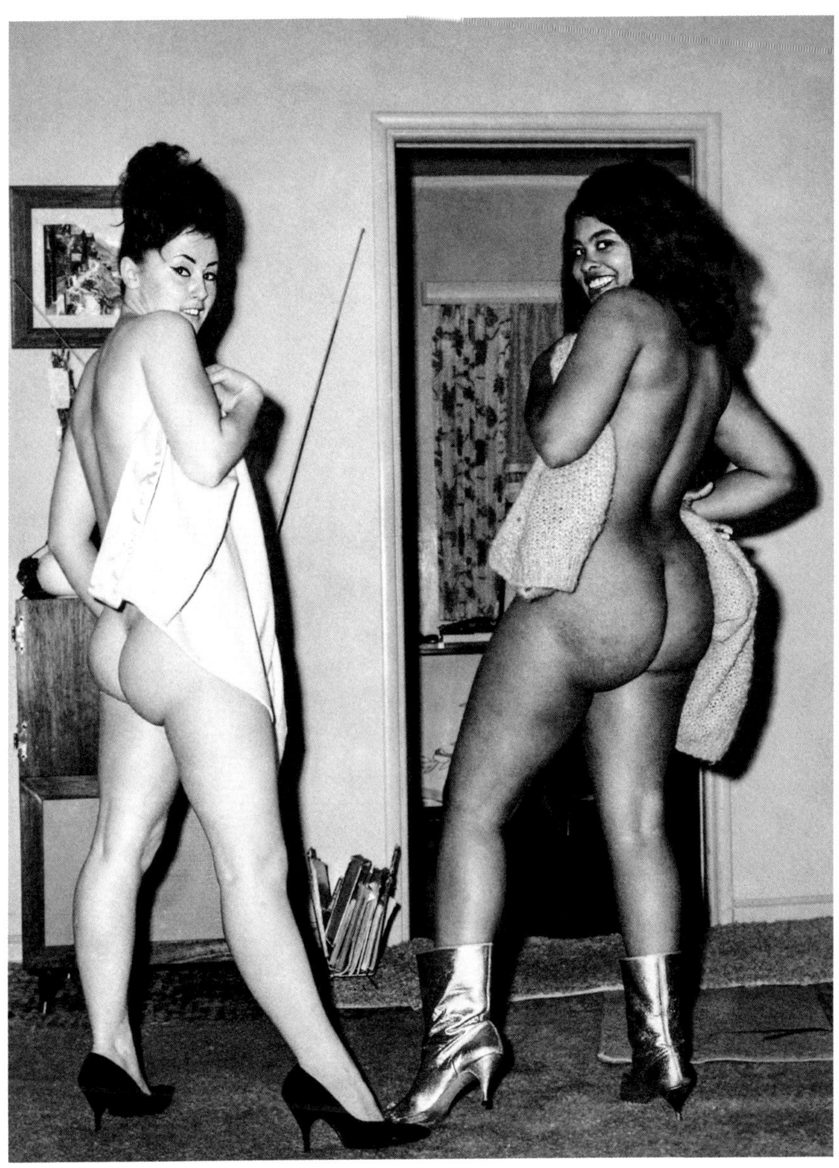

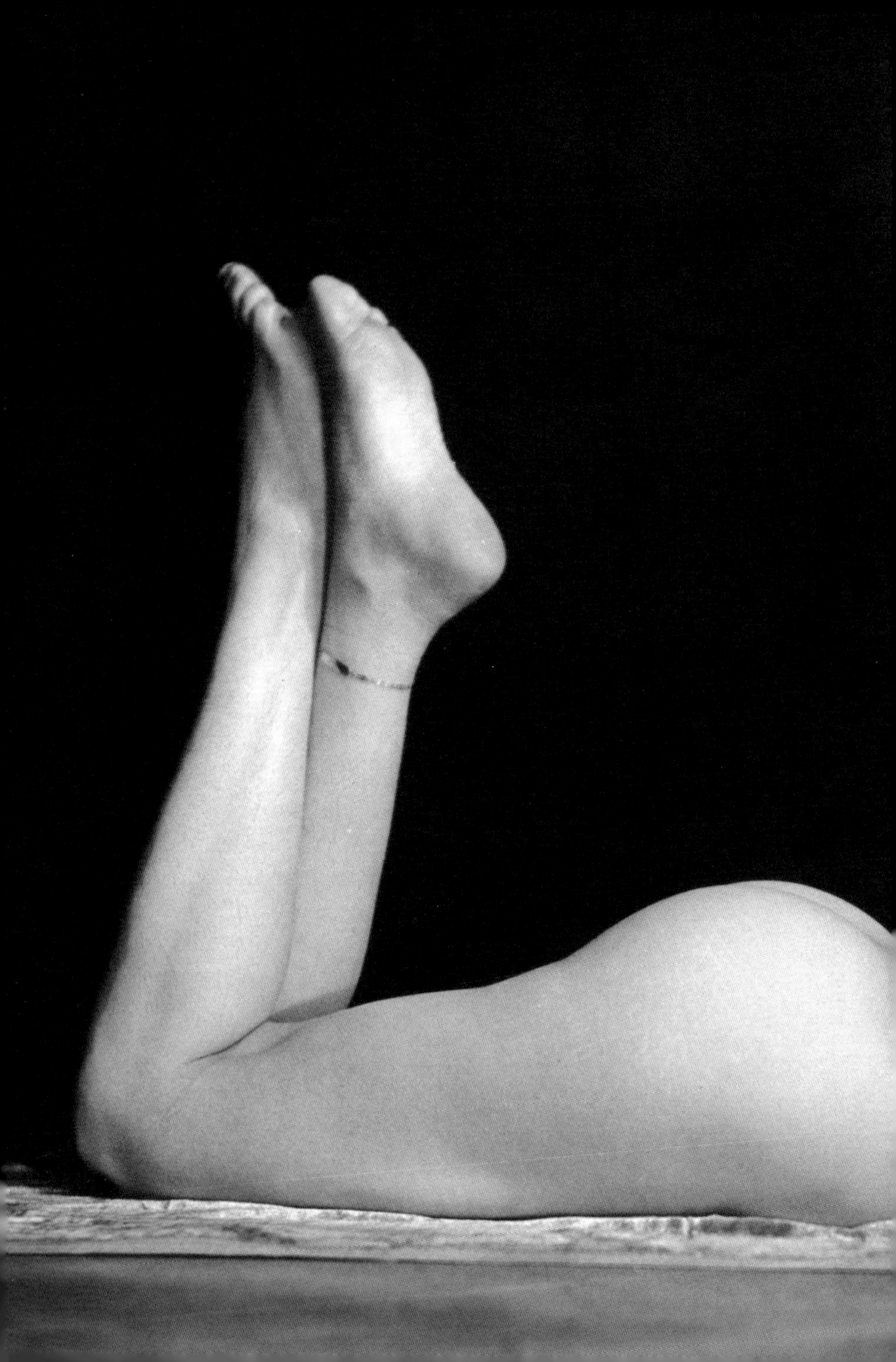

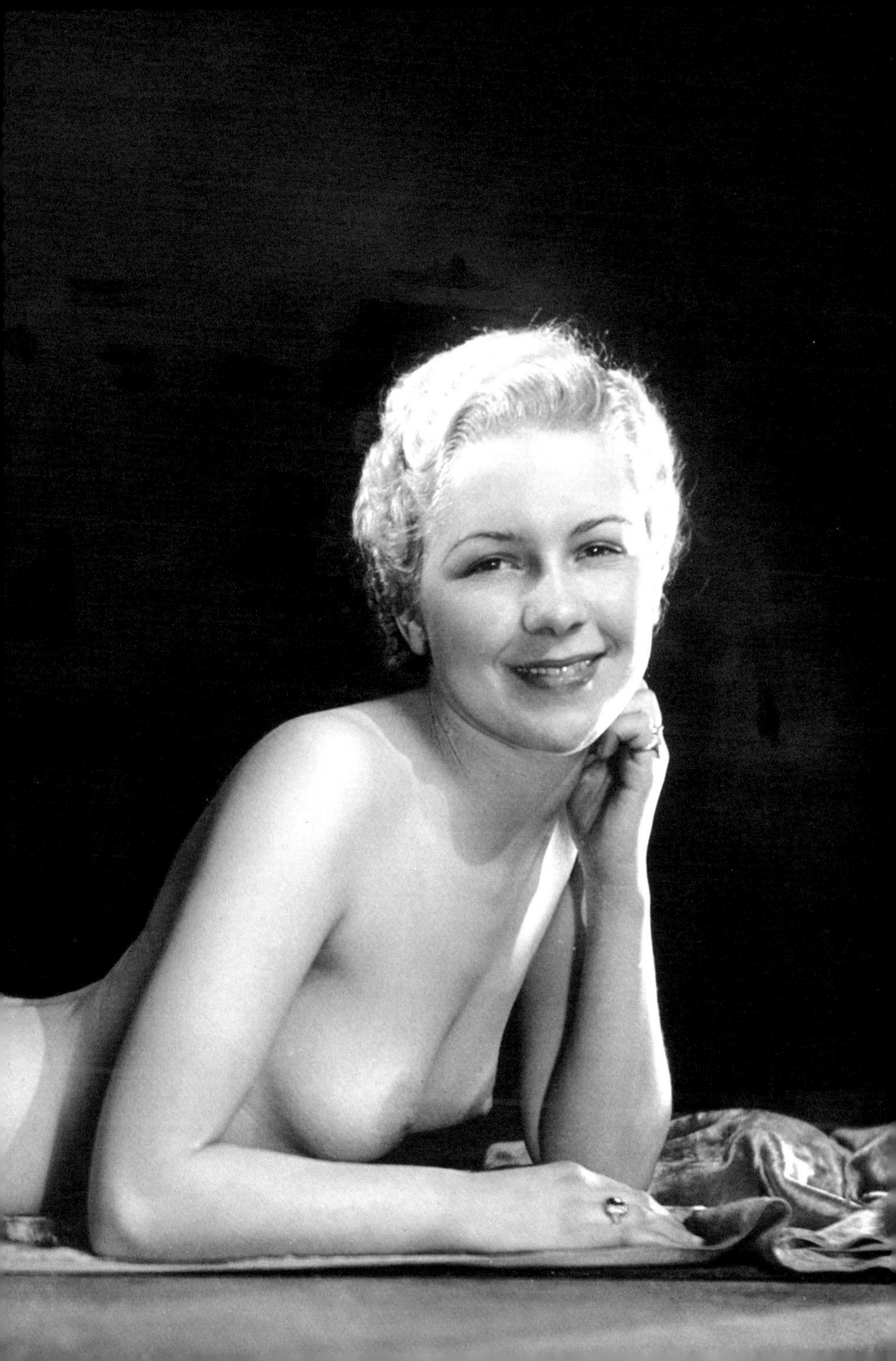

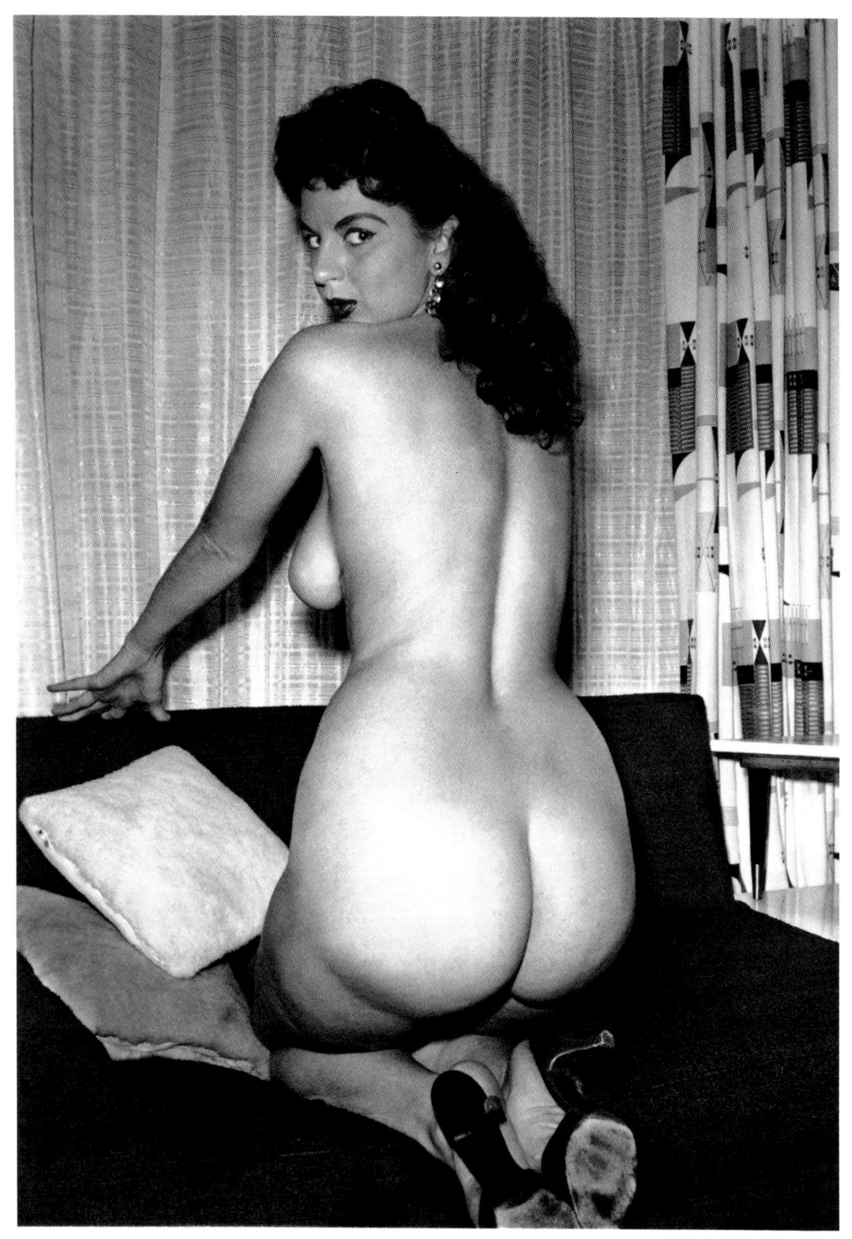

ABOVE **Jackie Miller**

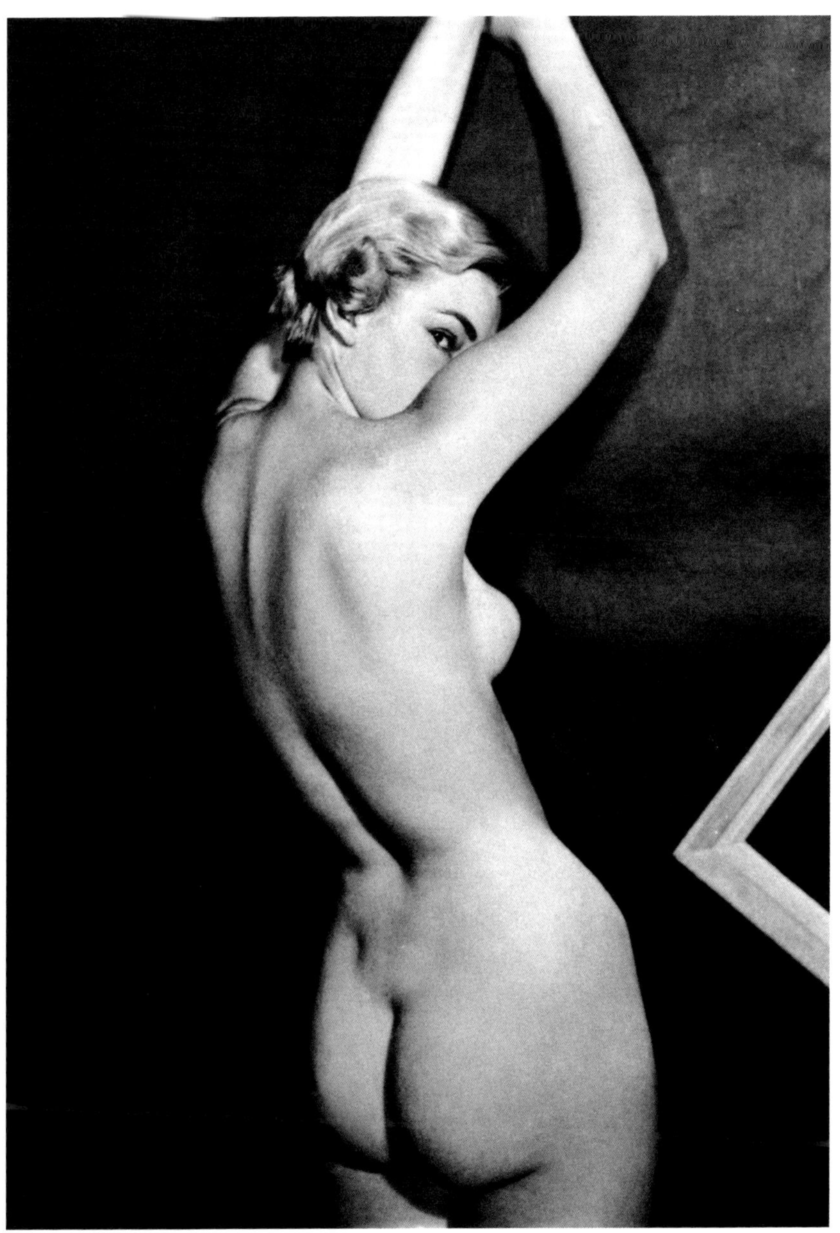

ABOVE **Unknown**

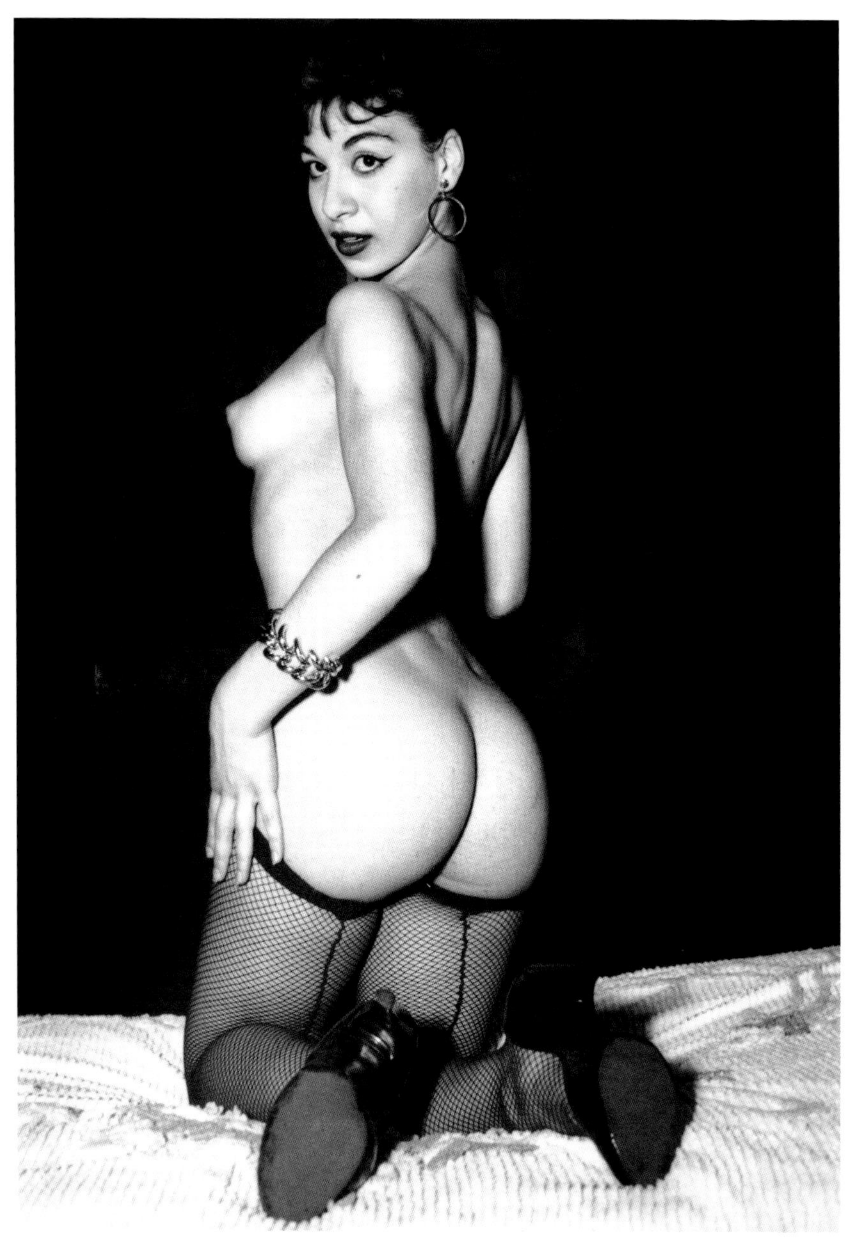

ABOVE AND OPPOSITE Unknown

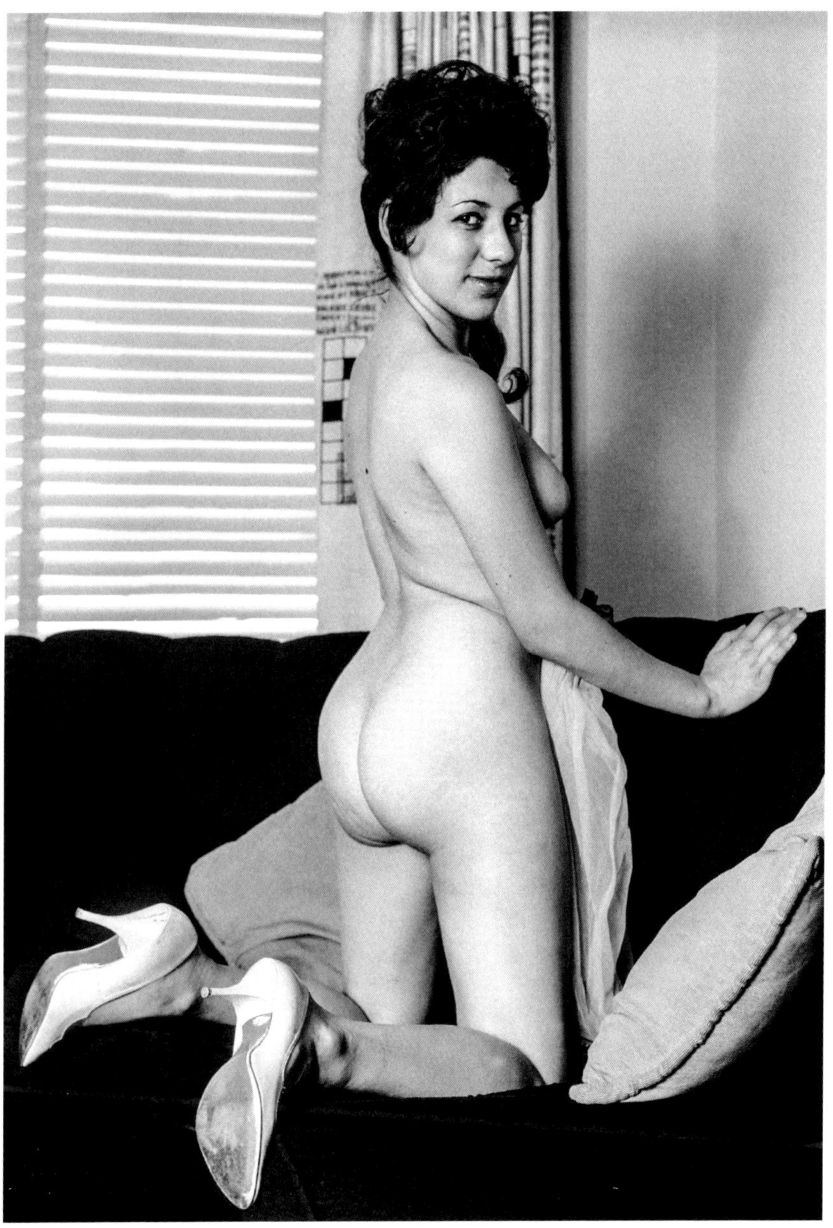

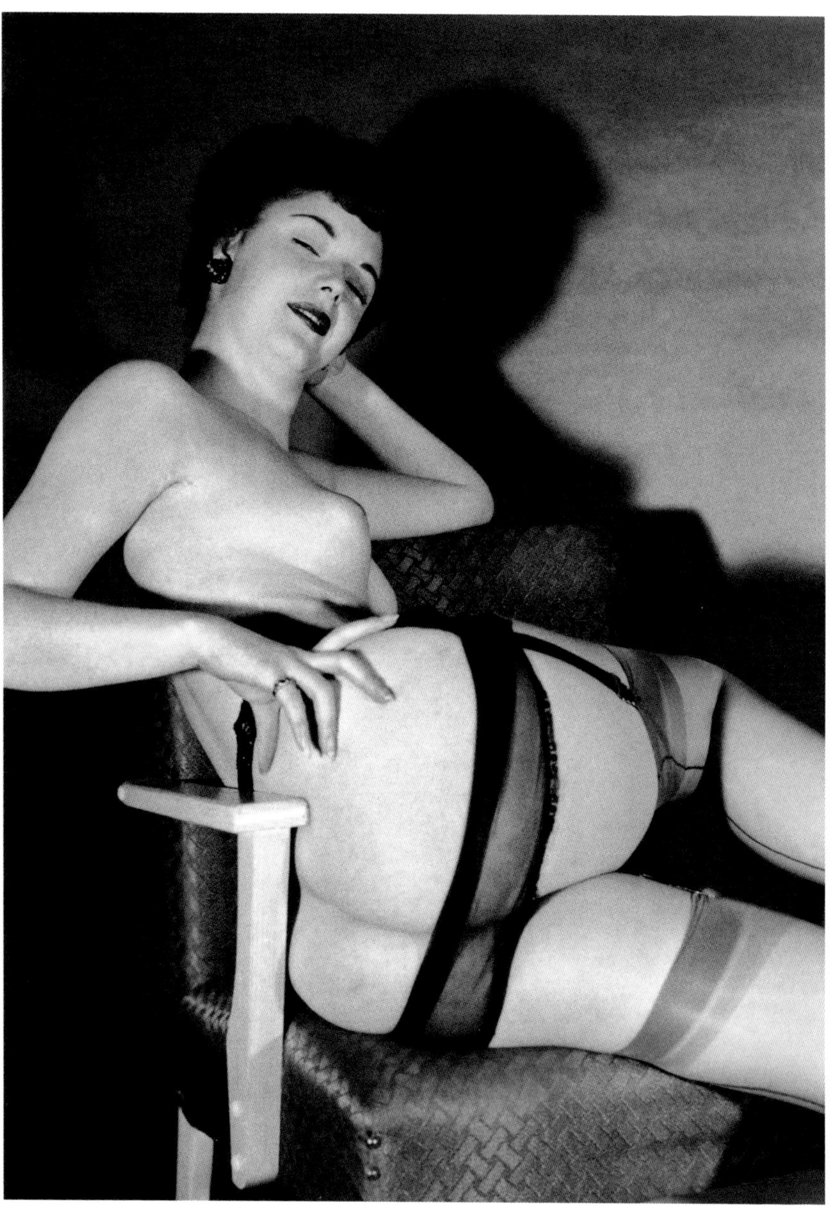

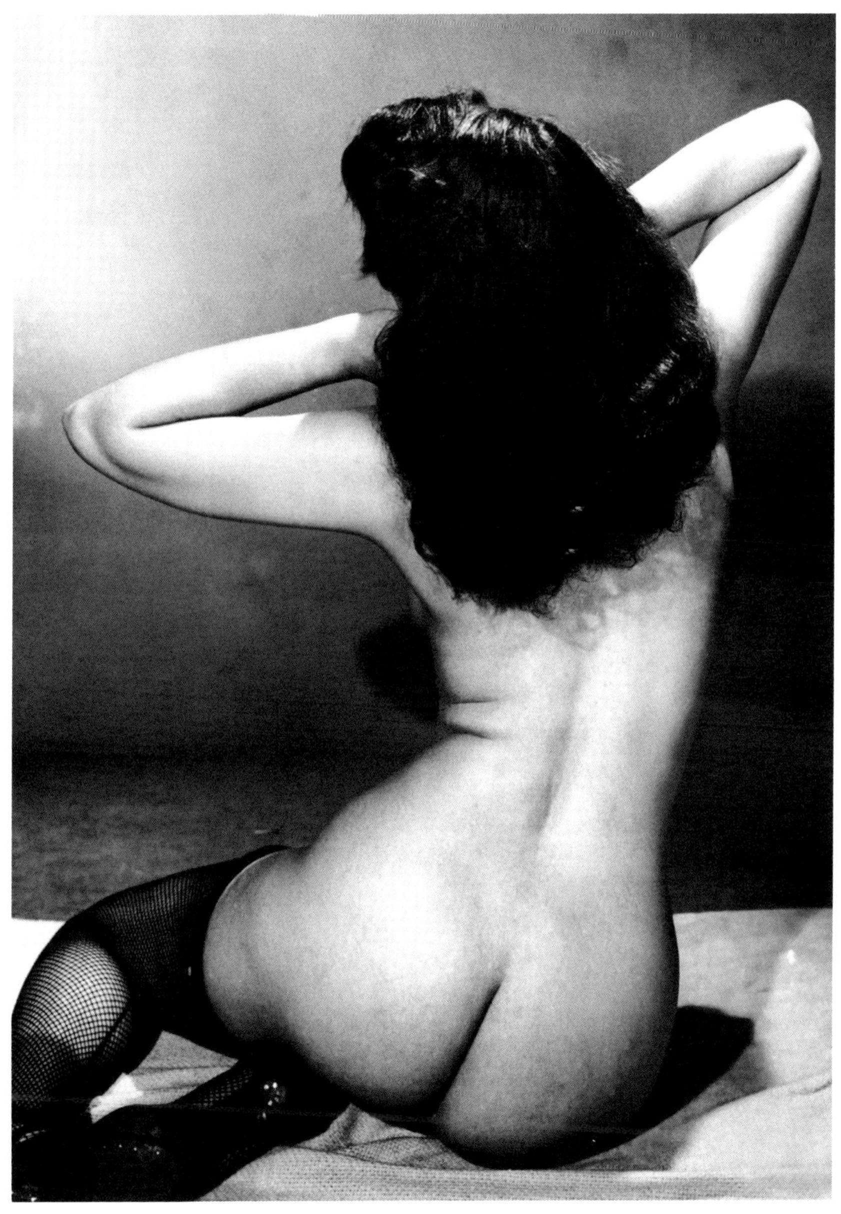

OPPOSITE, ABOVE, AND PAGES 48-49 **Unknown**

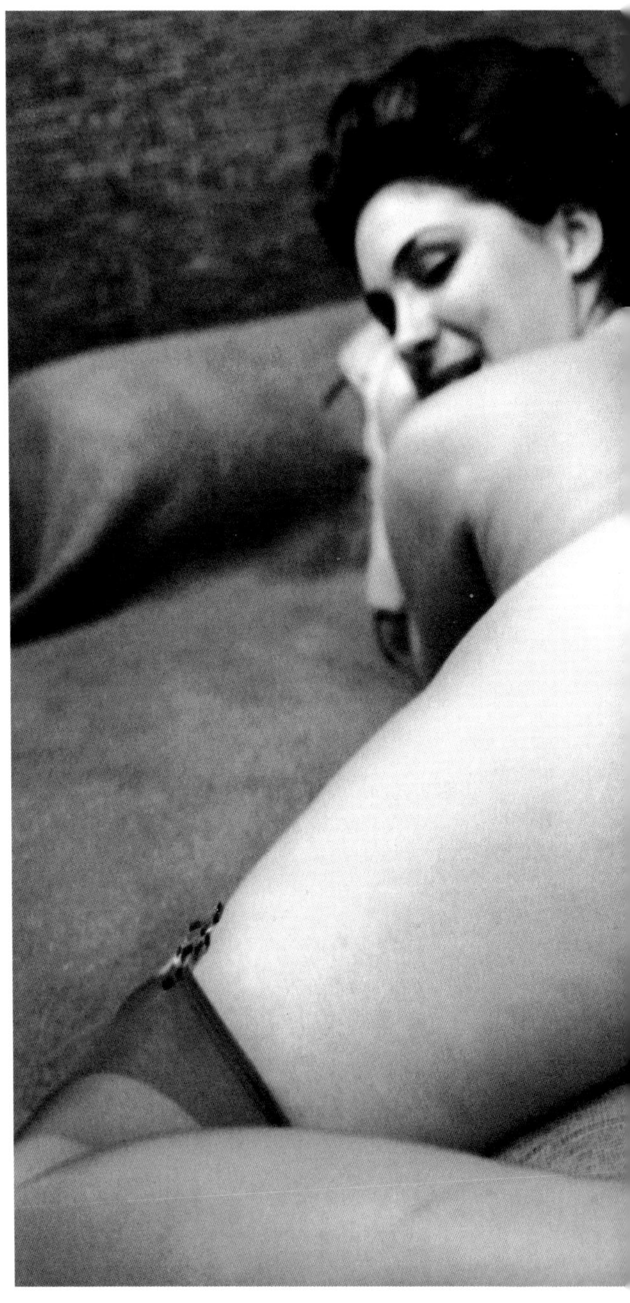

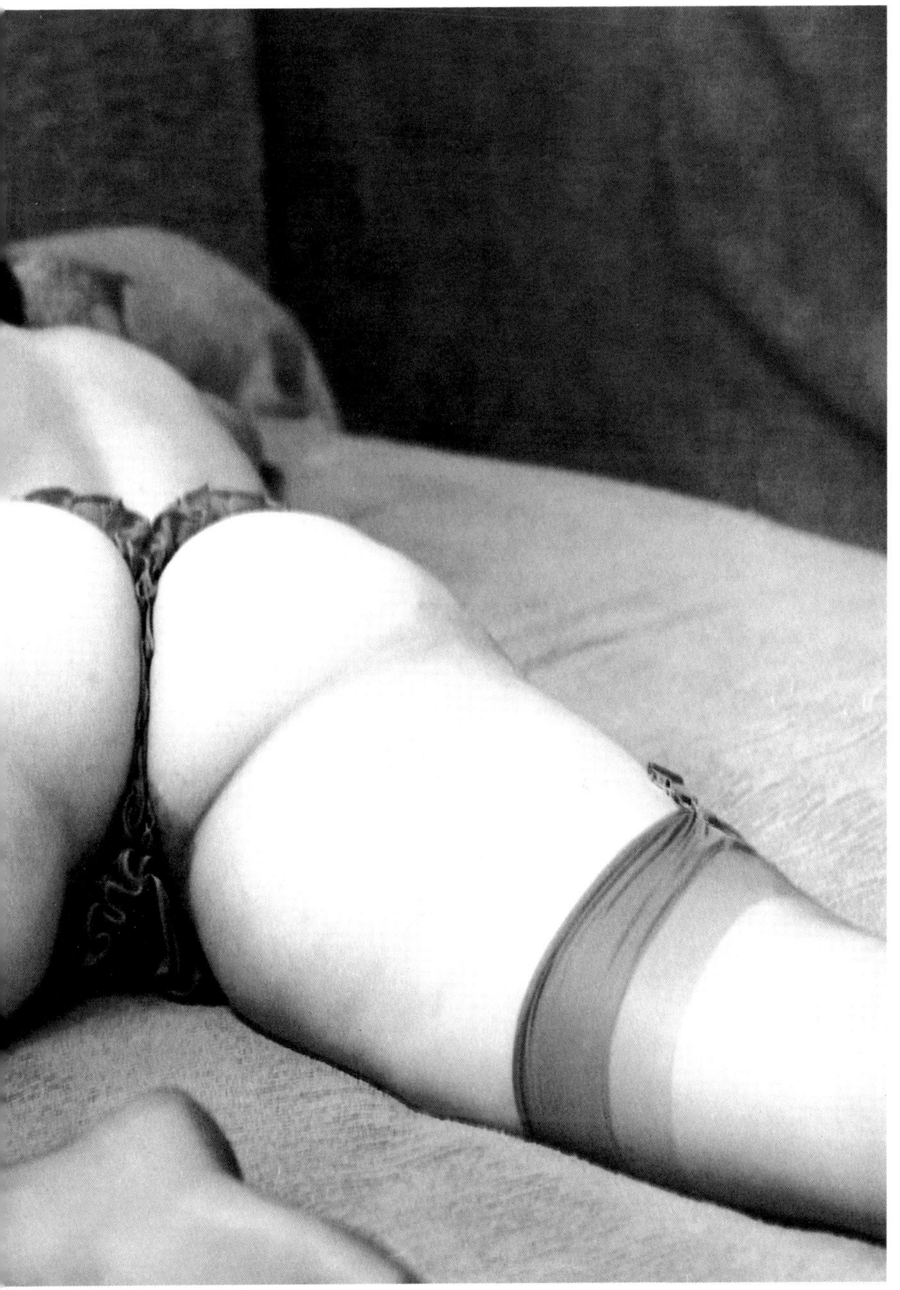

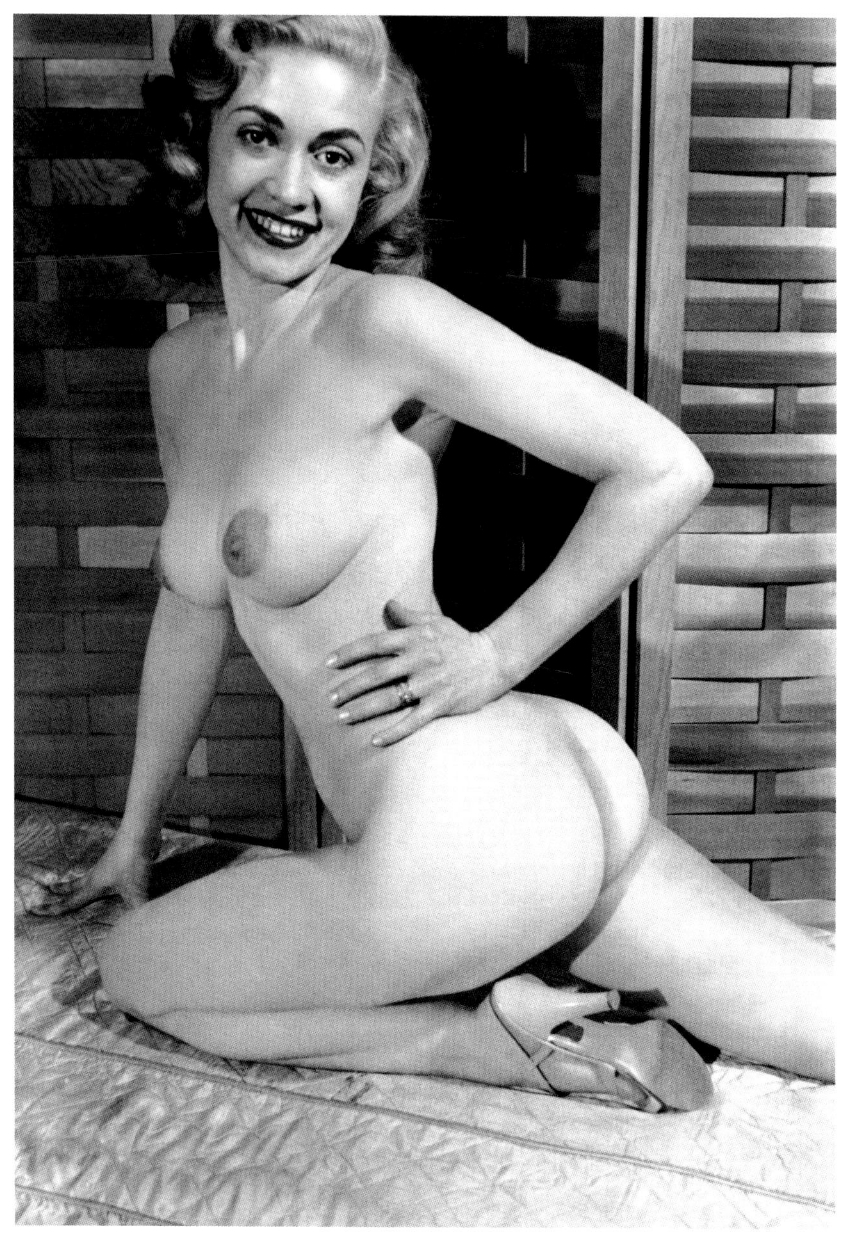

ABOVE AND OPPOSITE **Unknown**

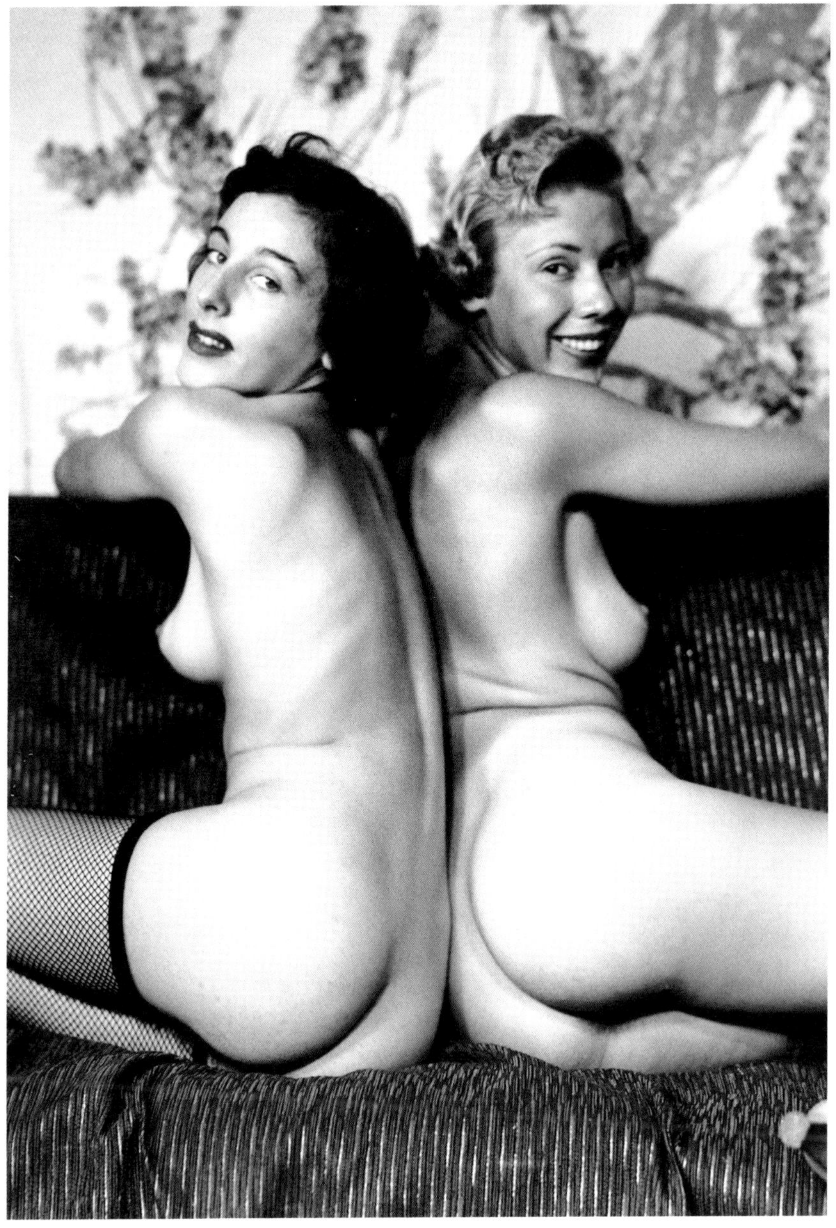

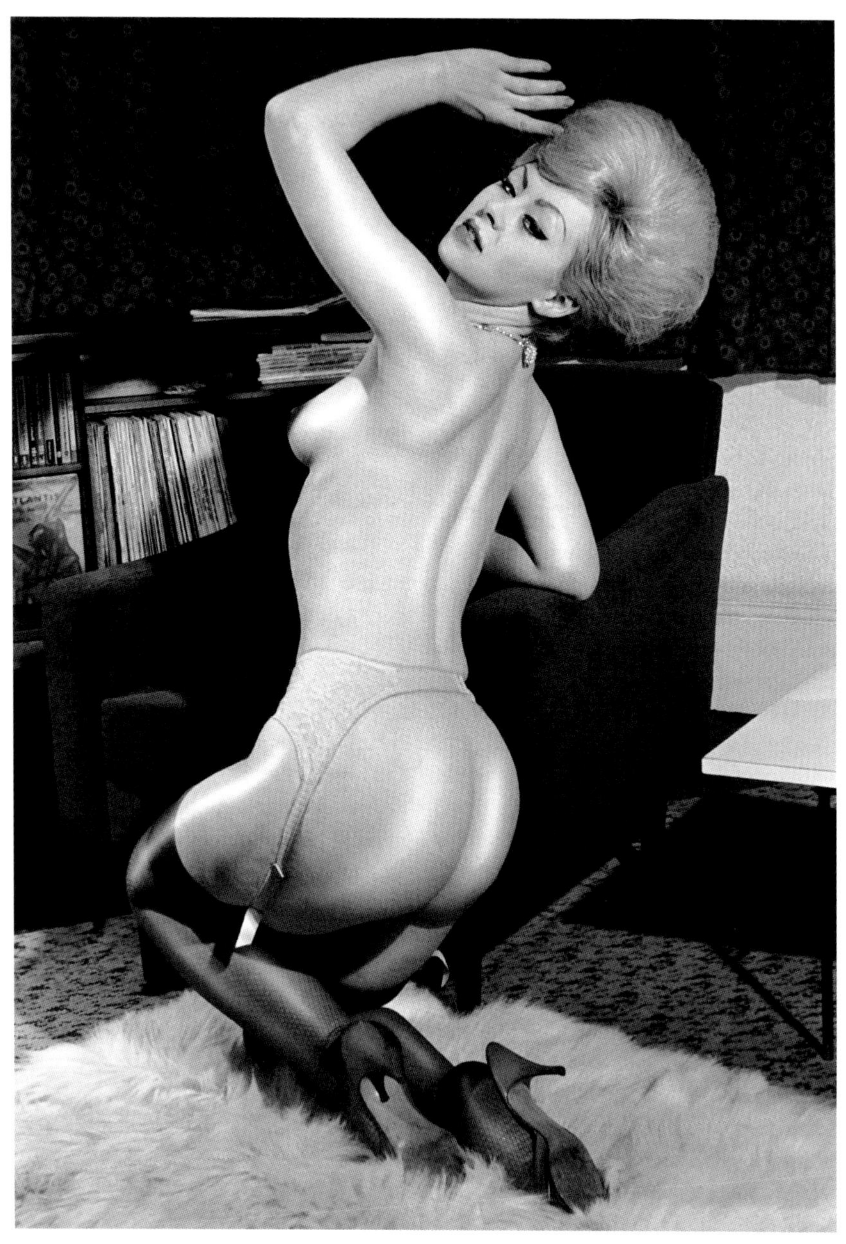

ABOVE **Jayne Tracey**

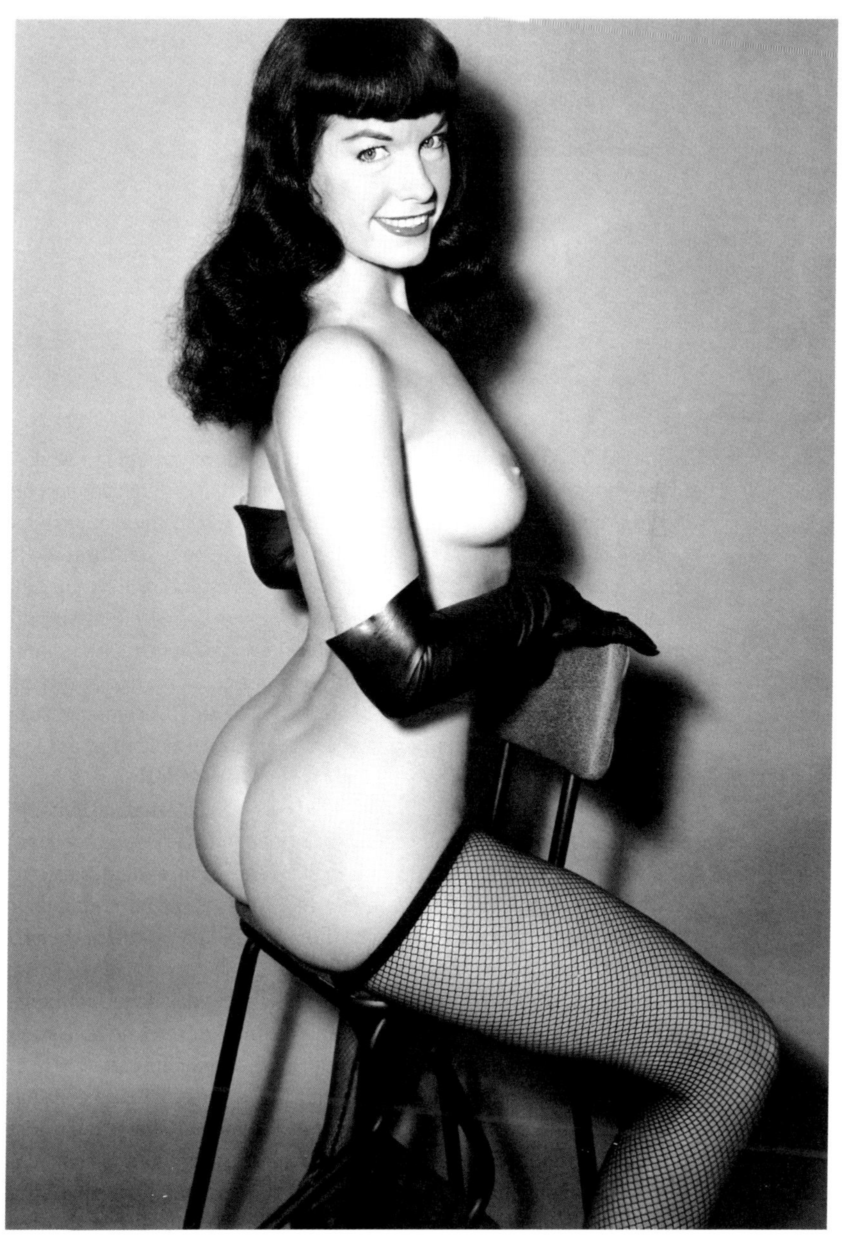

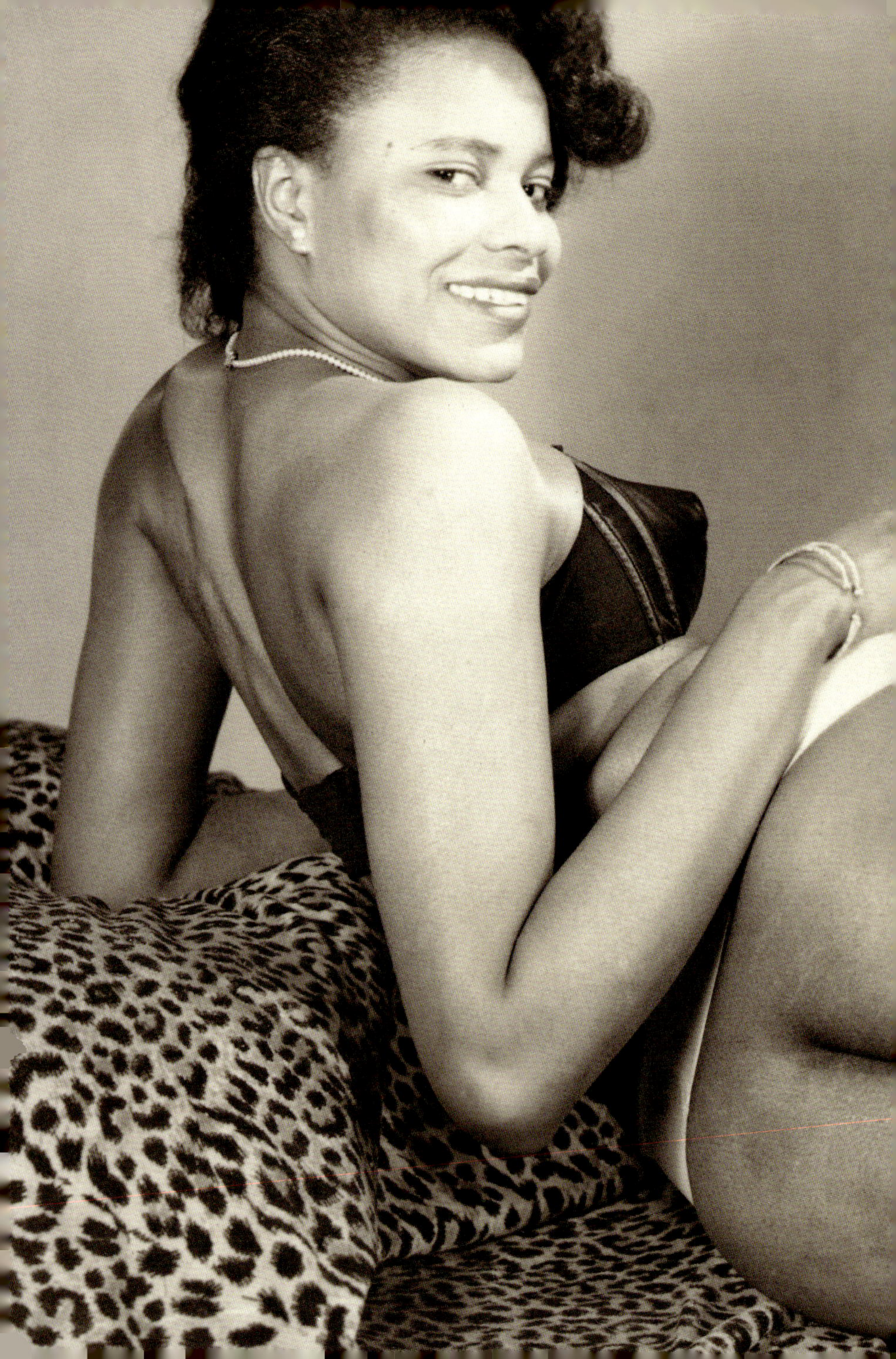

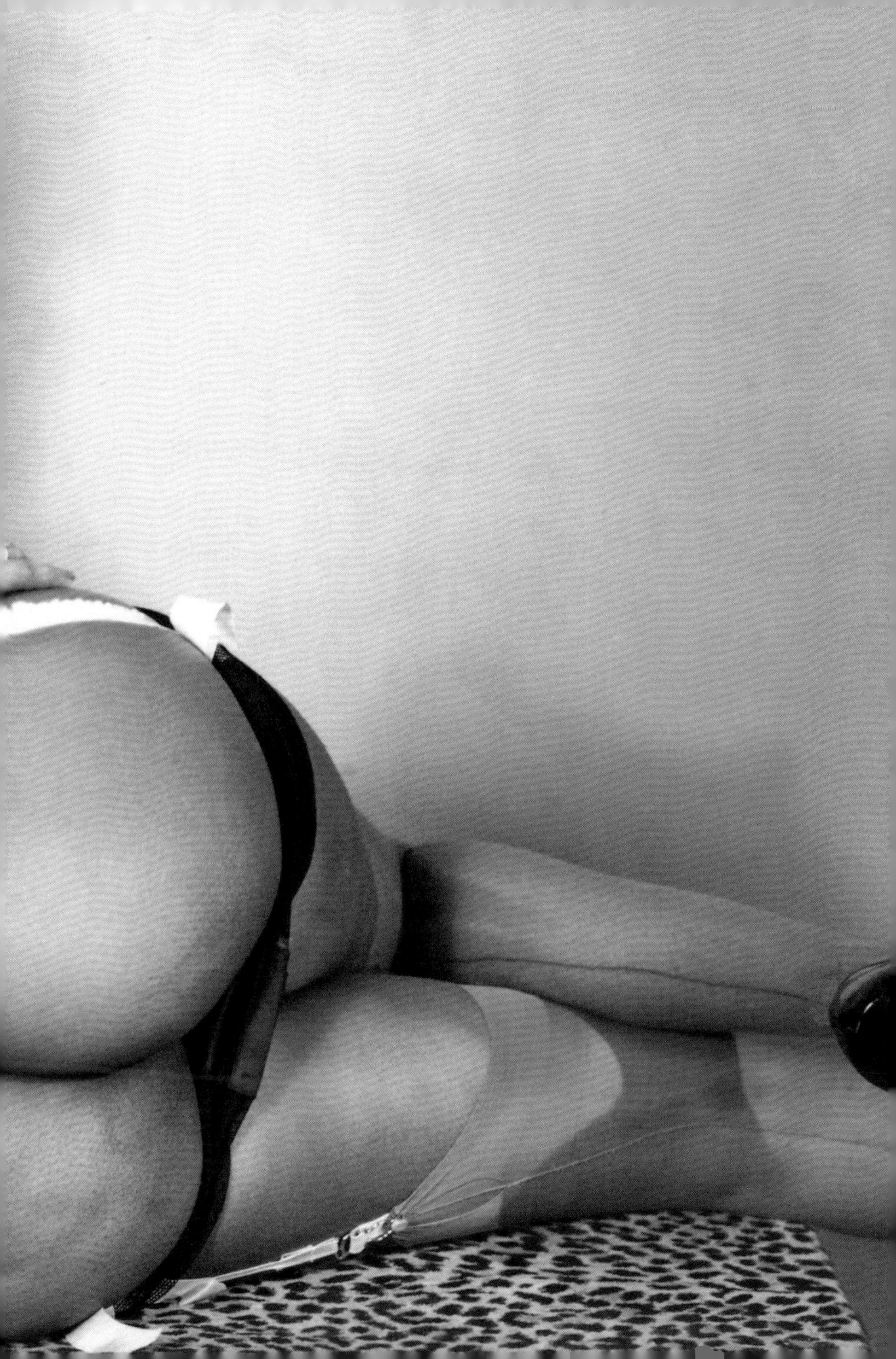

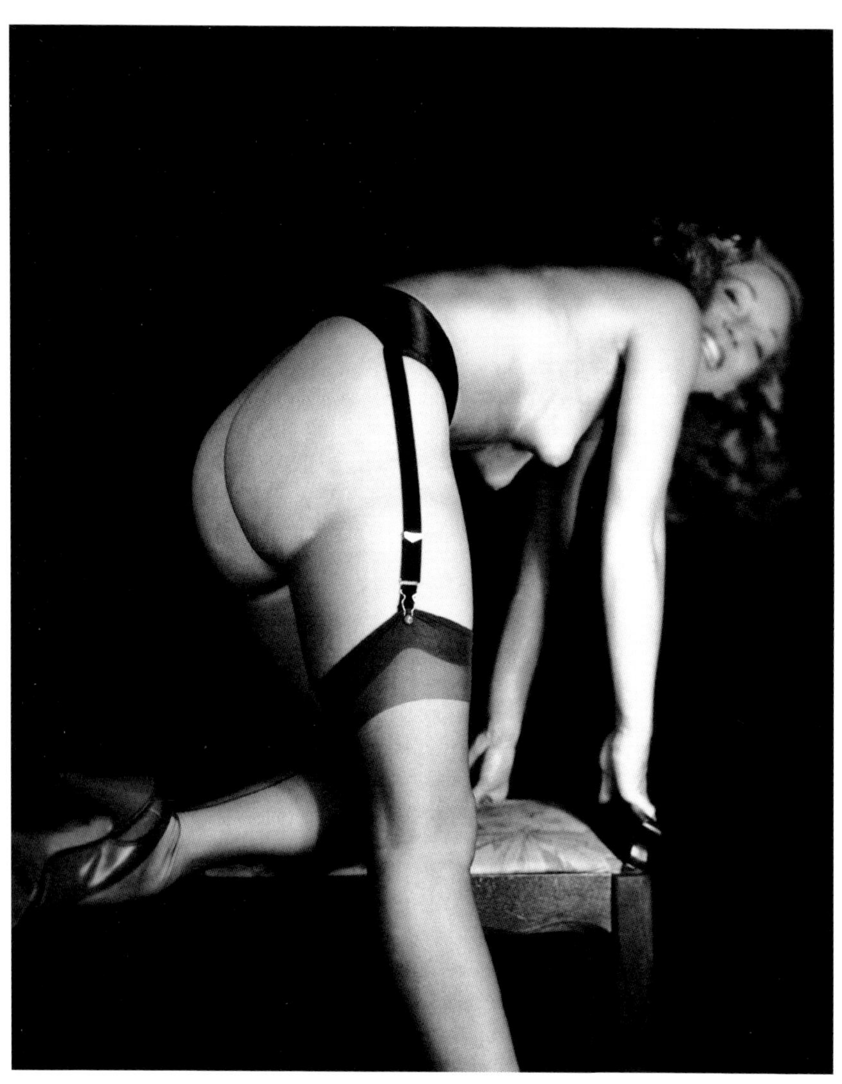

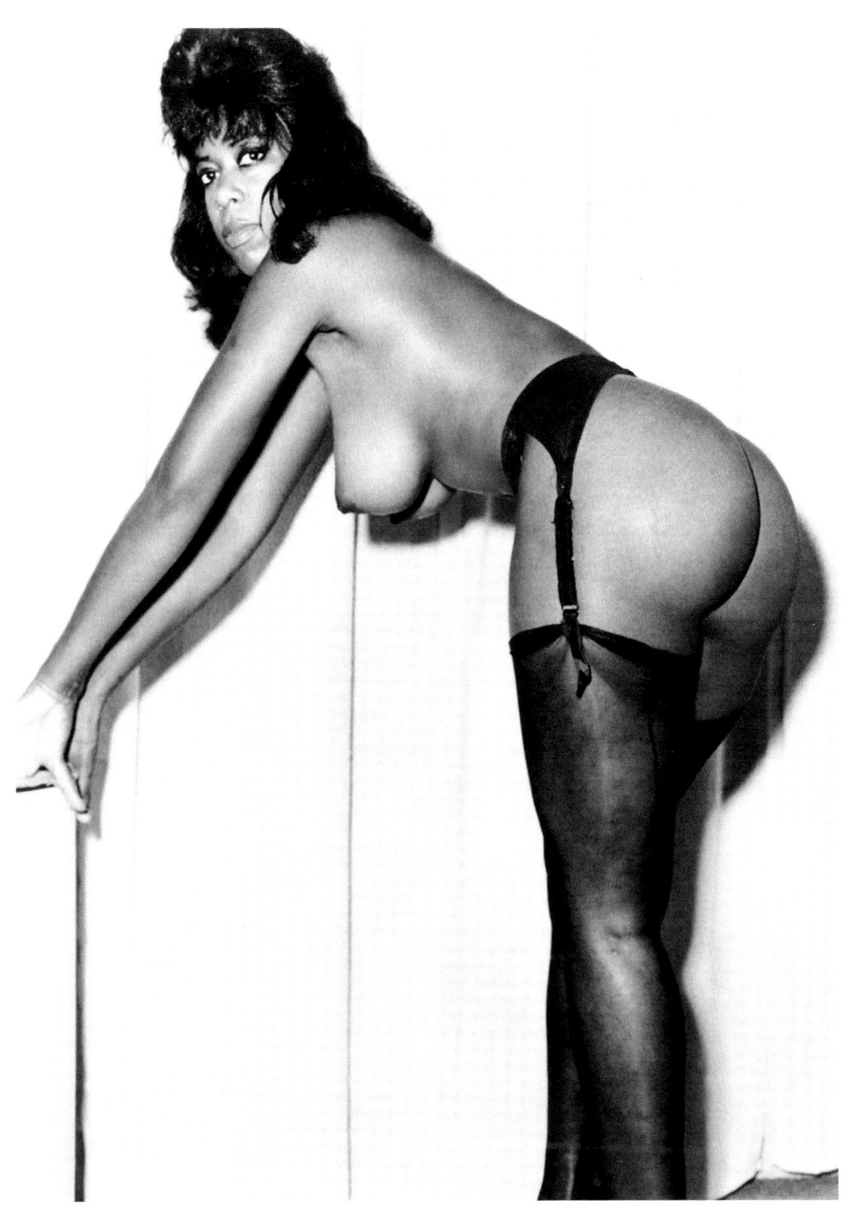

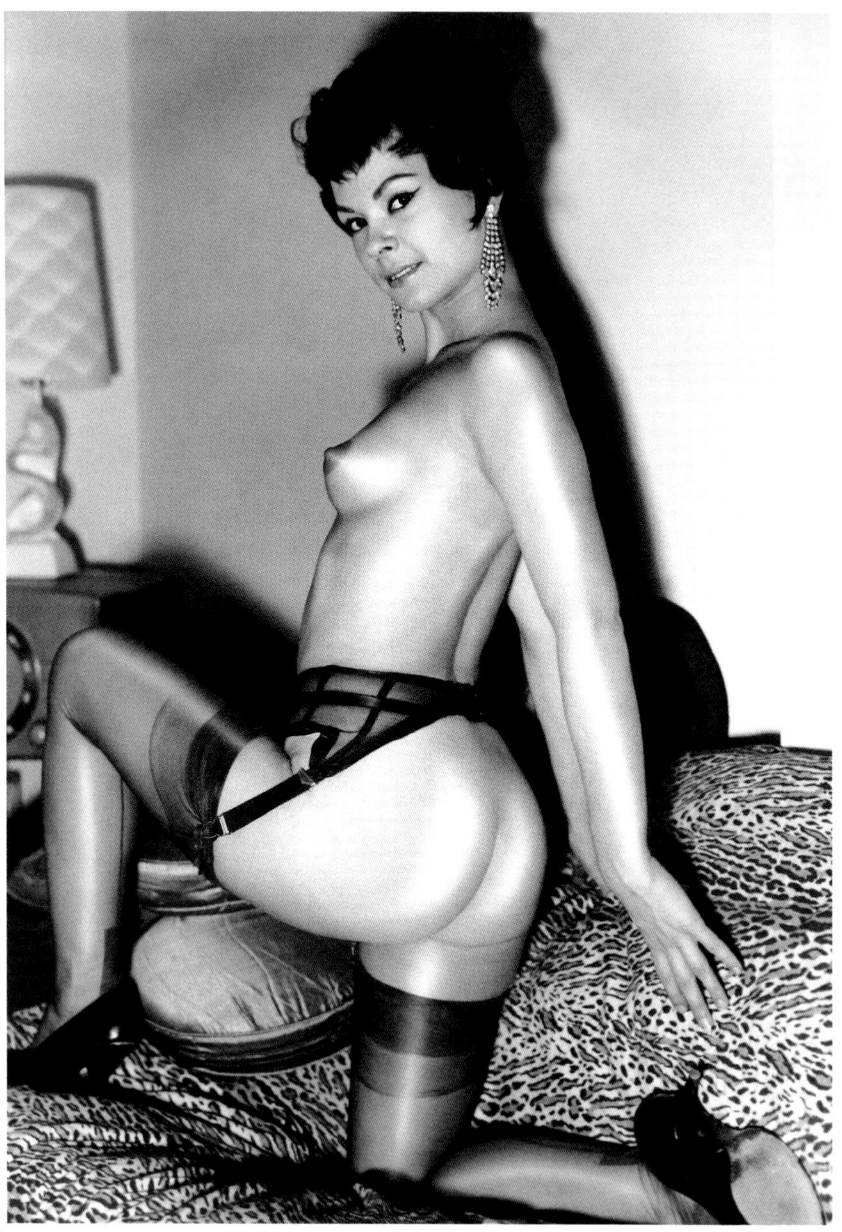

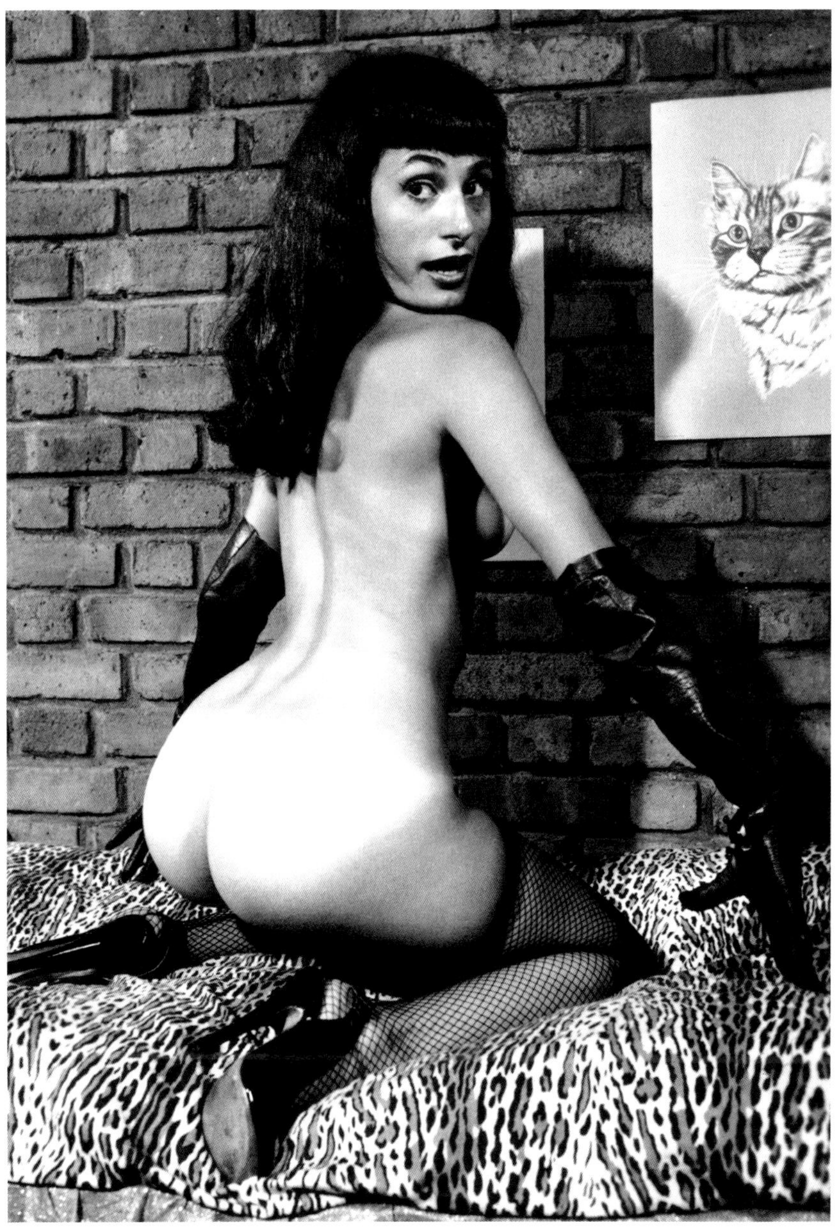

OPPOSITE, ABOVE, AND PAGES 60-61 **Unknown**

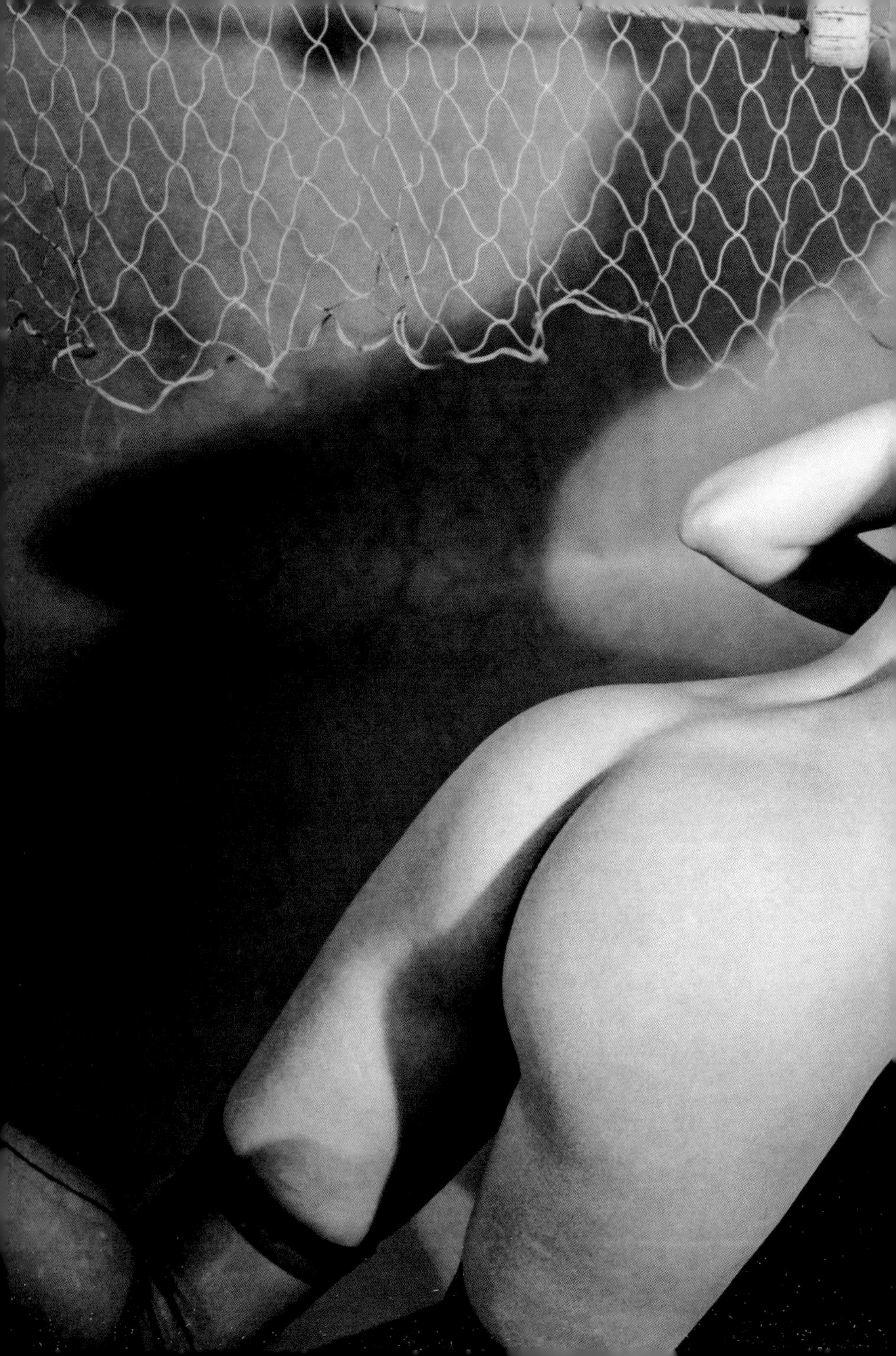

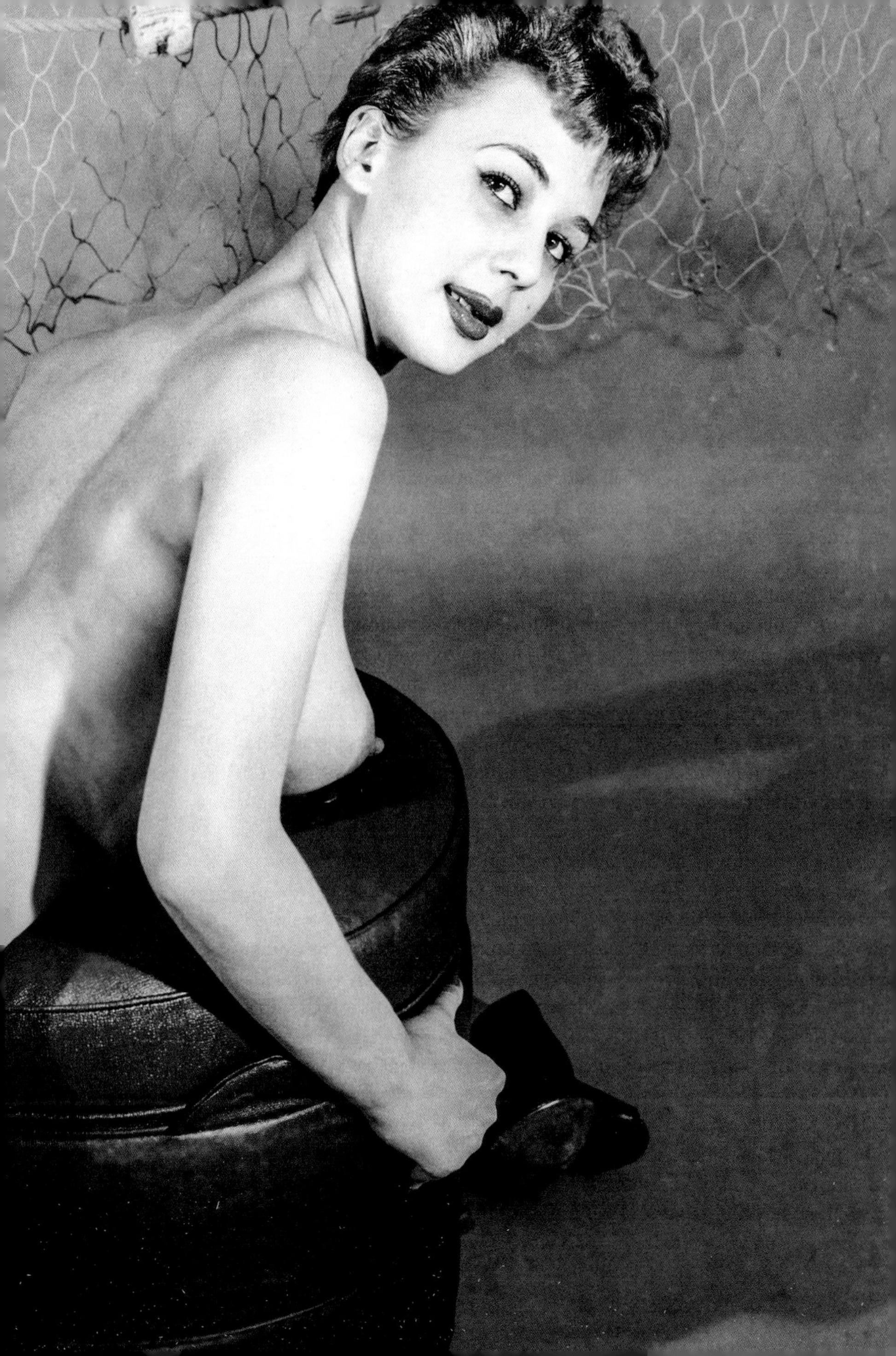

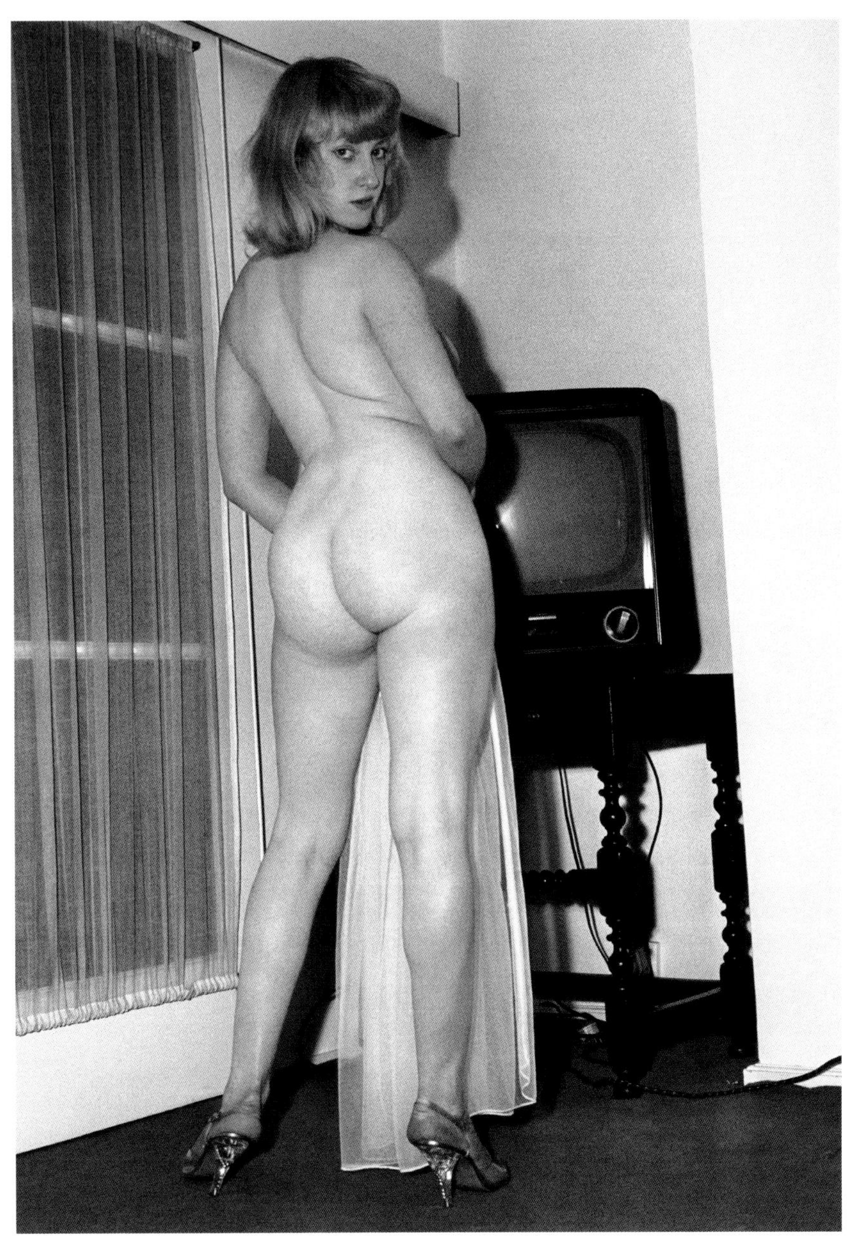

ABOVE **Unknown**

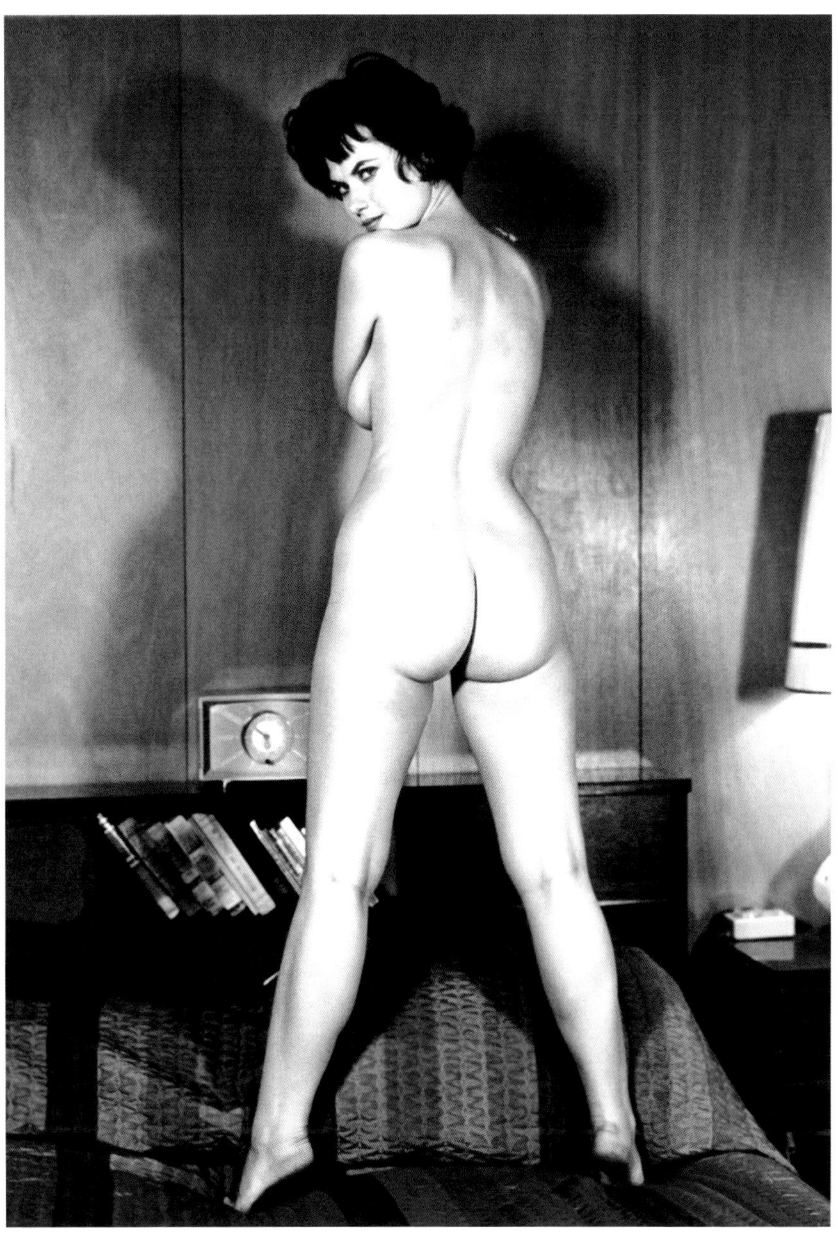

ABOVE **Gloria Dawn**

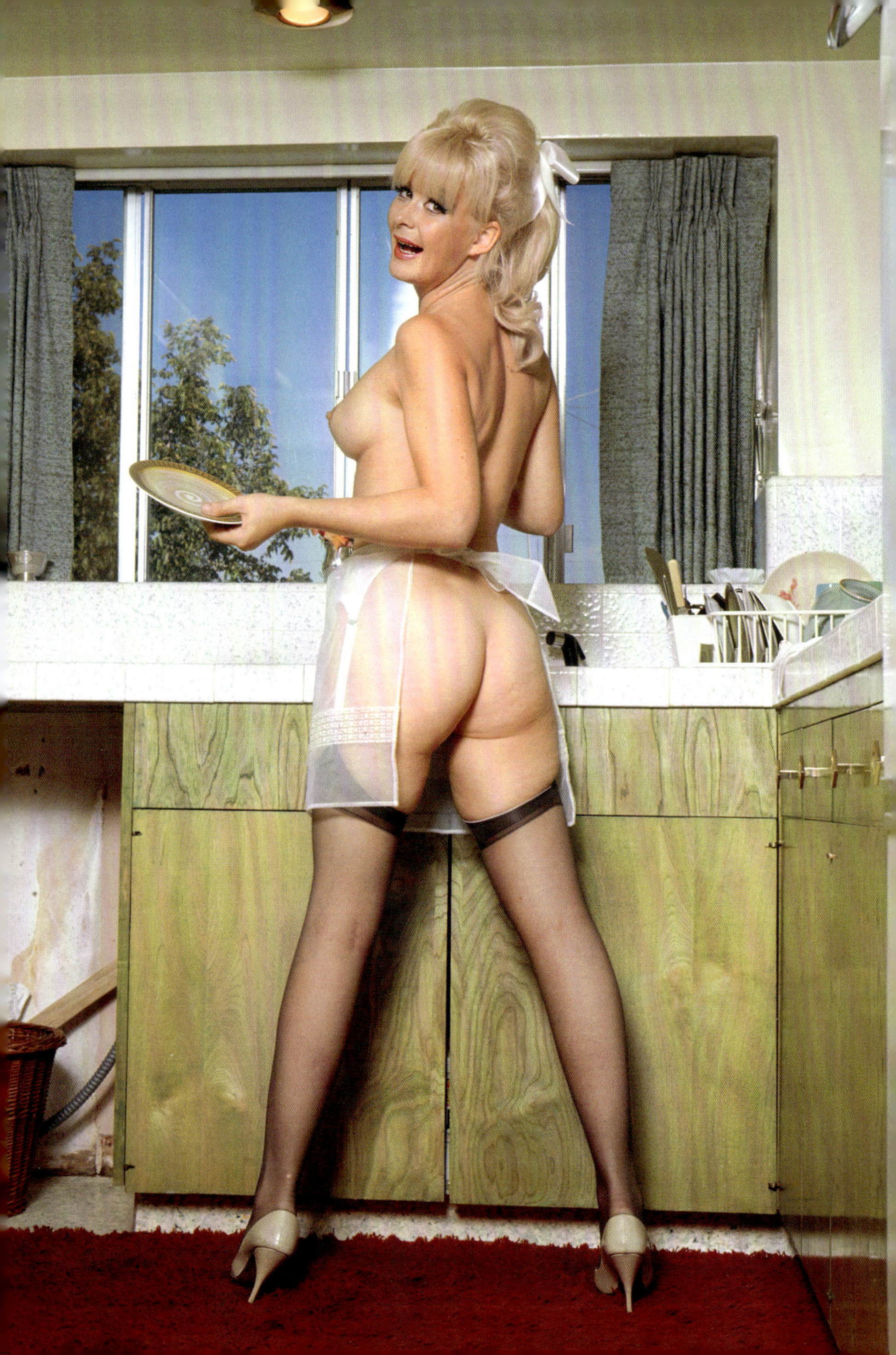

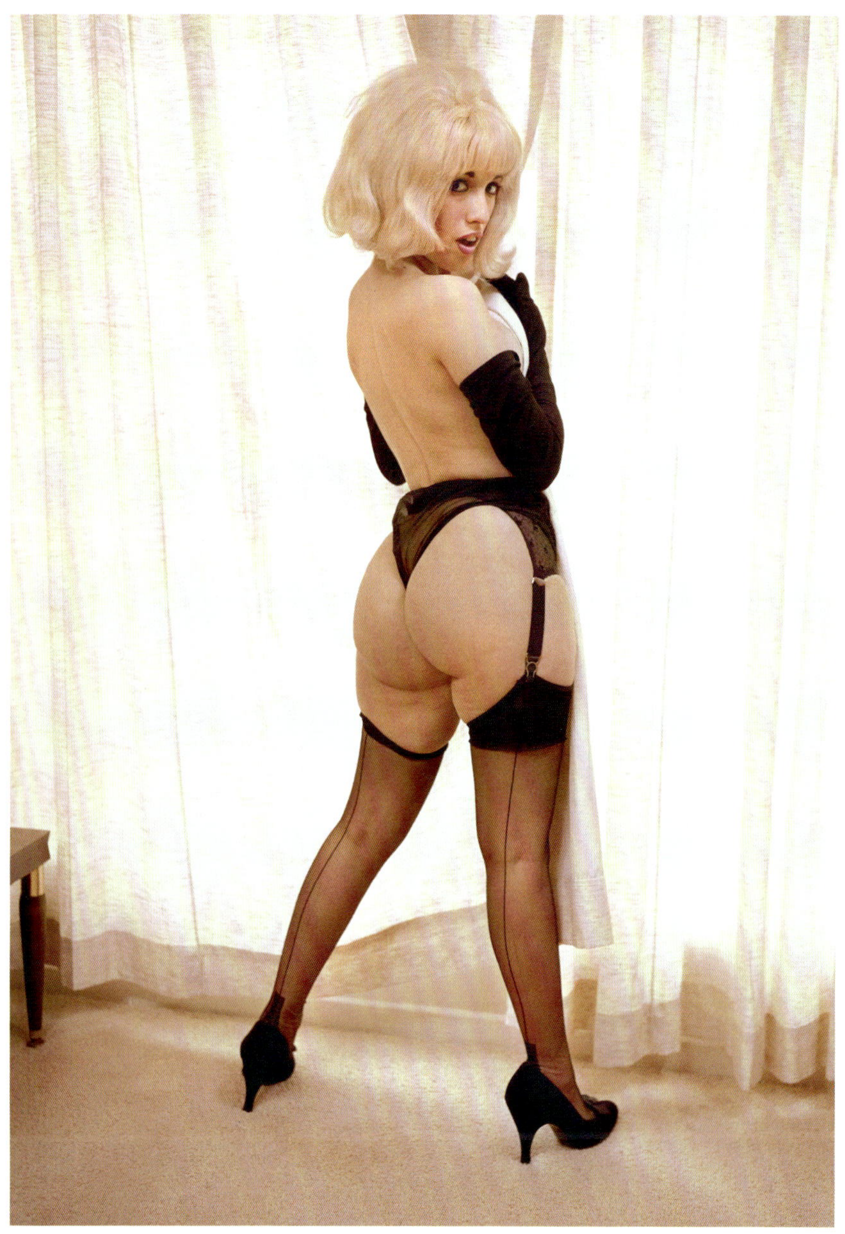

OPPOSITE AND ABOVE **Unknown**

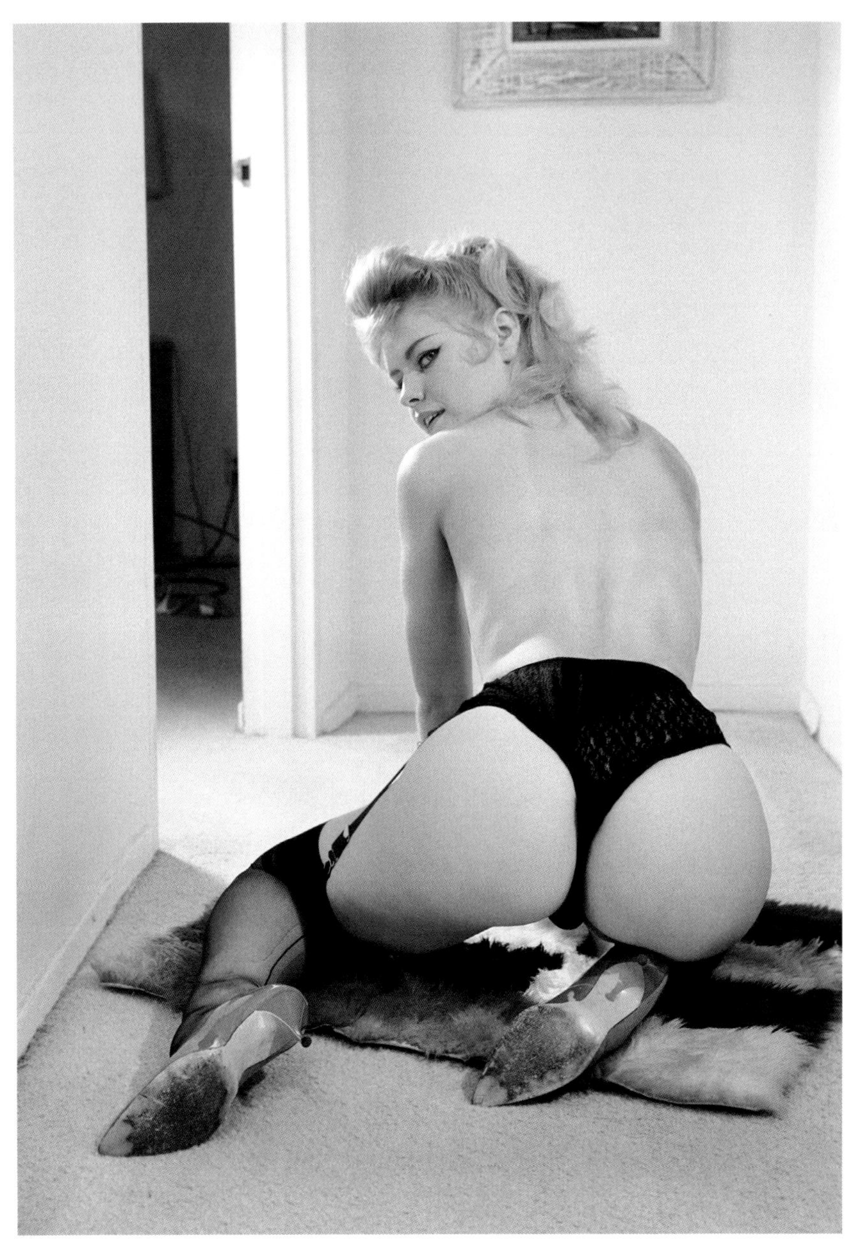

ABOVE **Unknown**

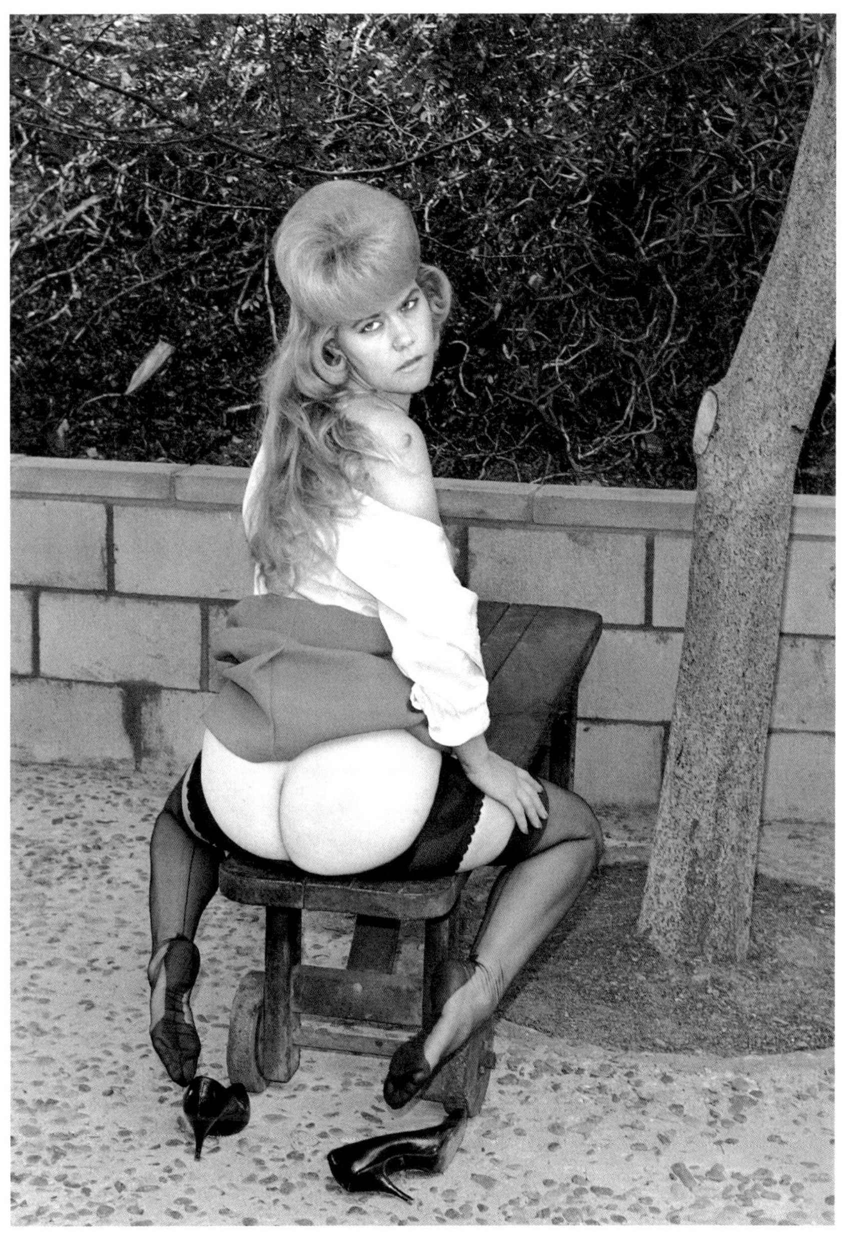

ABOVE **Ann Darby**

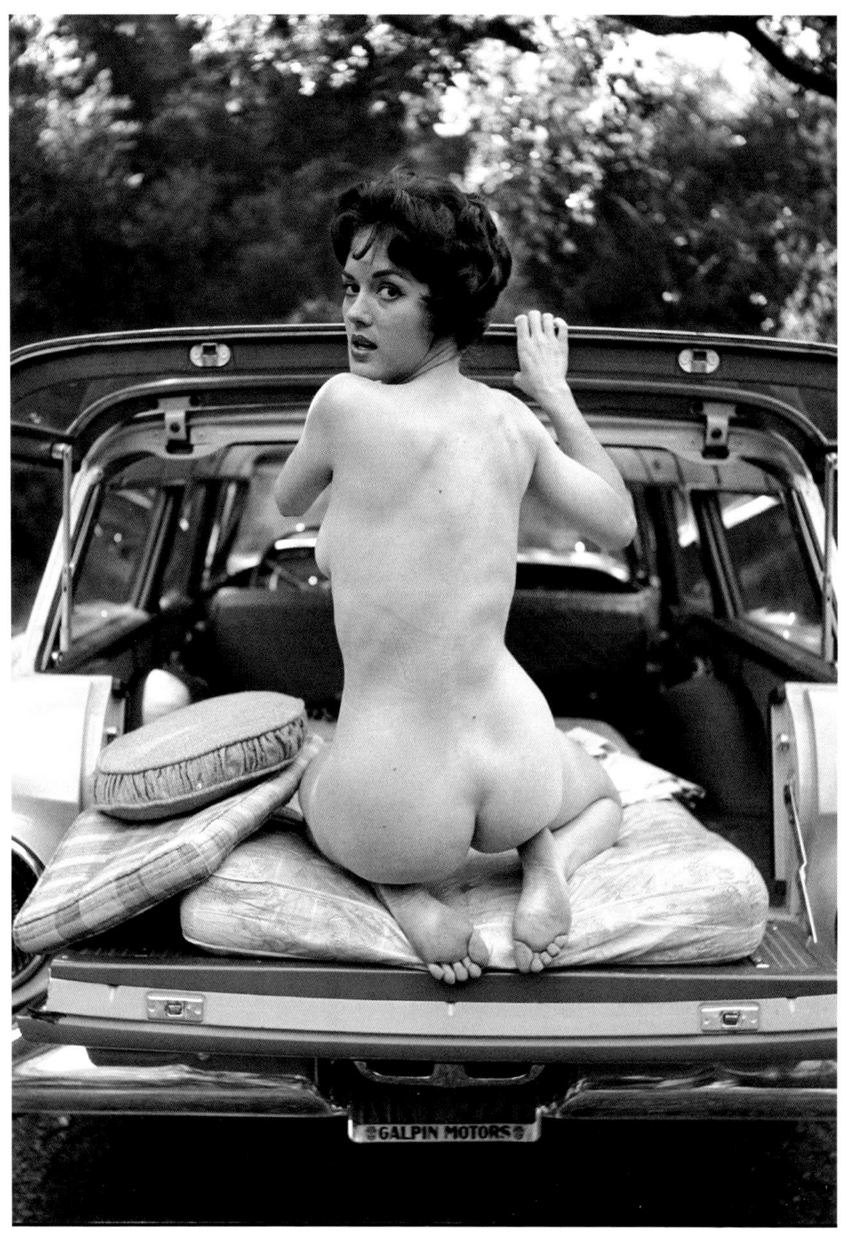

ABOVE AND OPPOSITE **Unknown**

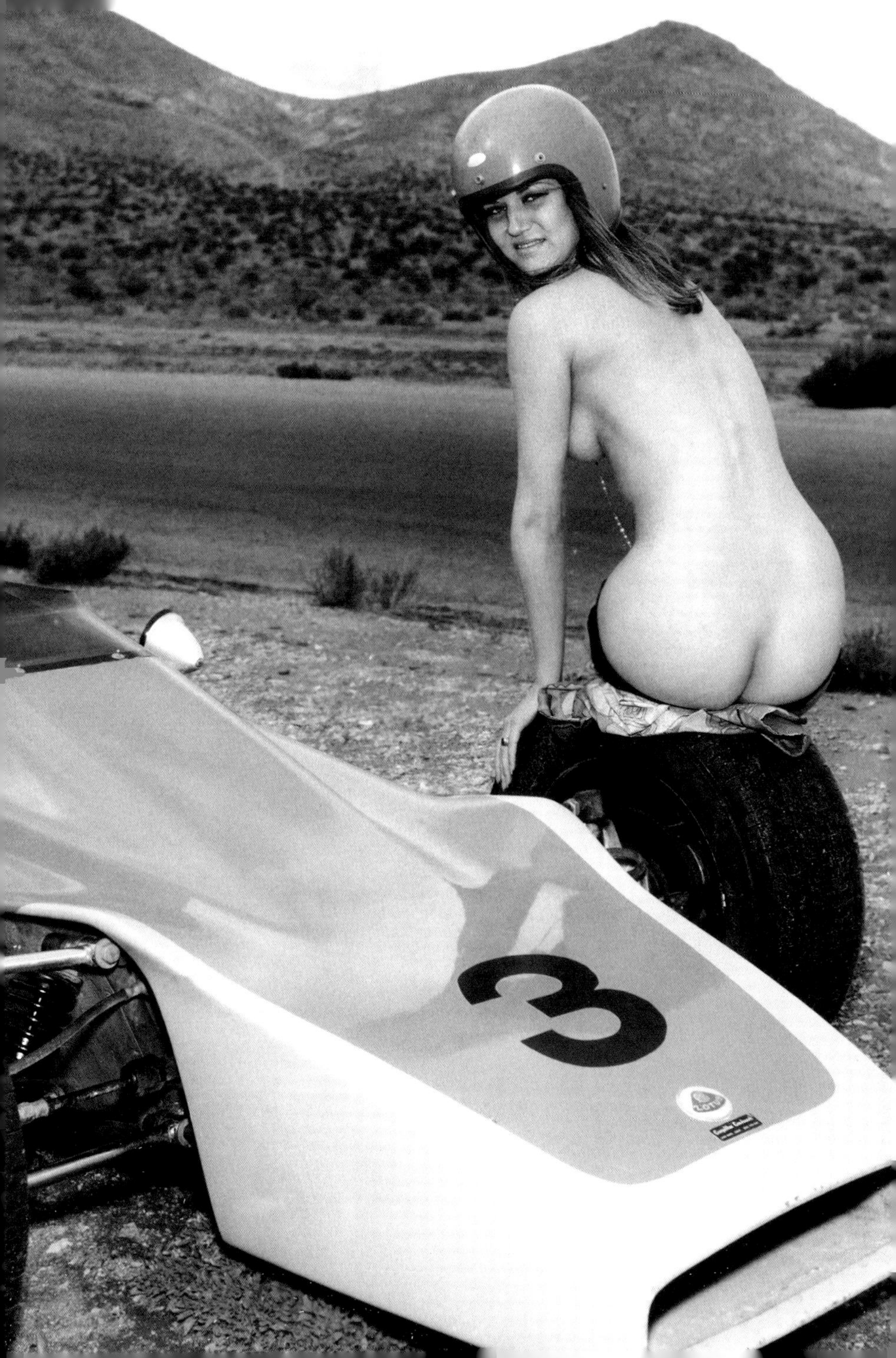

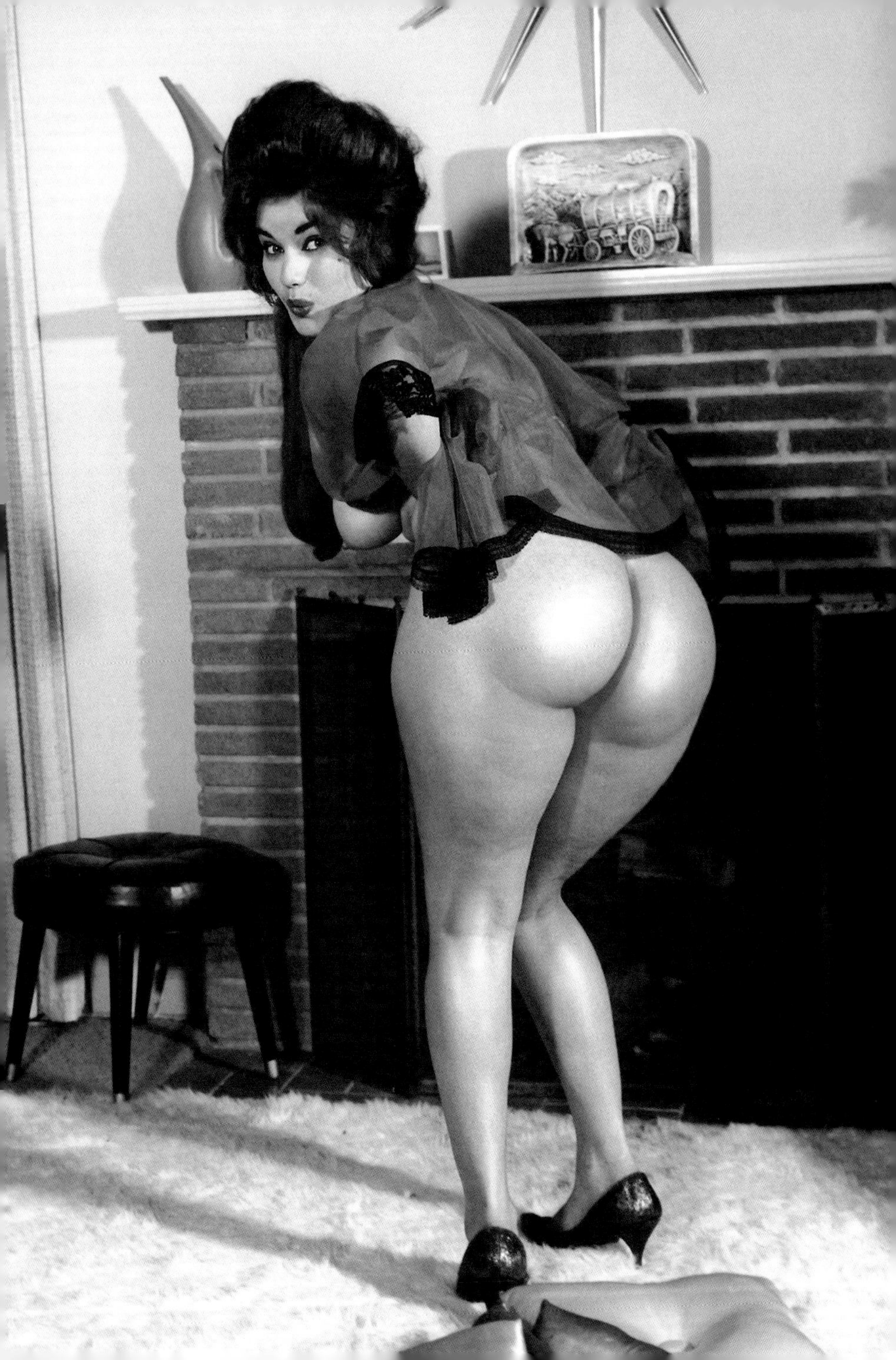

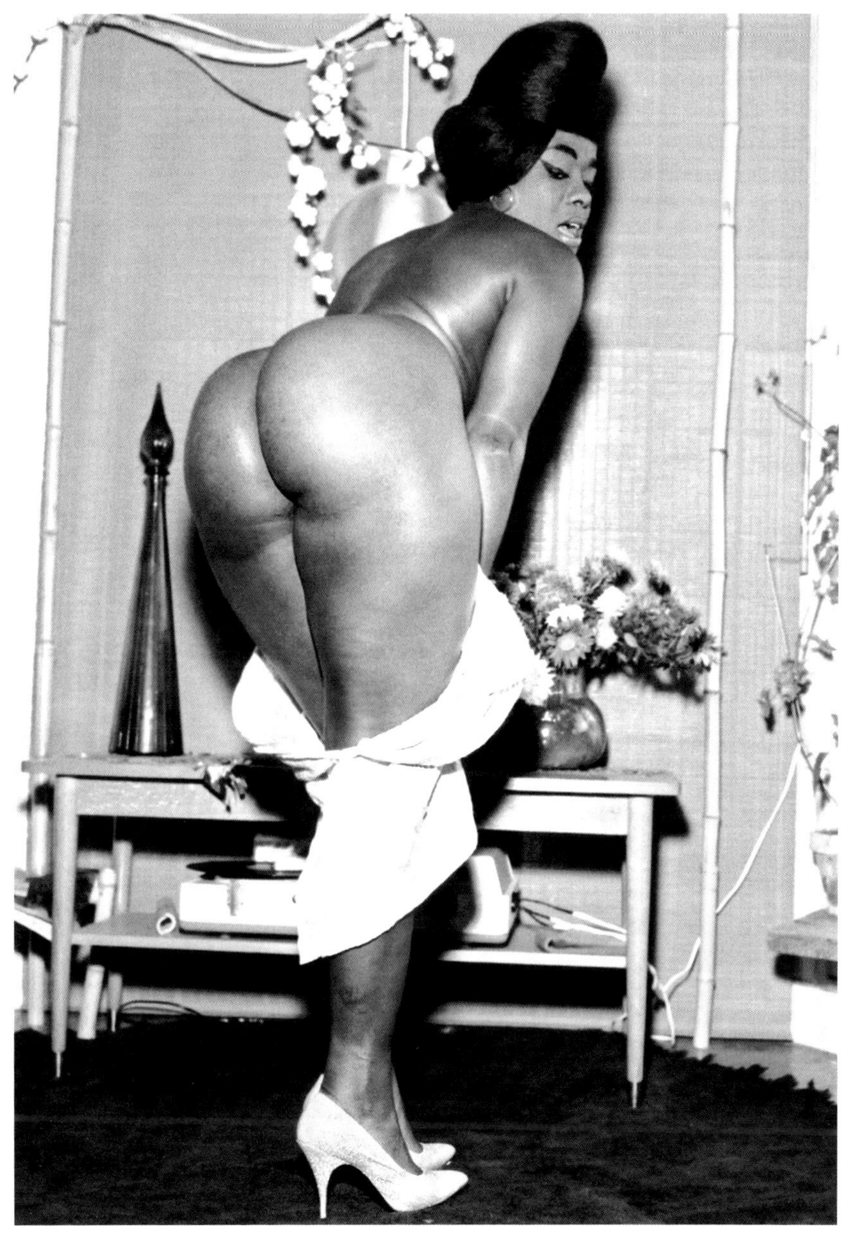

OPPOSITE **Janice Demowski**   ABOVE **Unknown**   PAGES 72-73 **Lisa Cameron**

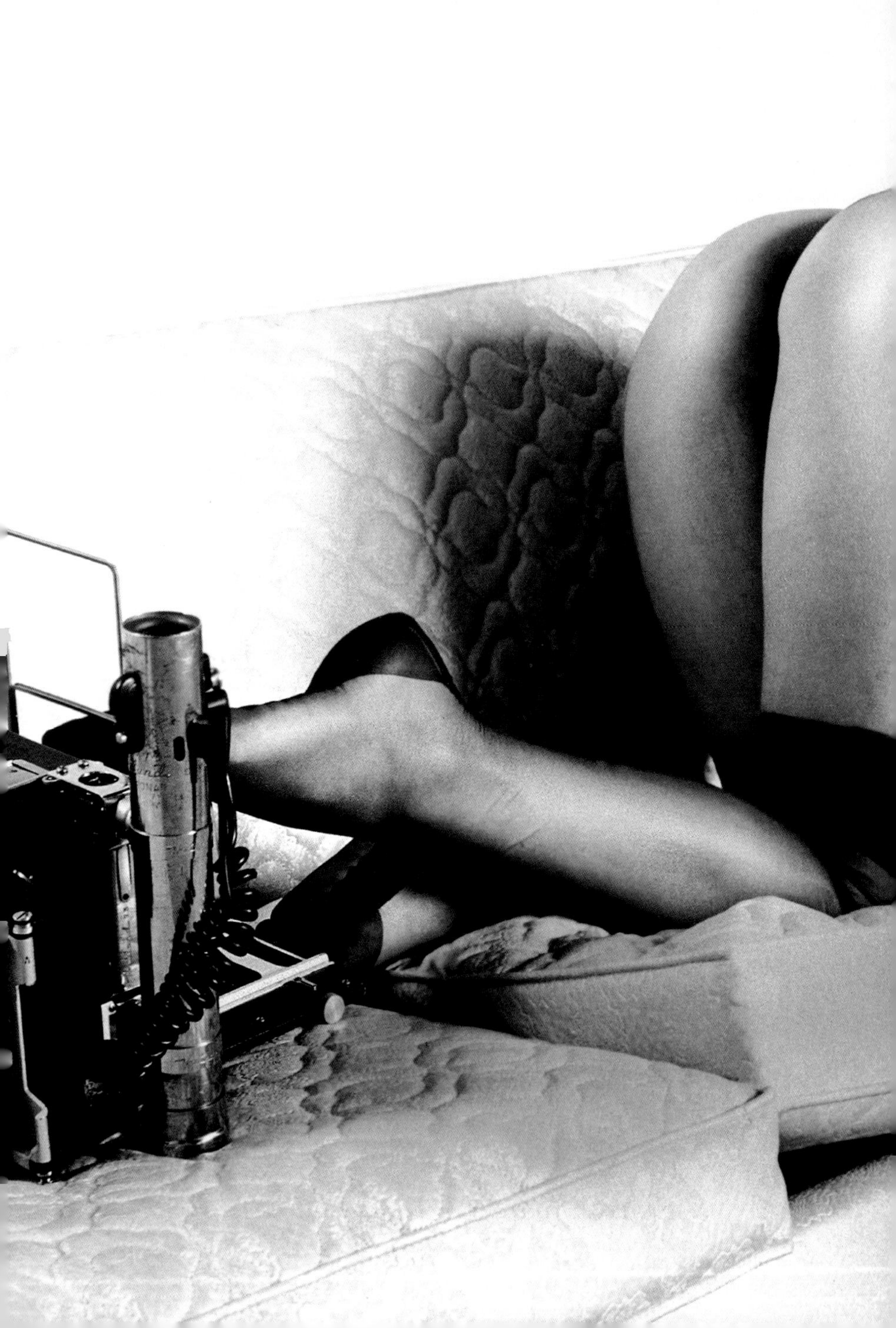

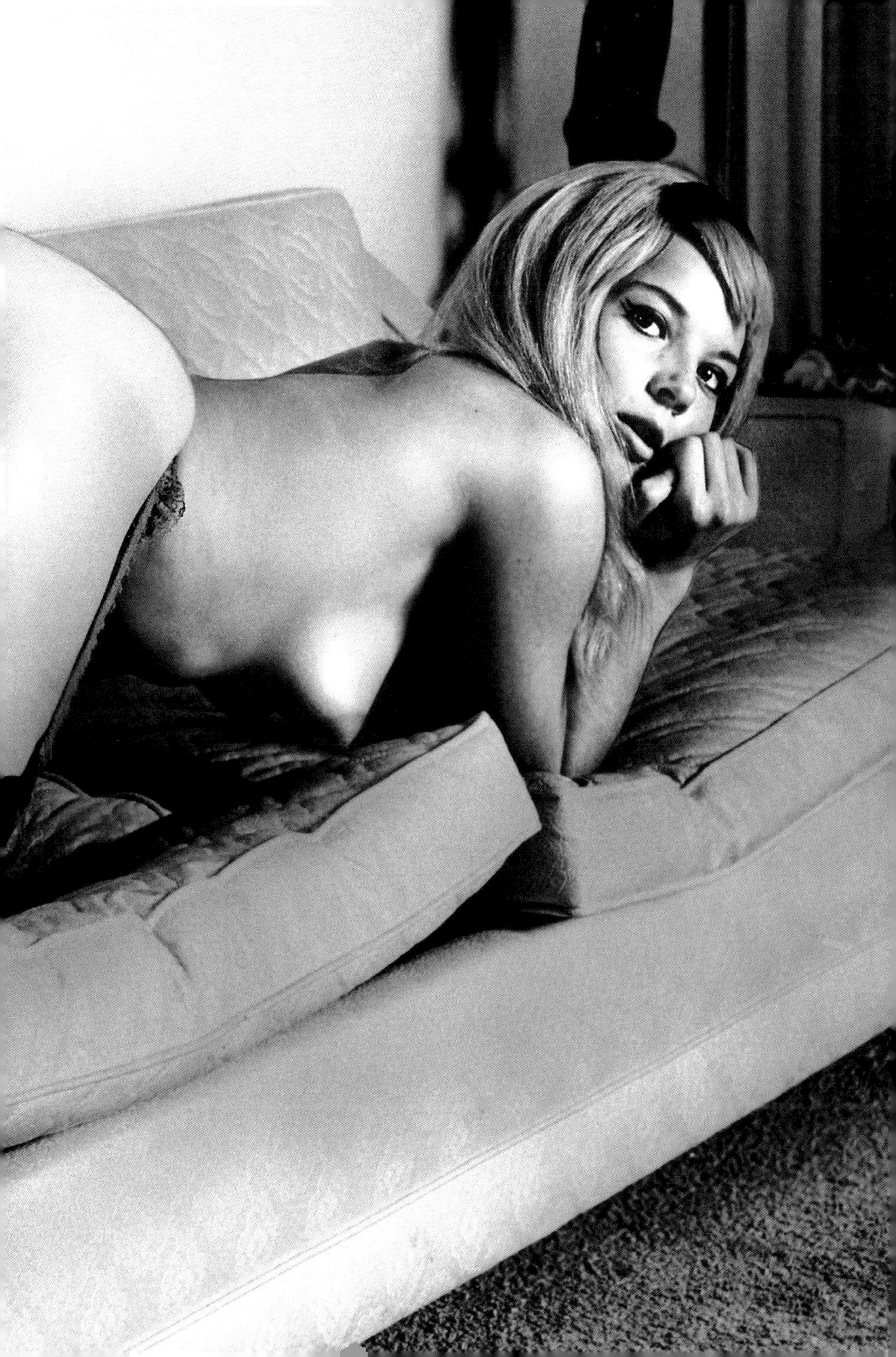

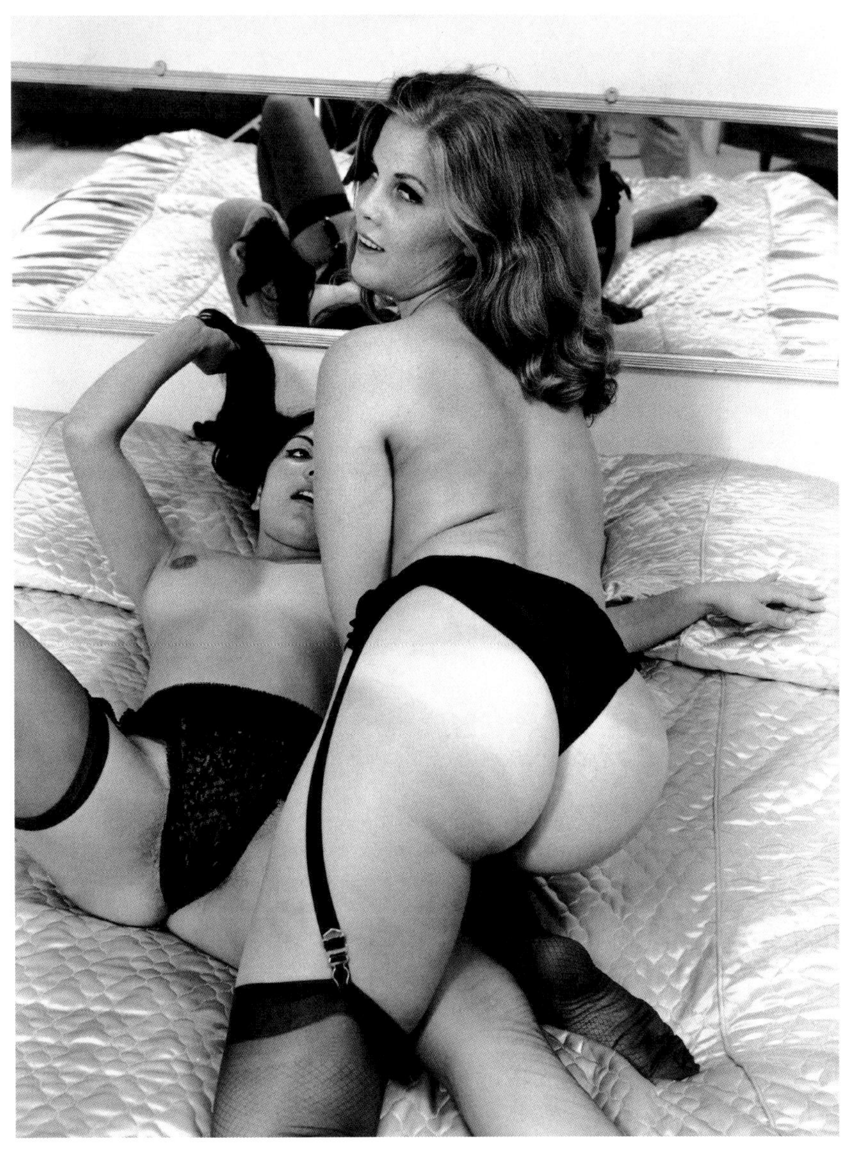

ABOVE AND OPPOSITE **Unknown**

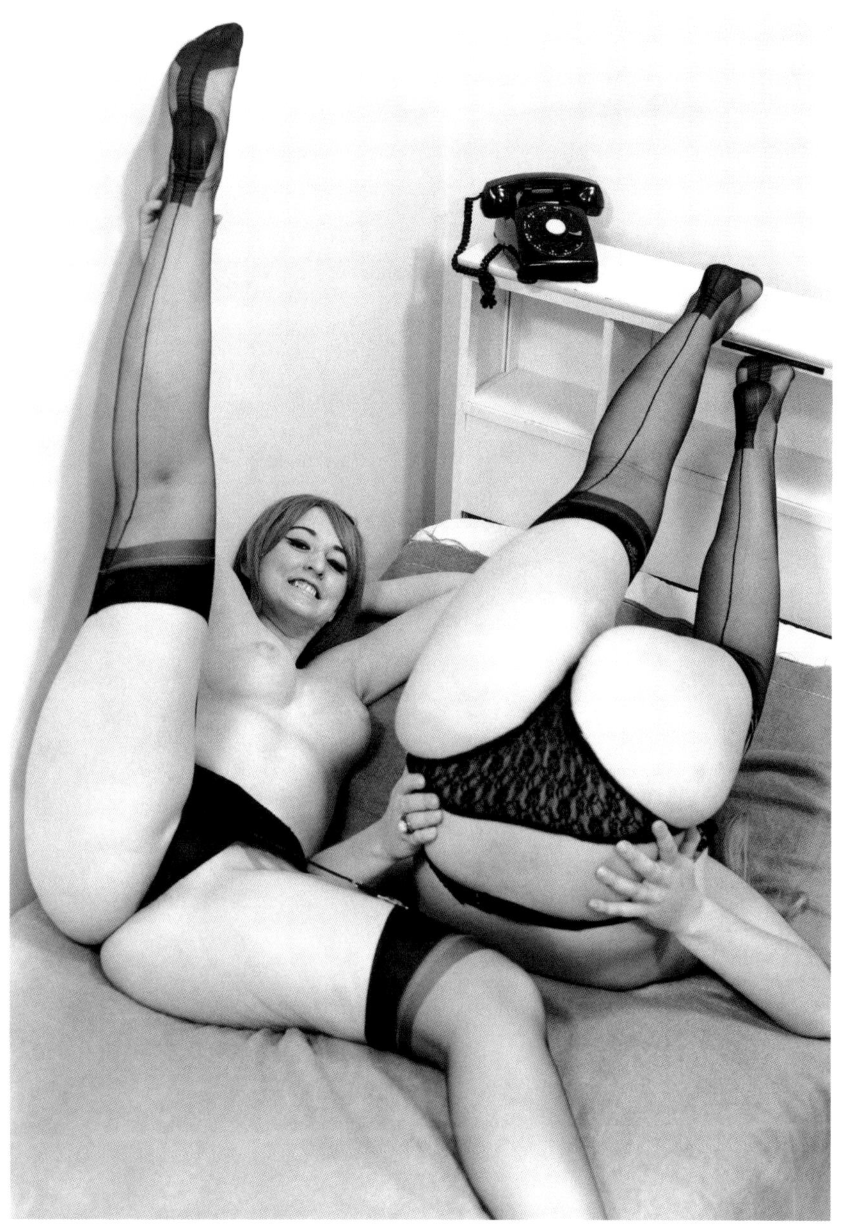

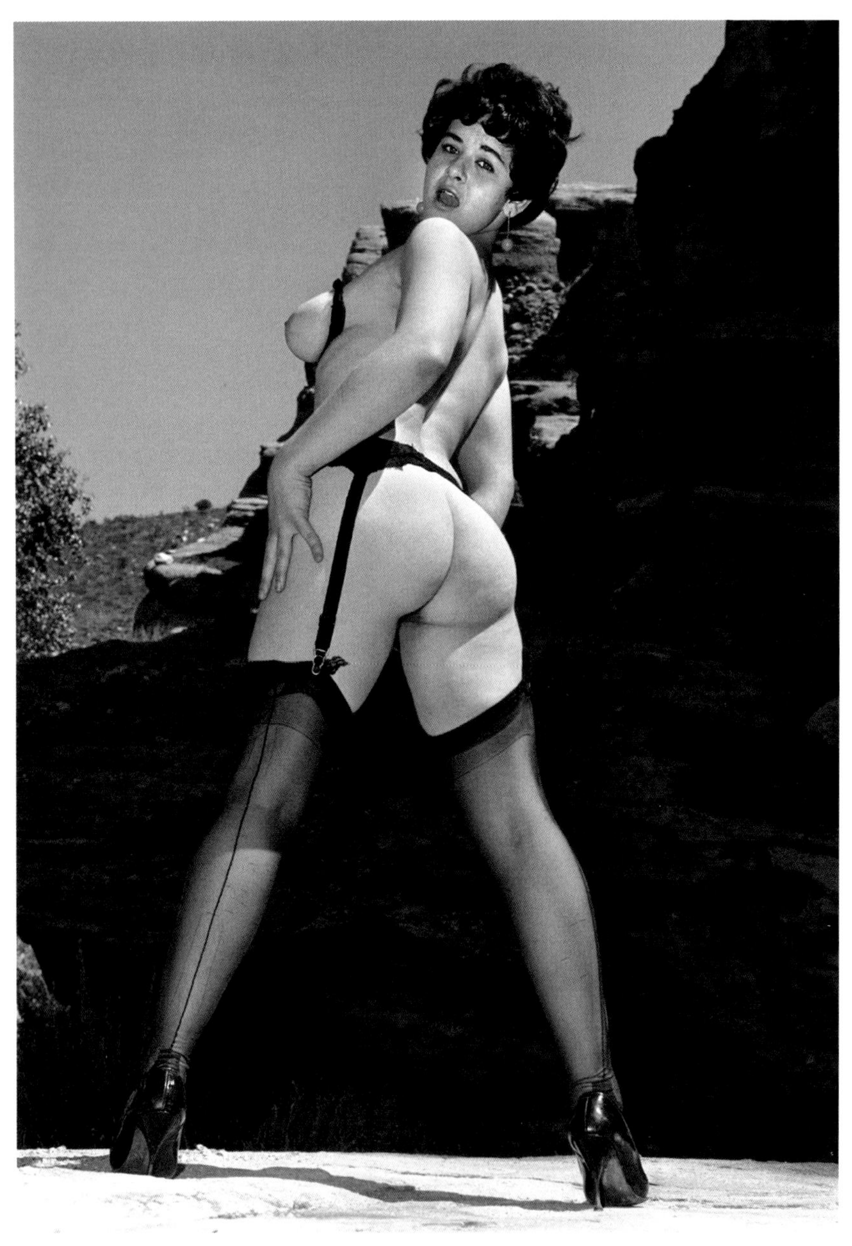

ABOVE **Cynthia Wrenick** OPPOSITE **Unknown**

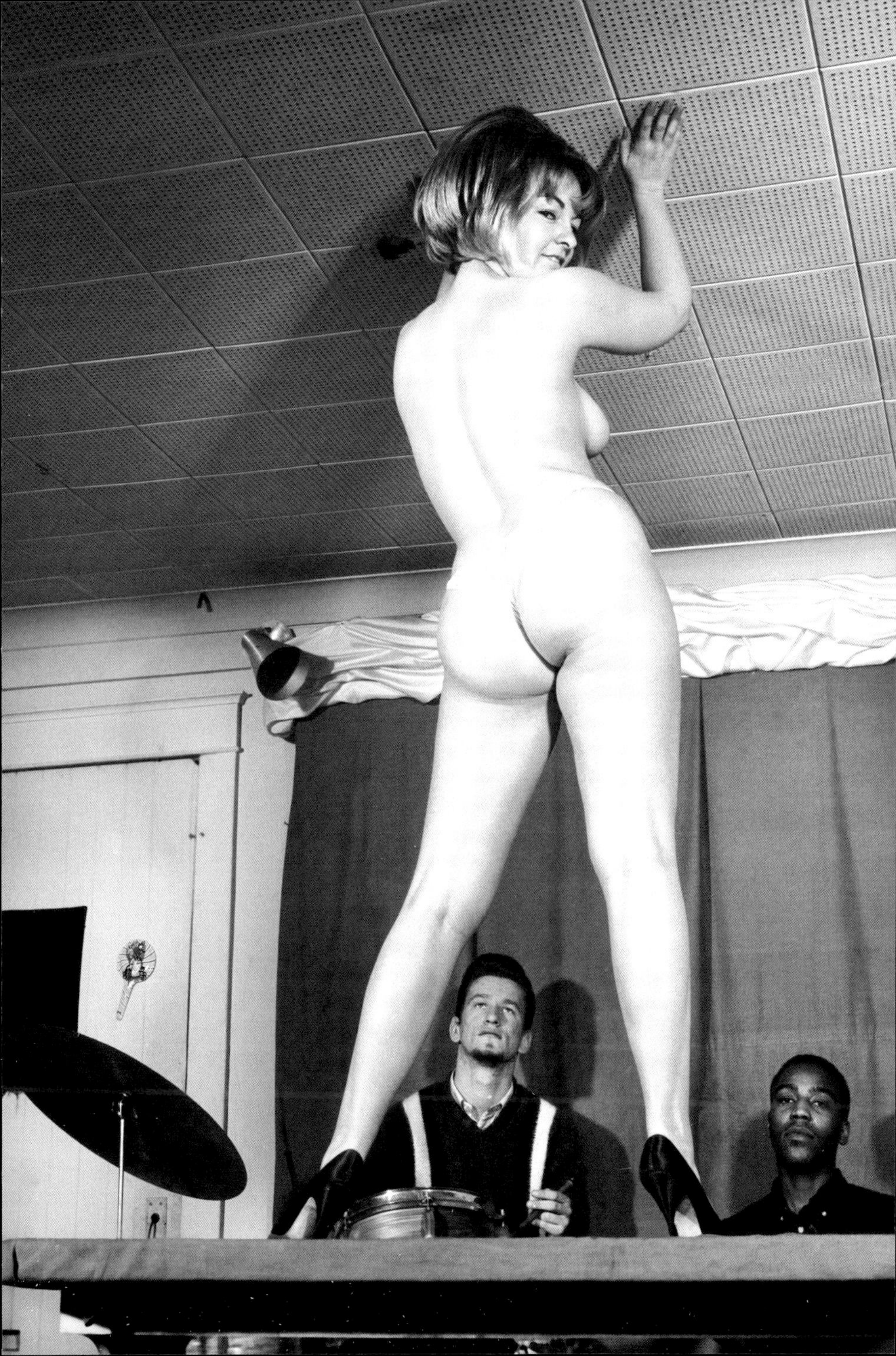

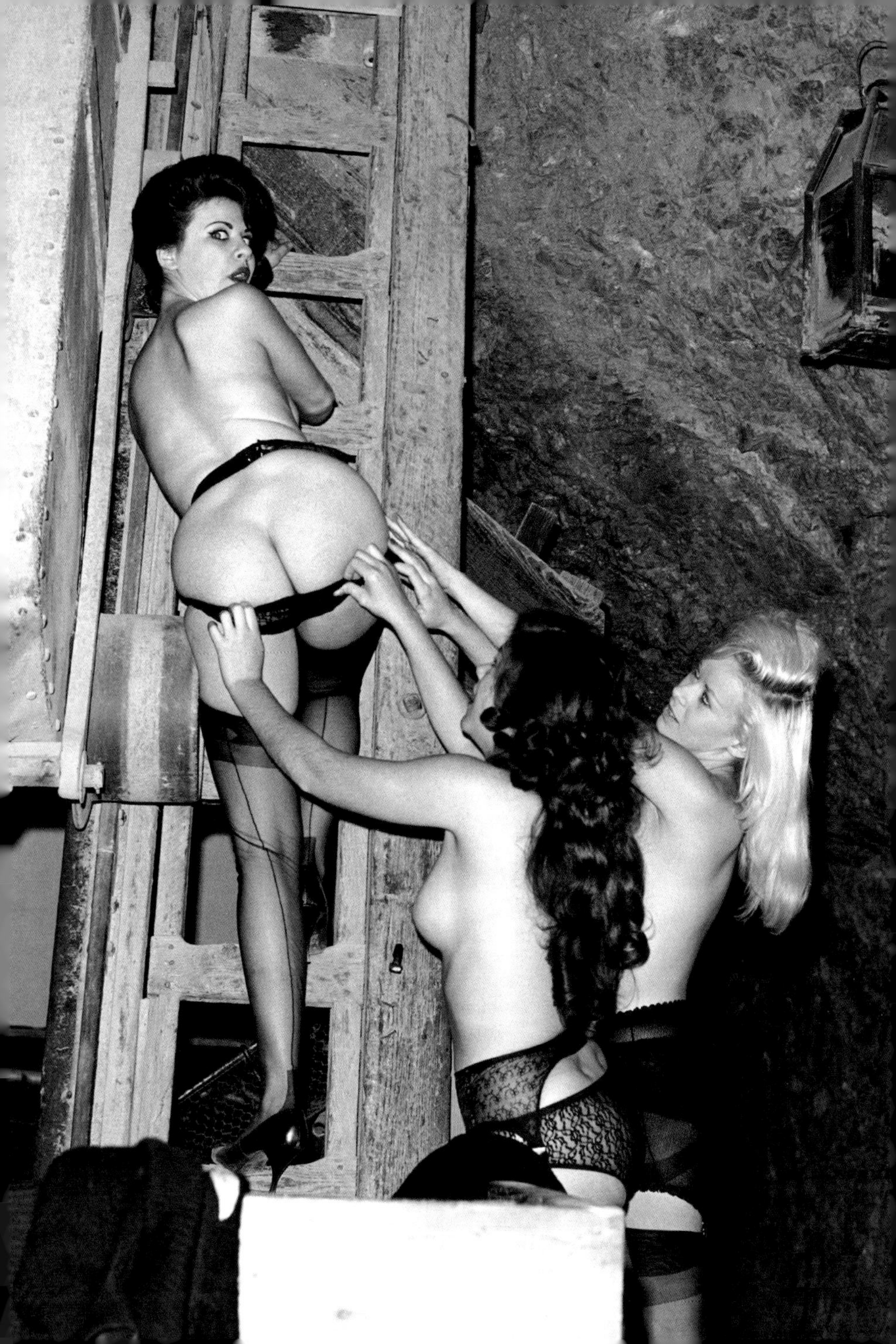

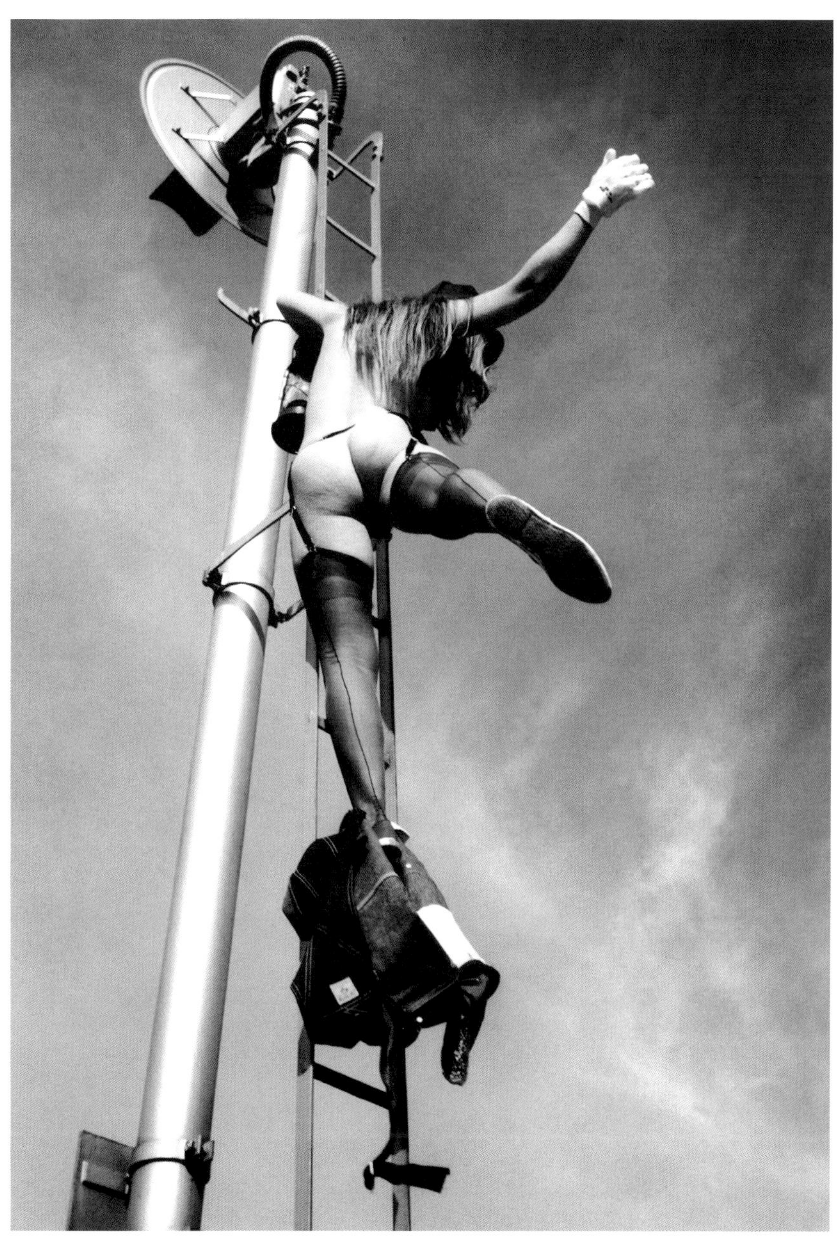

OPPOSITE AND ABOVE **Unknown**   PAGES 80-81 **Gloria Dawn**

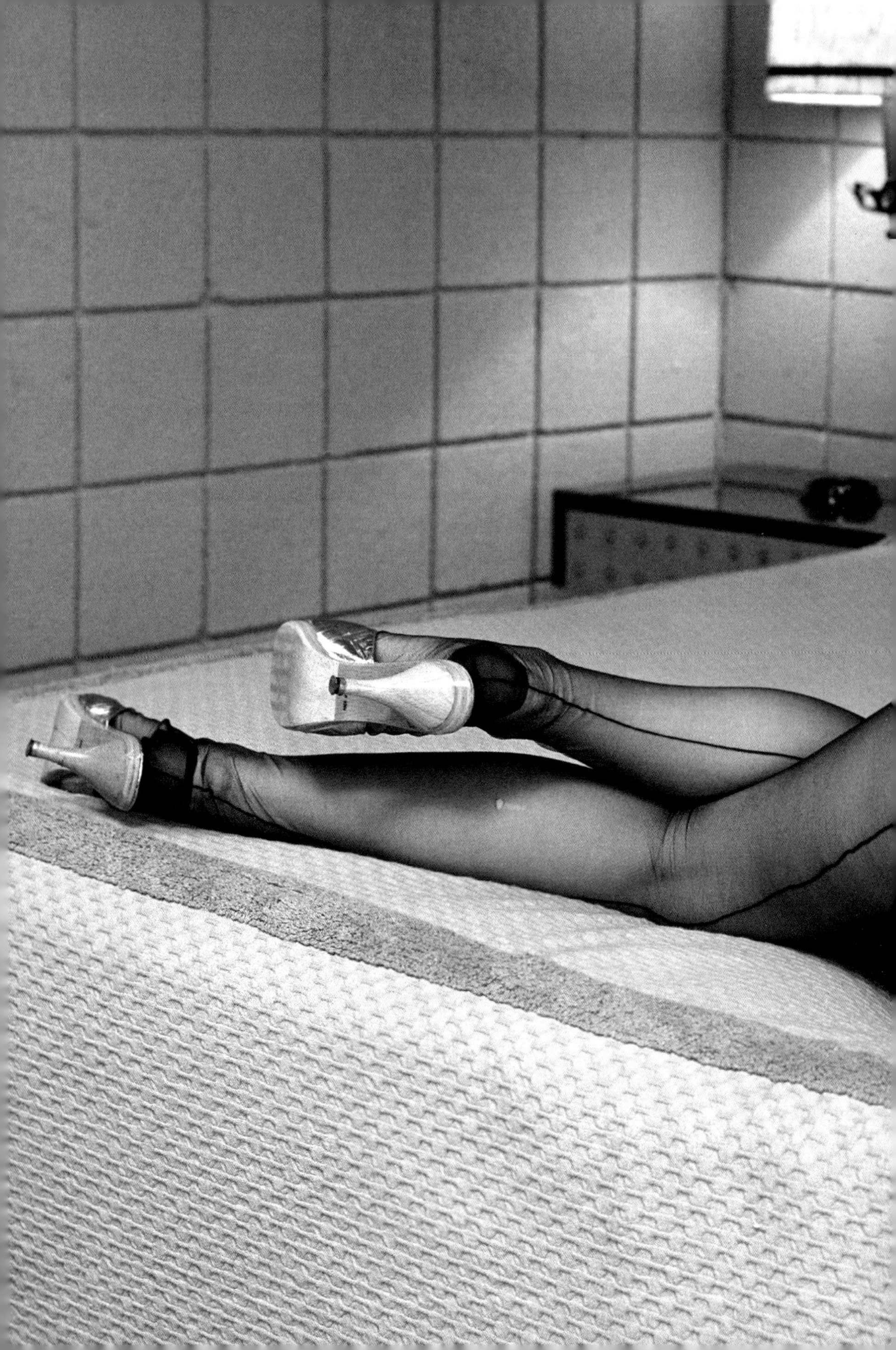

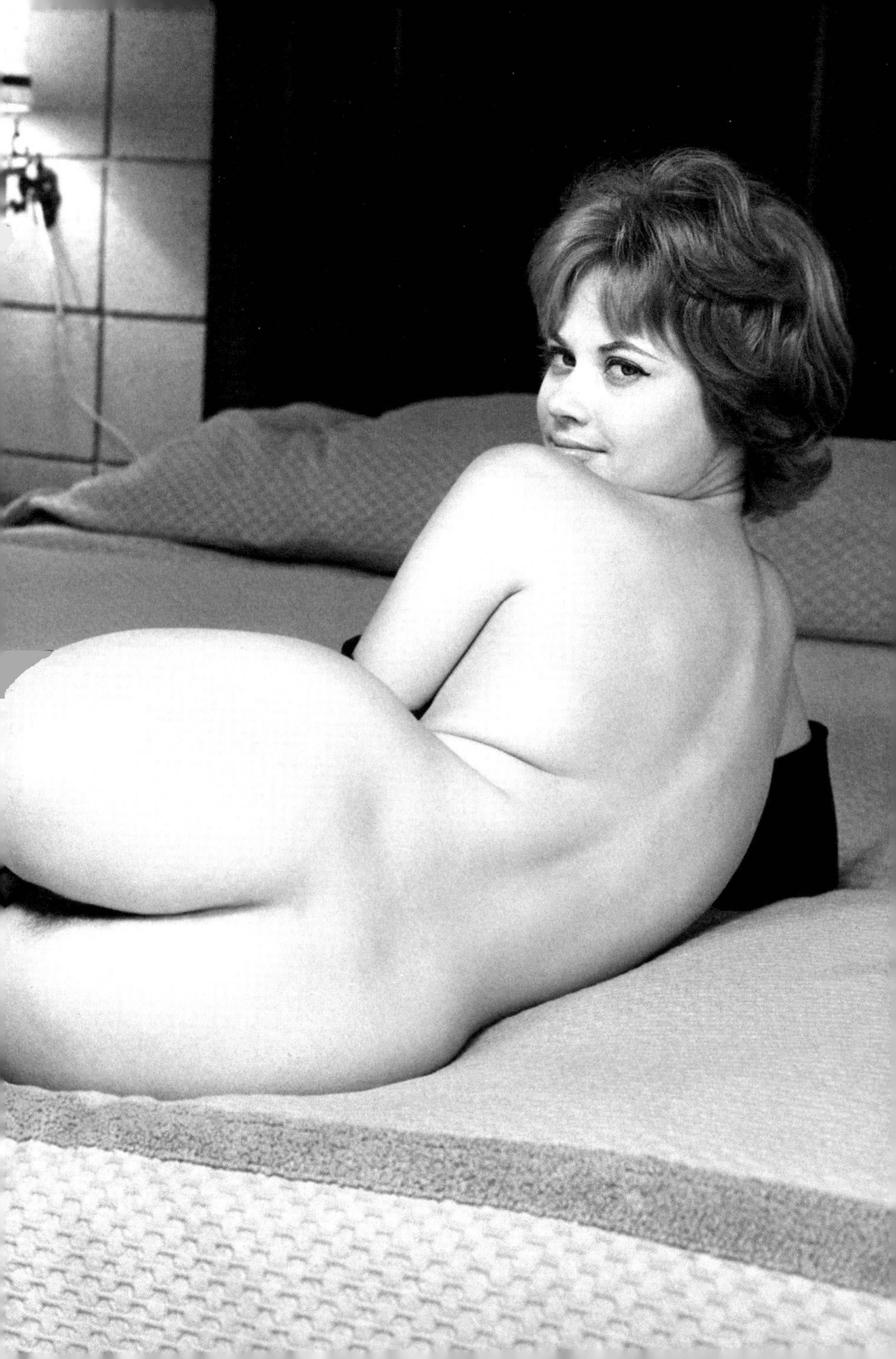

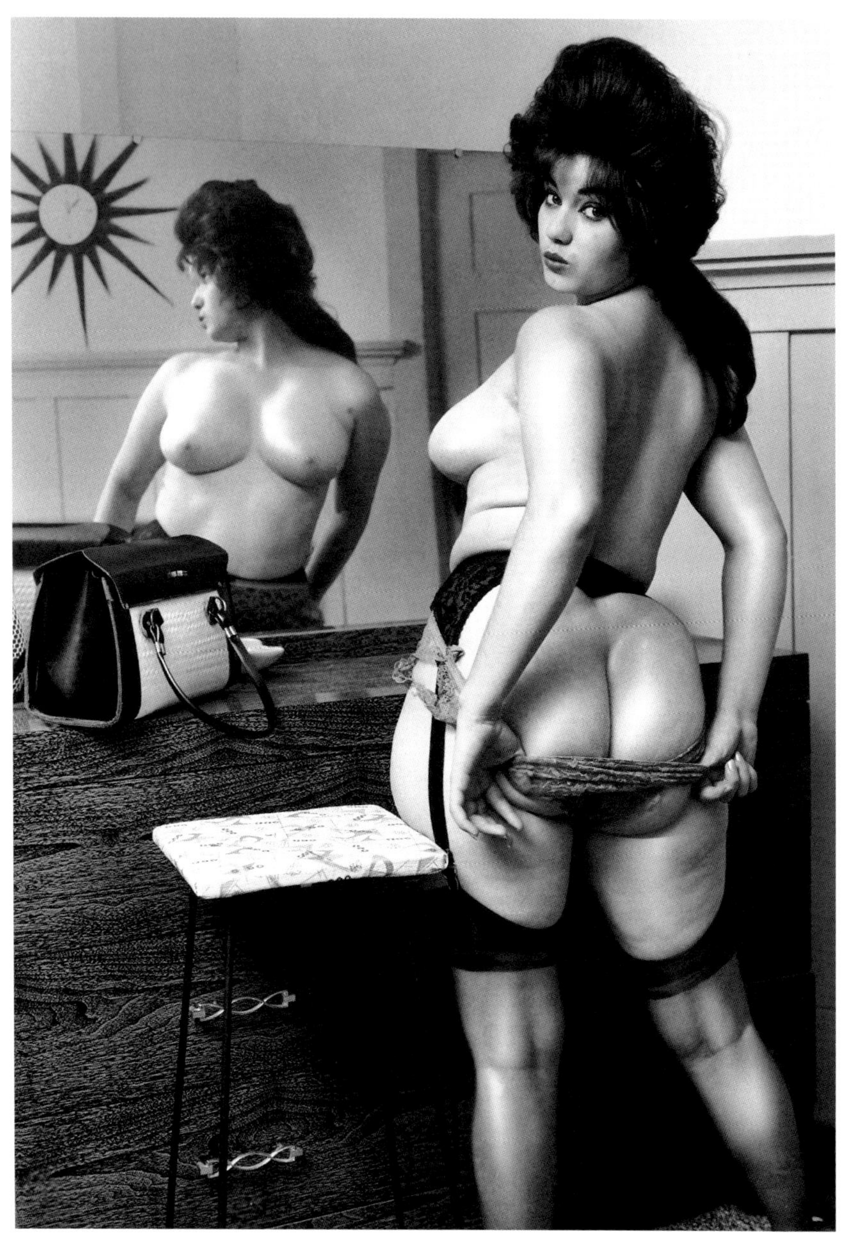

ABOVE **Janice Demowski** OPPOSITE **Unknown**

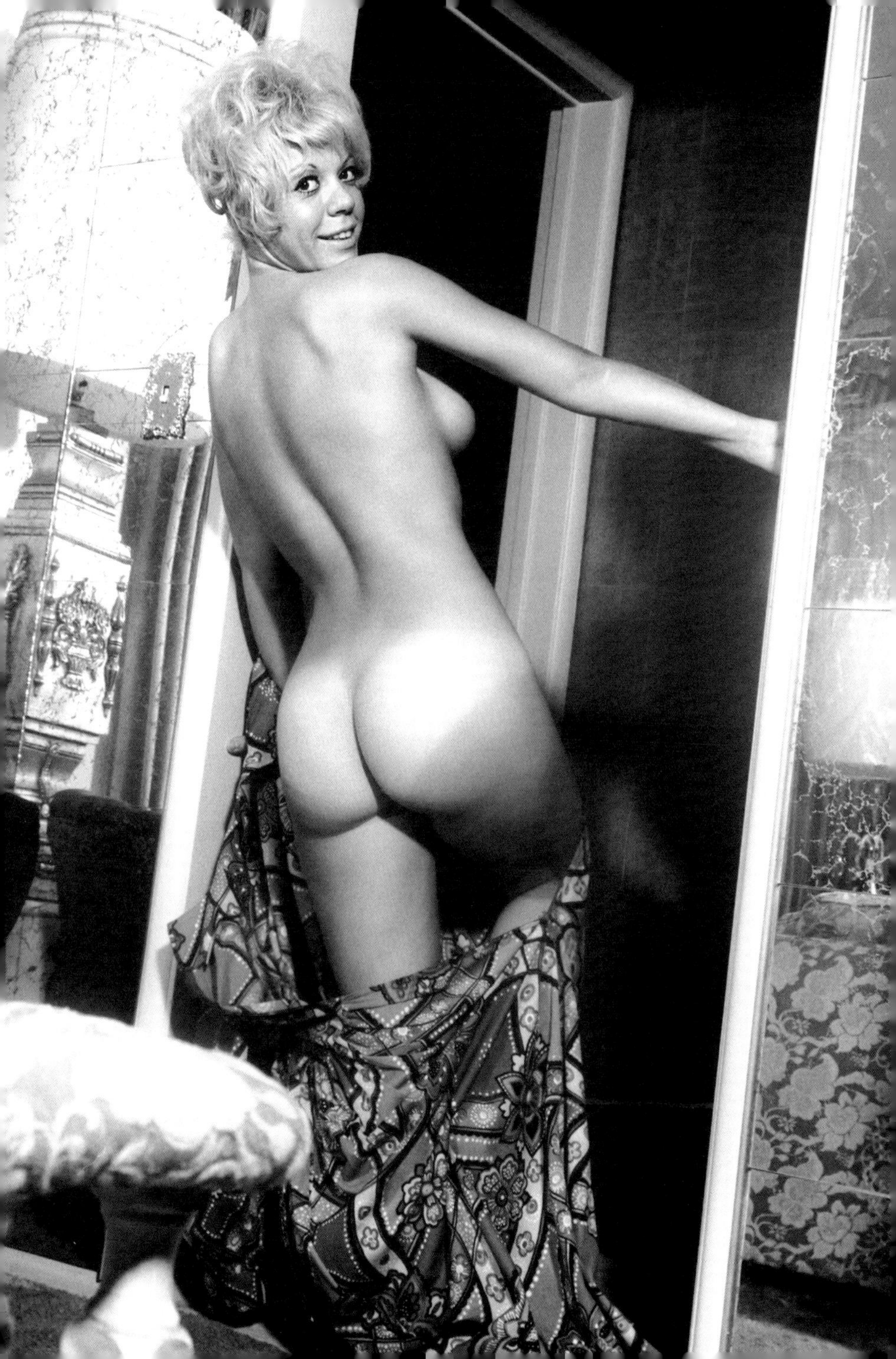

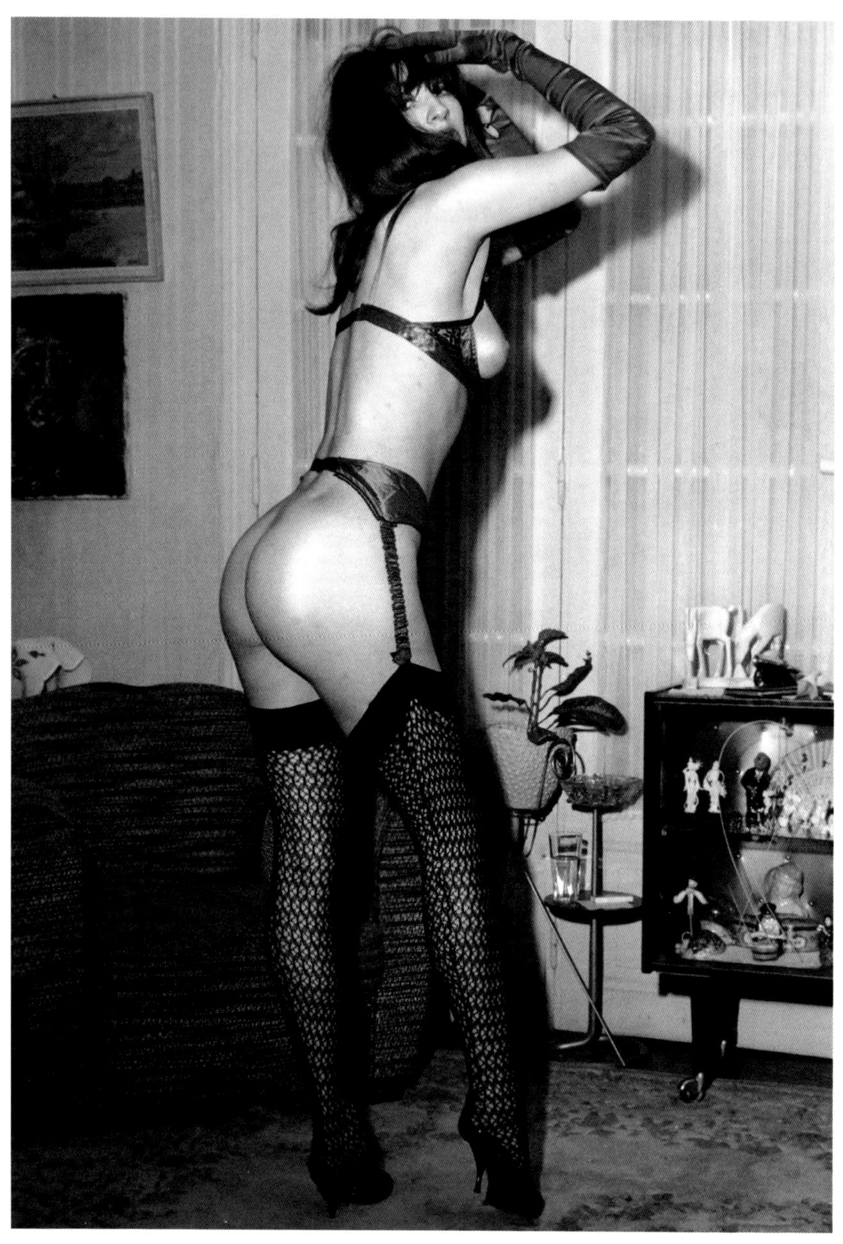

ABOVE **Elia Mazanni**

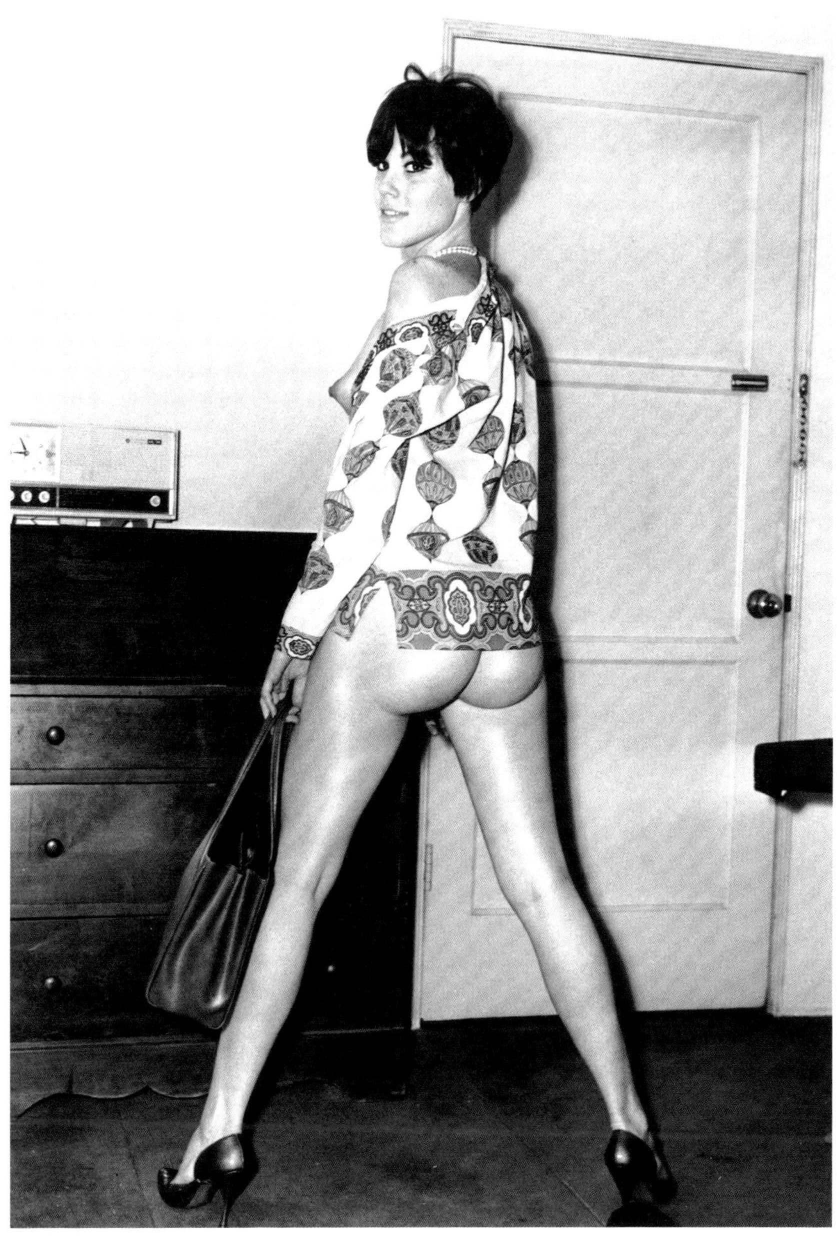

ABOVE **Unknown**

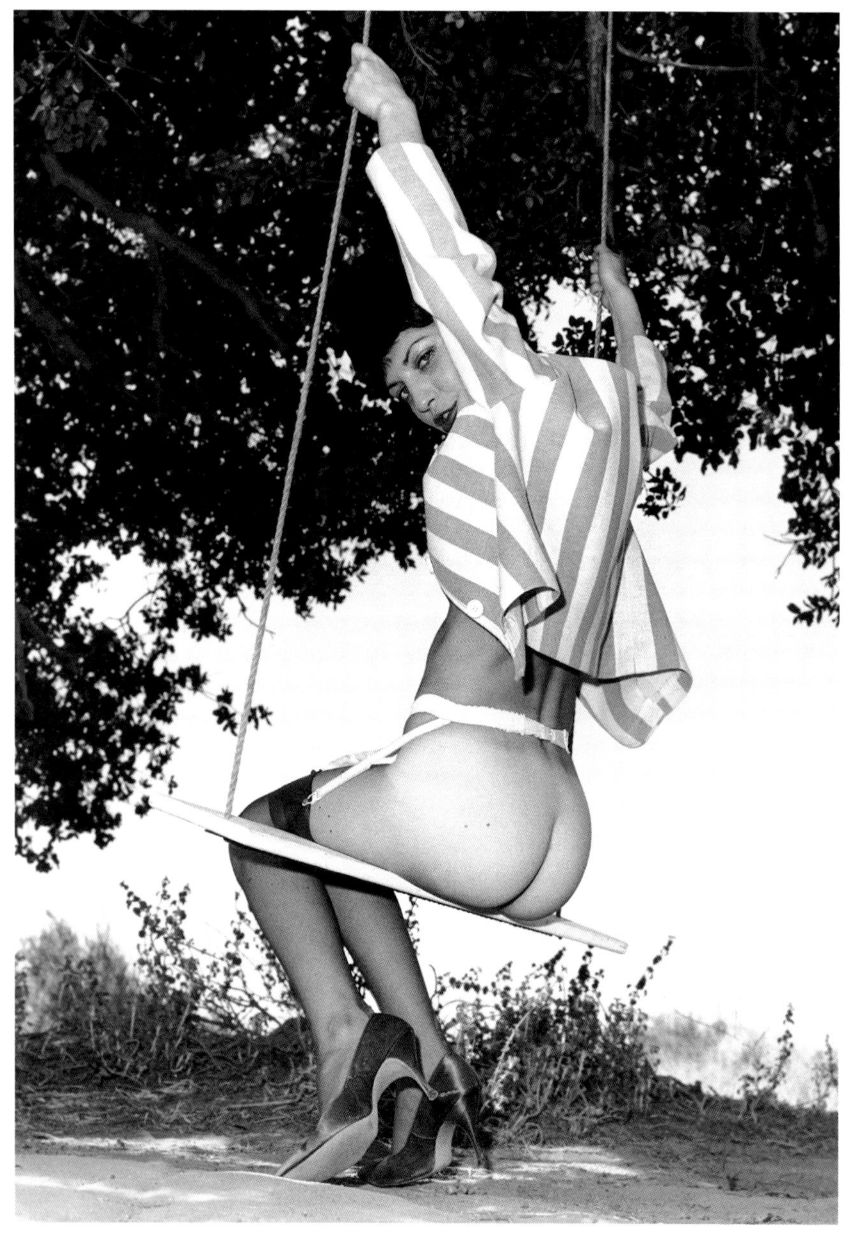

ABOVE **Kay Lornwall**

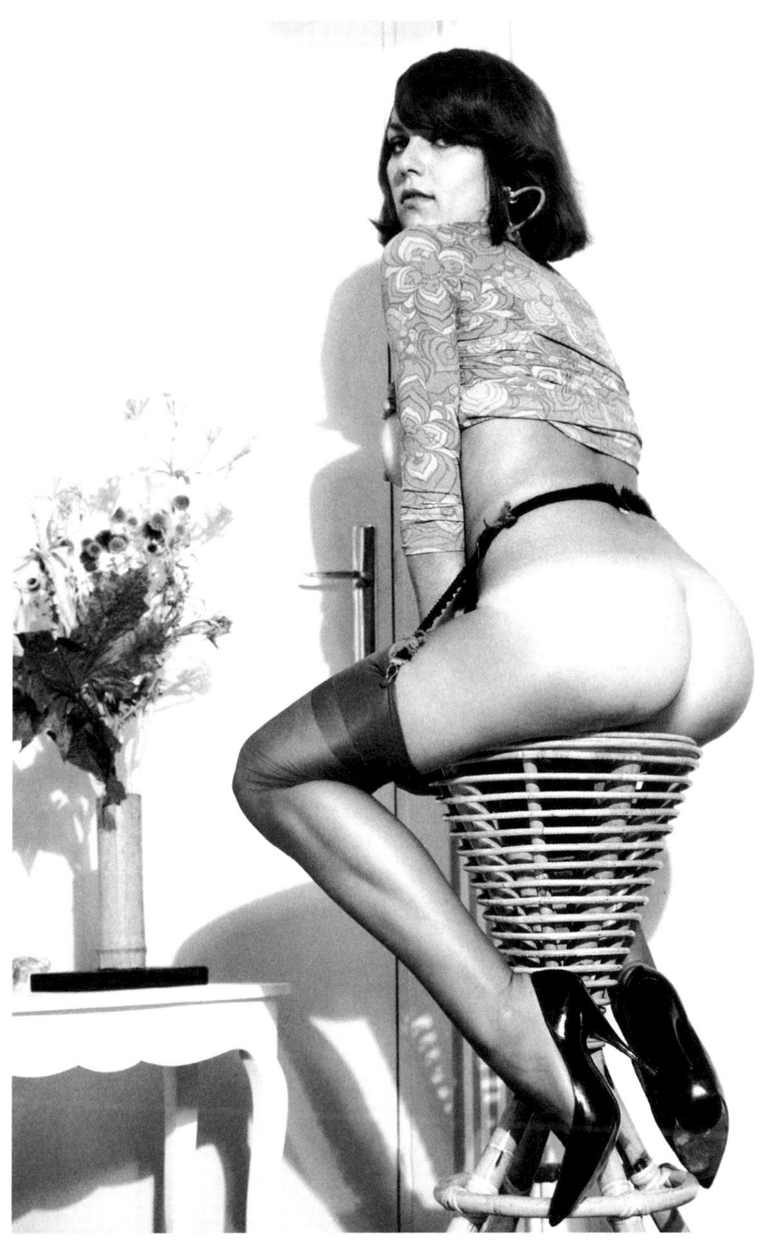

ABOVE **Michelle Frazier**   PAGES 88-89 **Christy Cole**

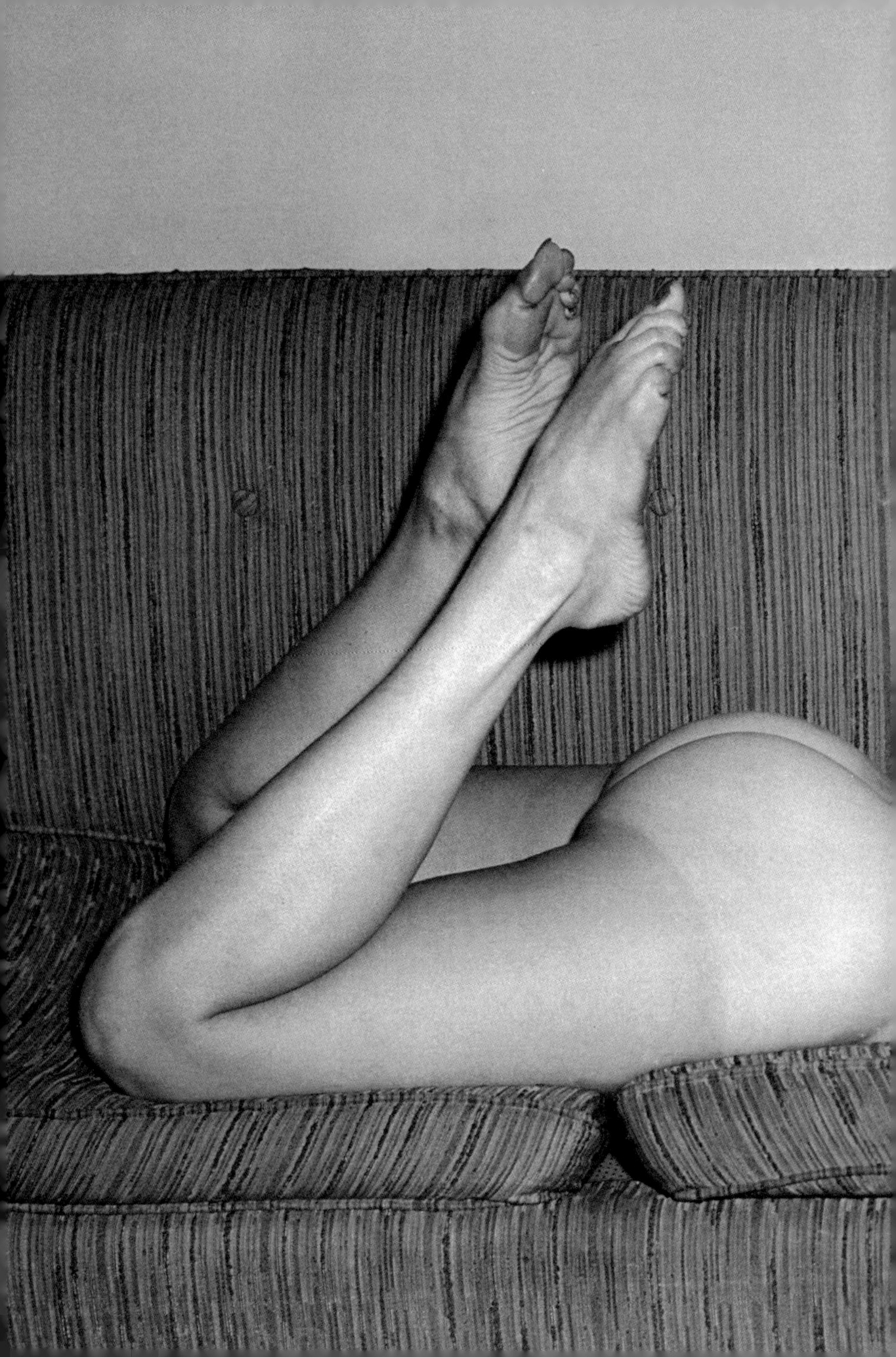

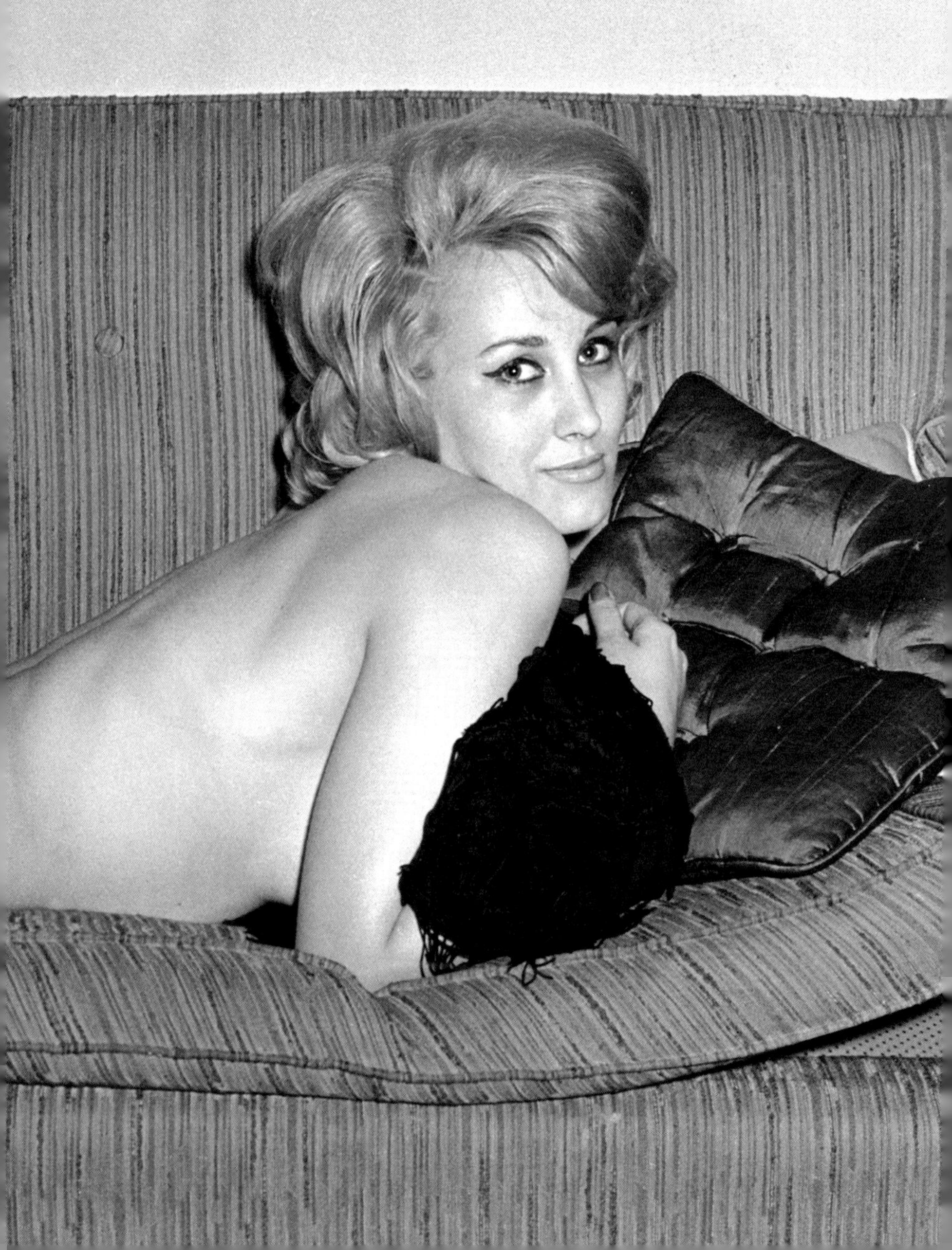

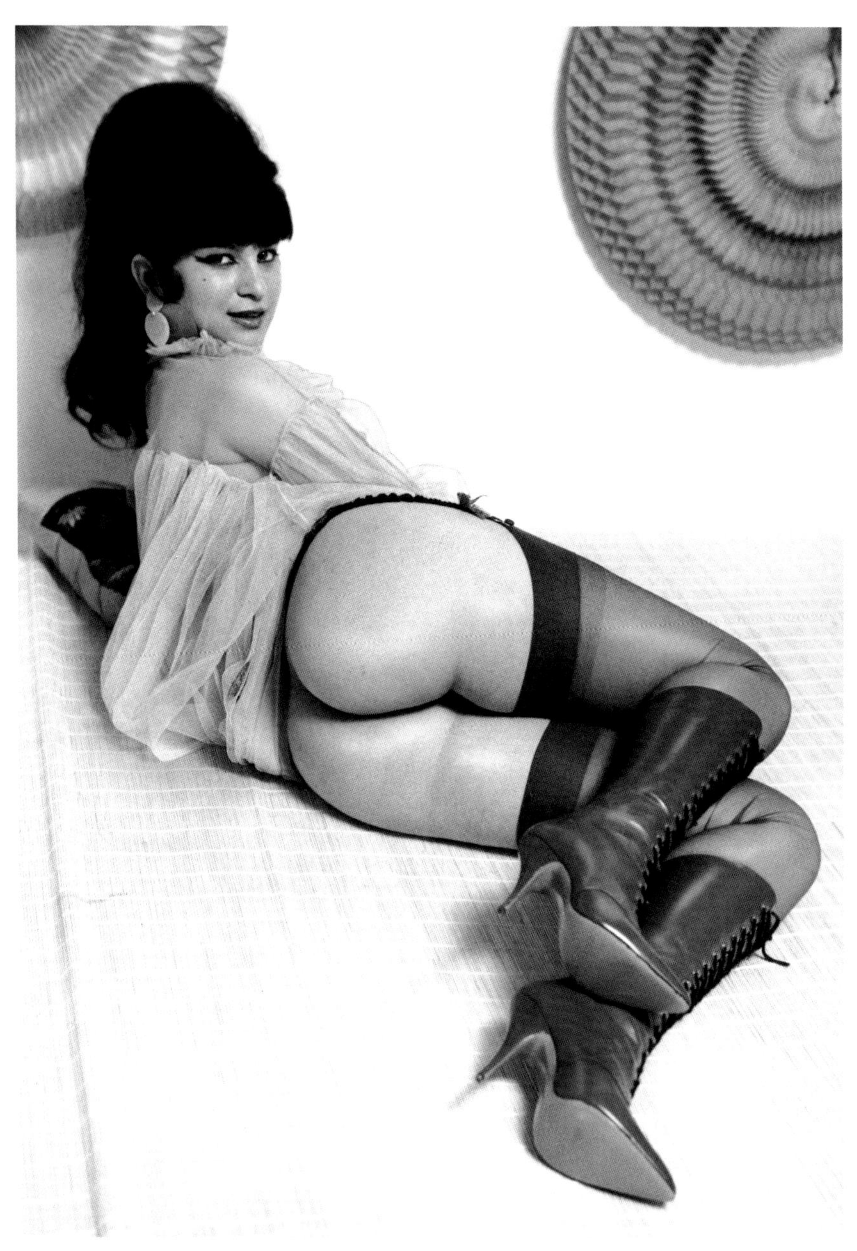

ABOVE **Rachel Raski** OPPOSITE **Unknown**

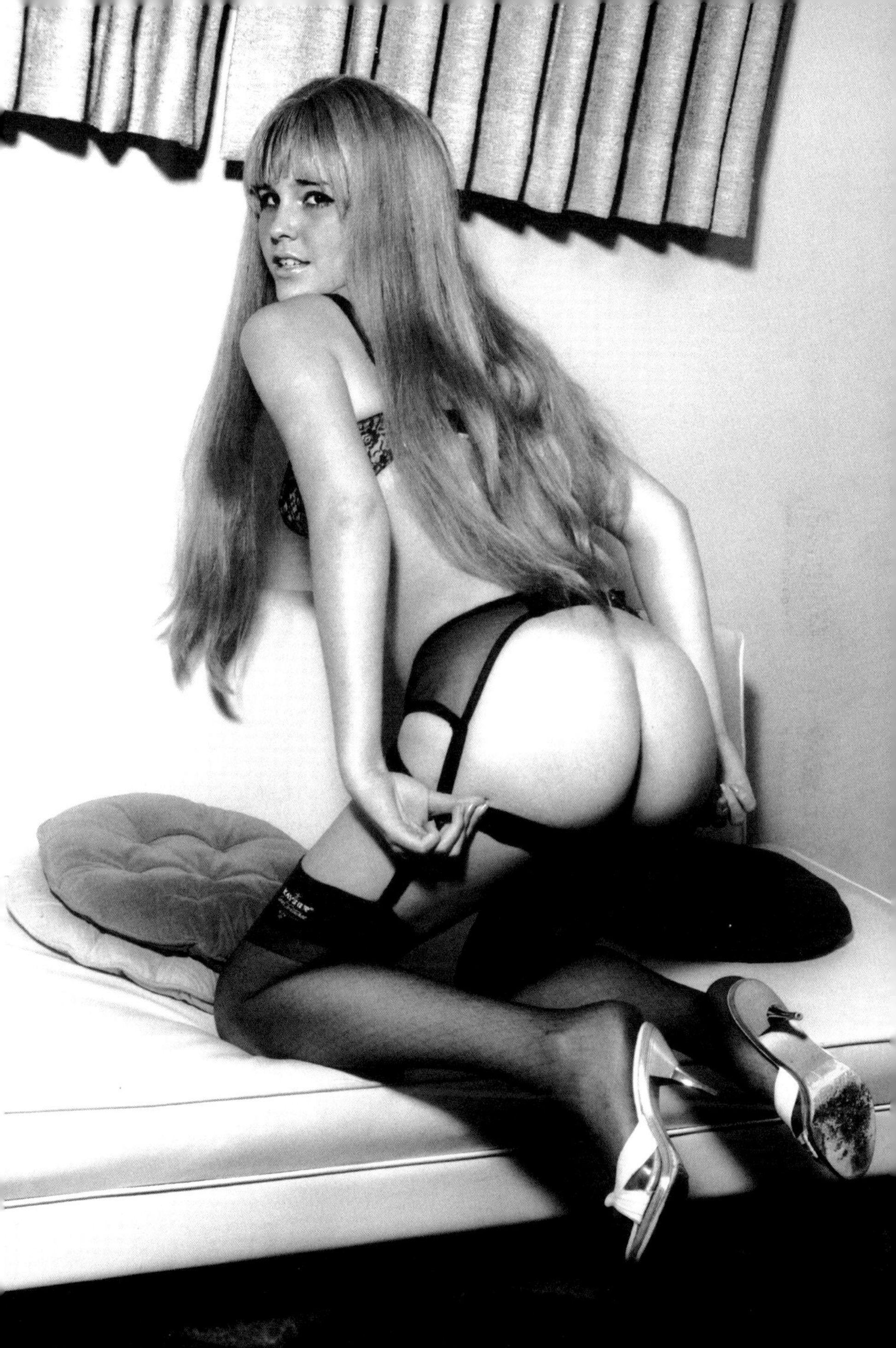

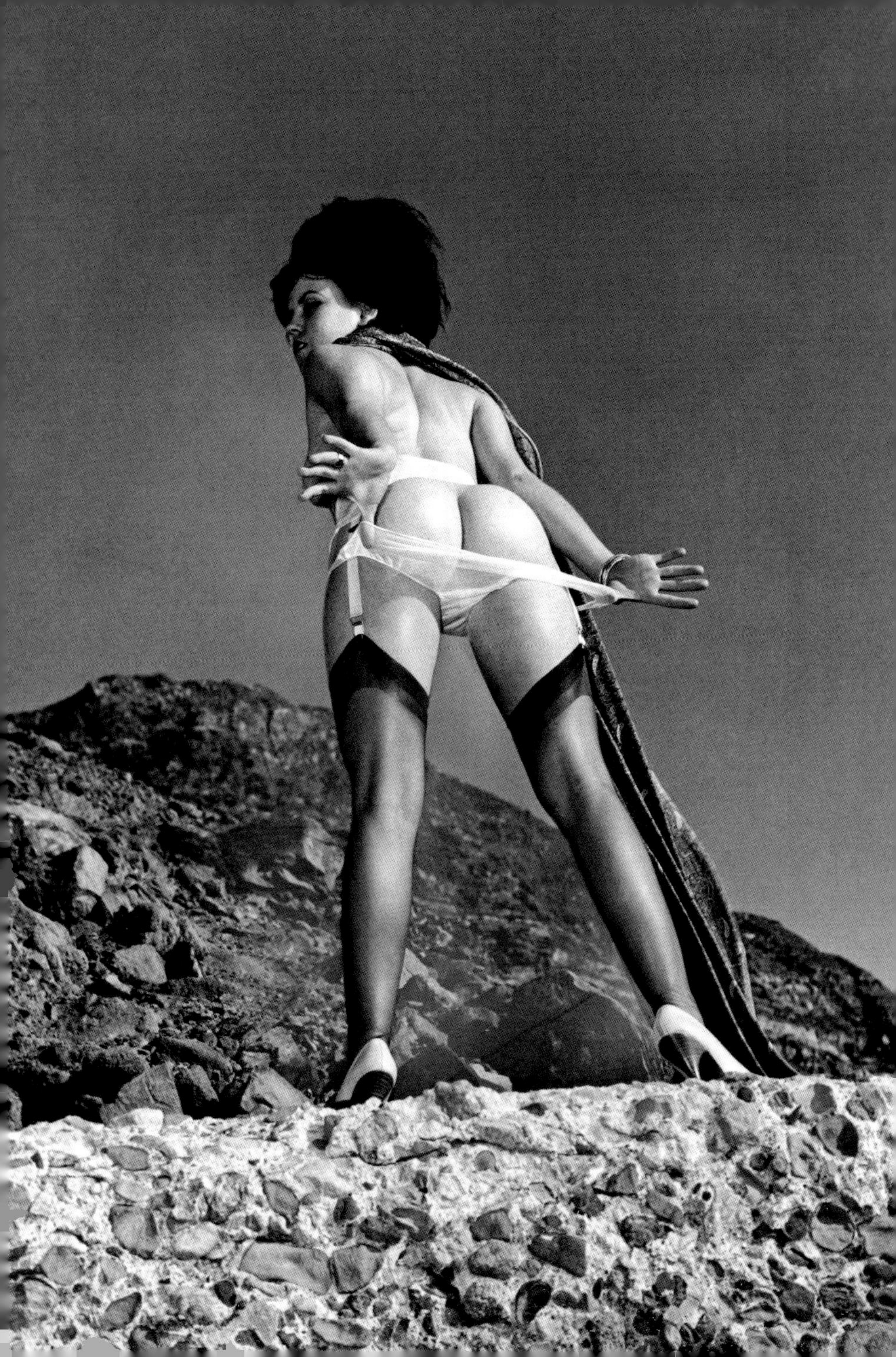

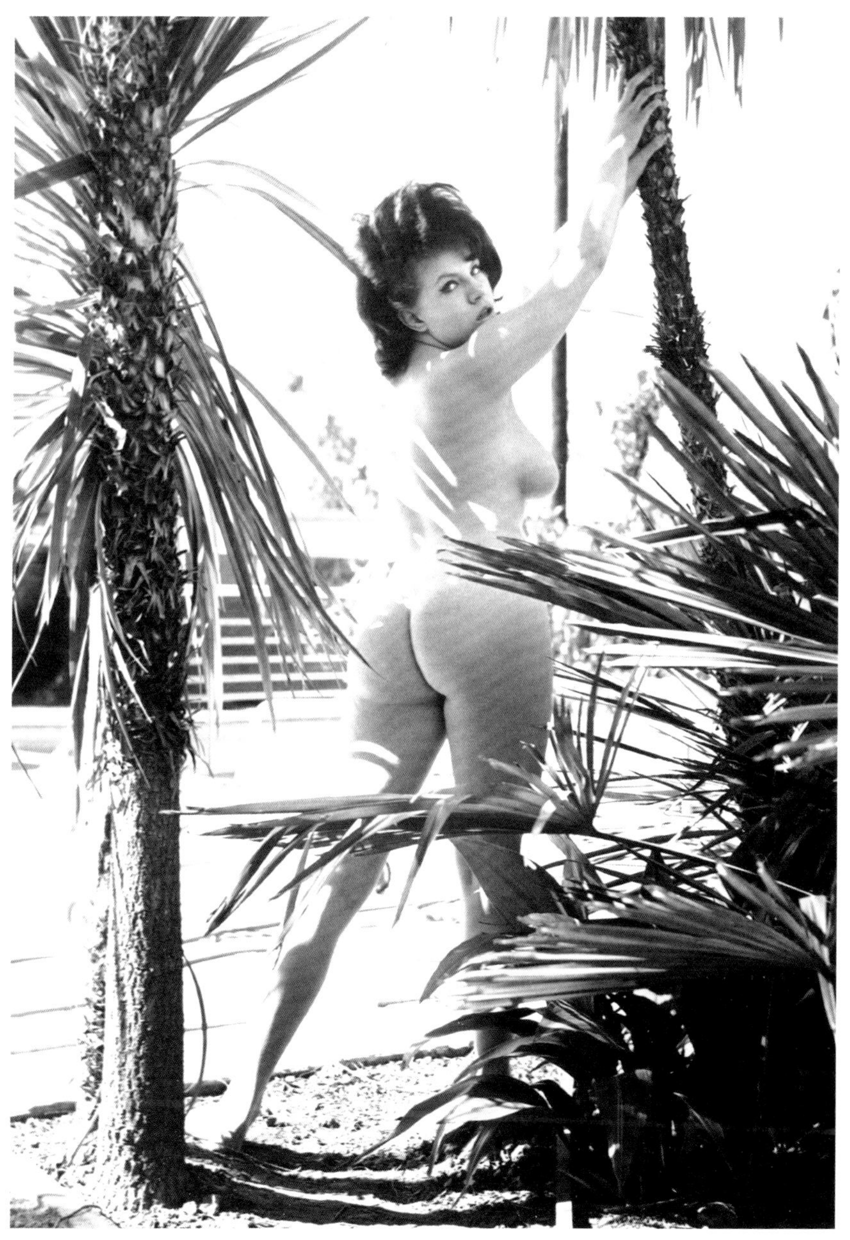

OPPOSITE **Sherry Boles**   ABOVE **Unknown**

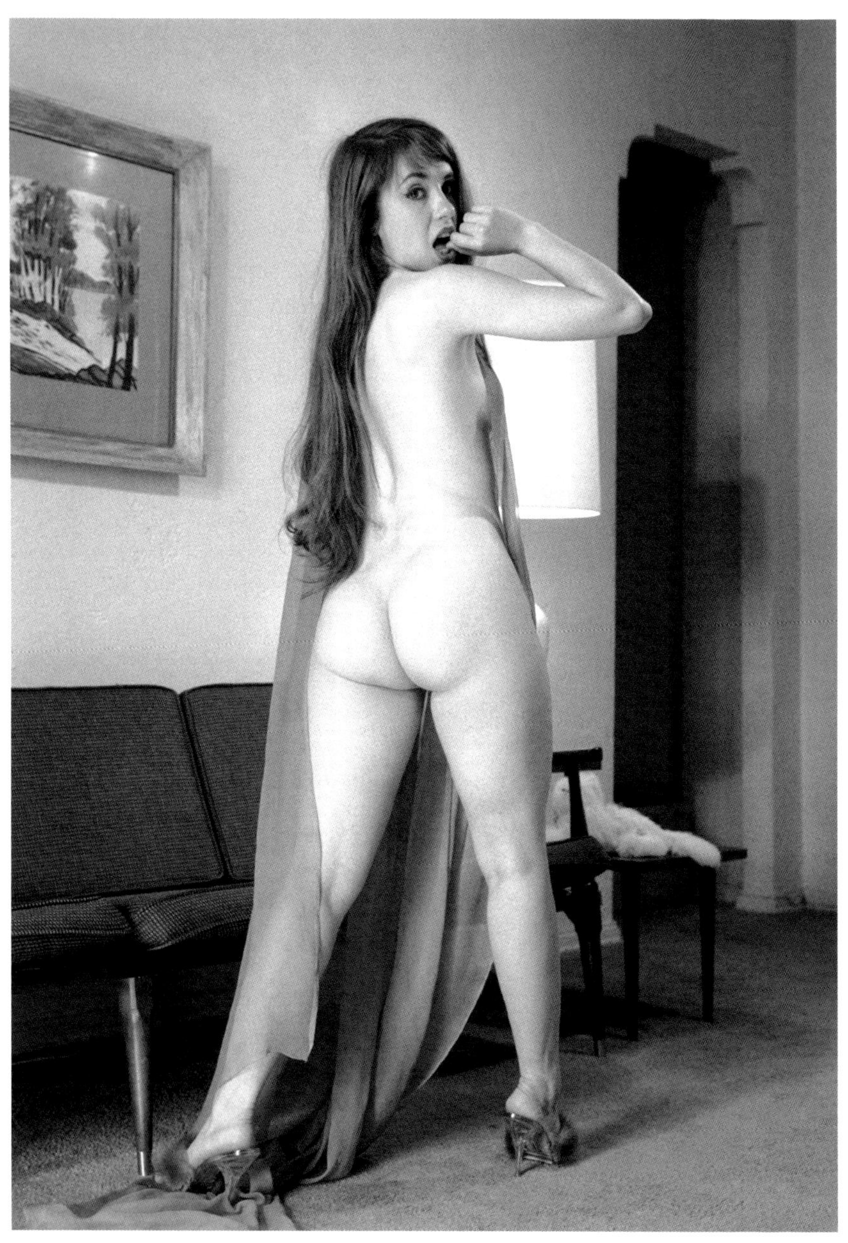

ABOVE **Lulu Wilmot**

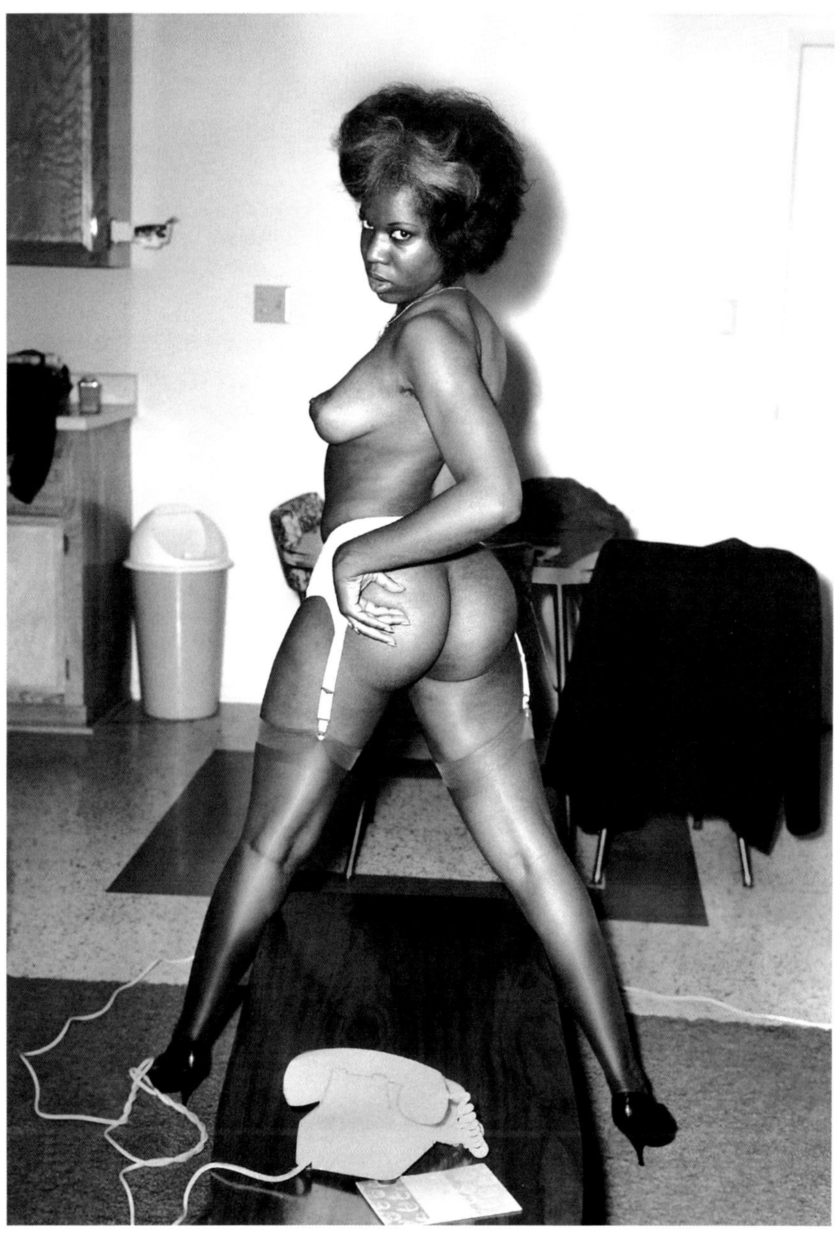

ABOVE **Laroma Brown**   PAGES 96-97 **Unknown**

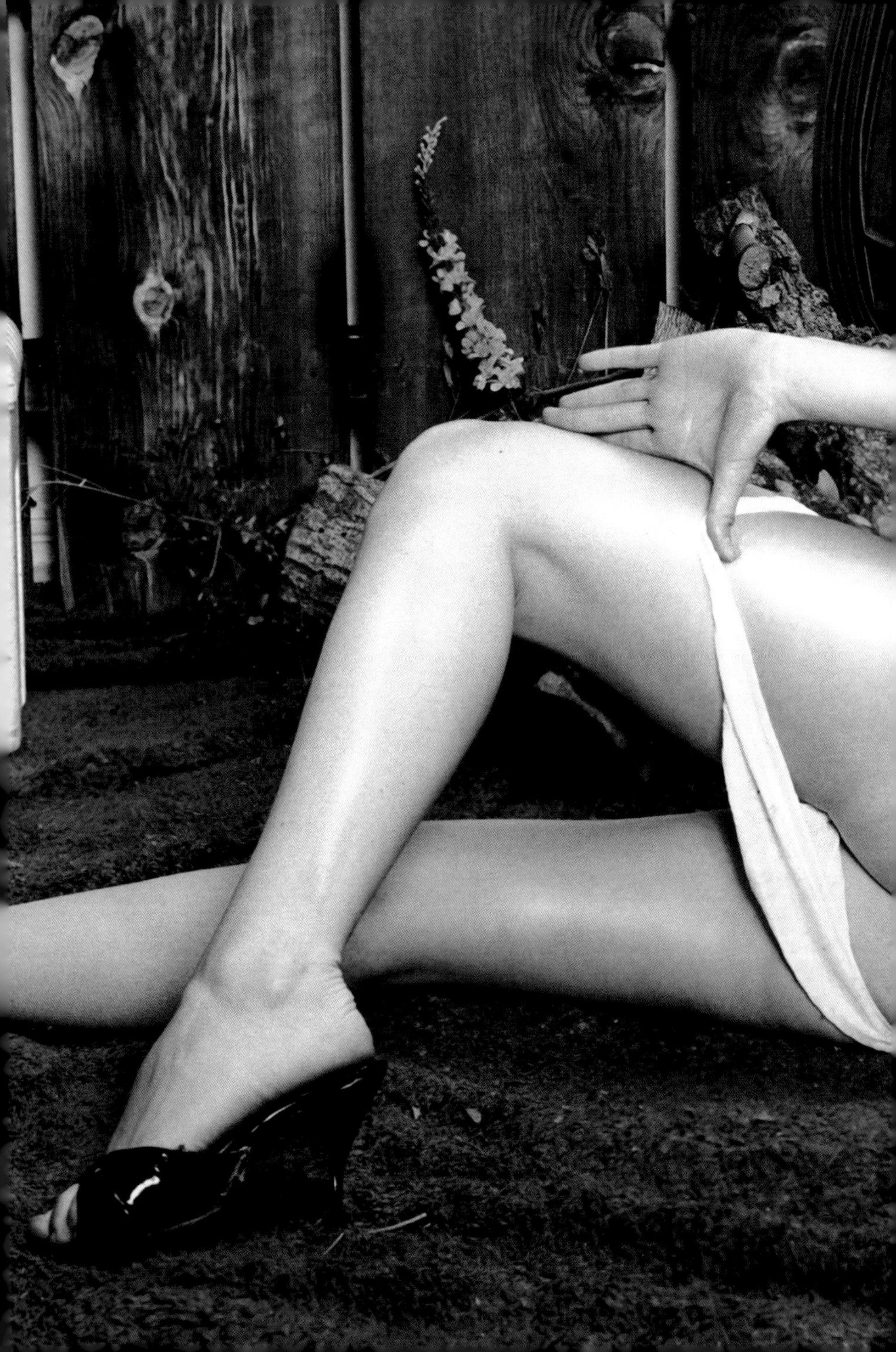

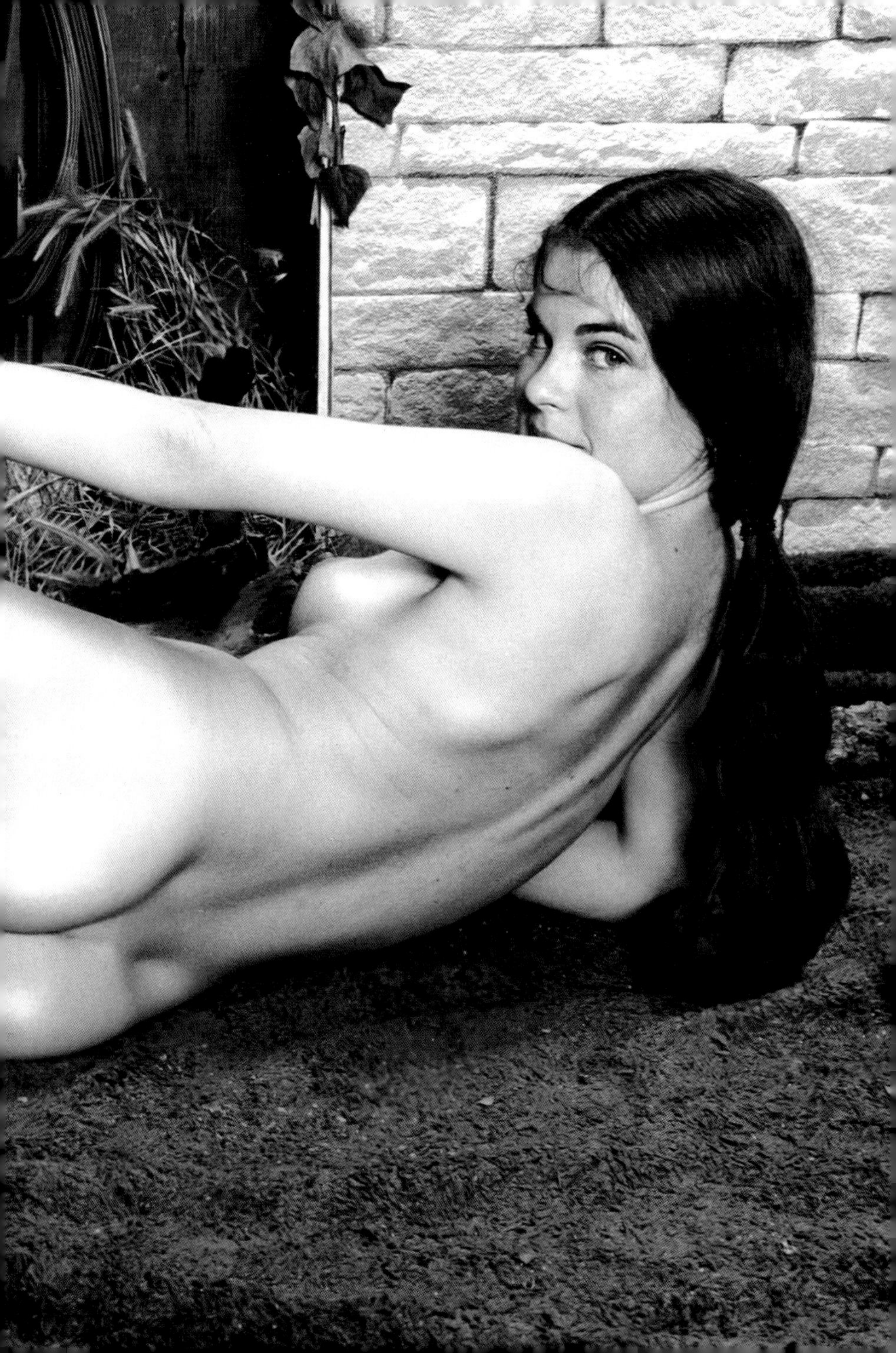

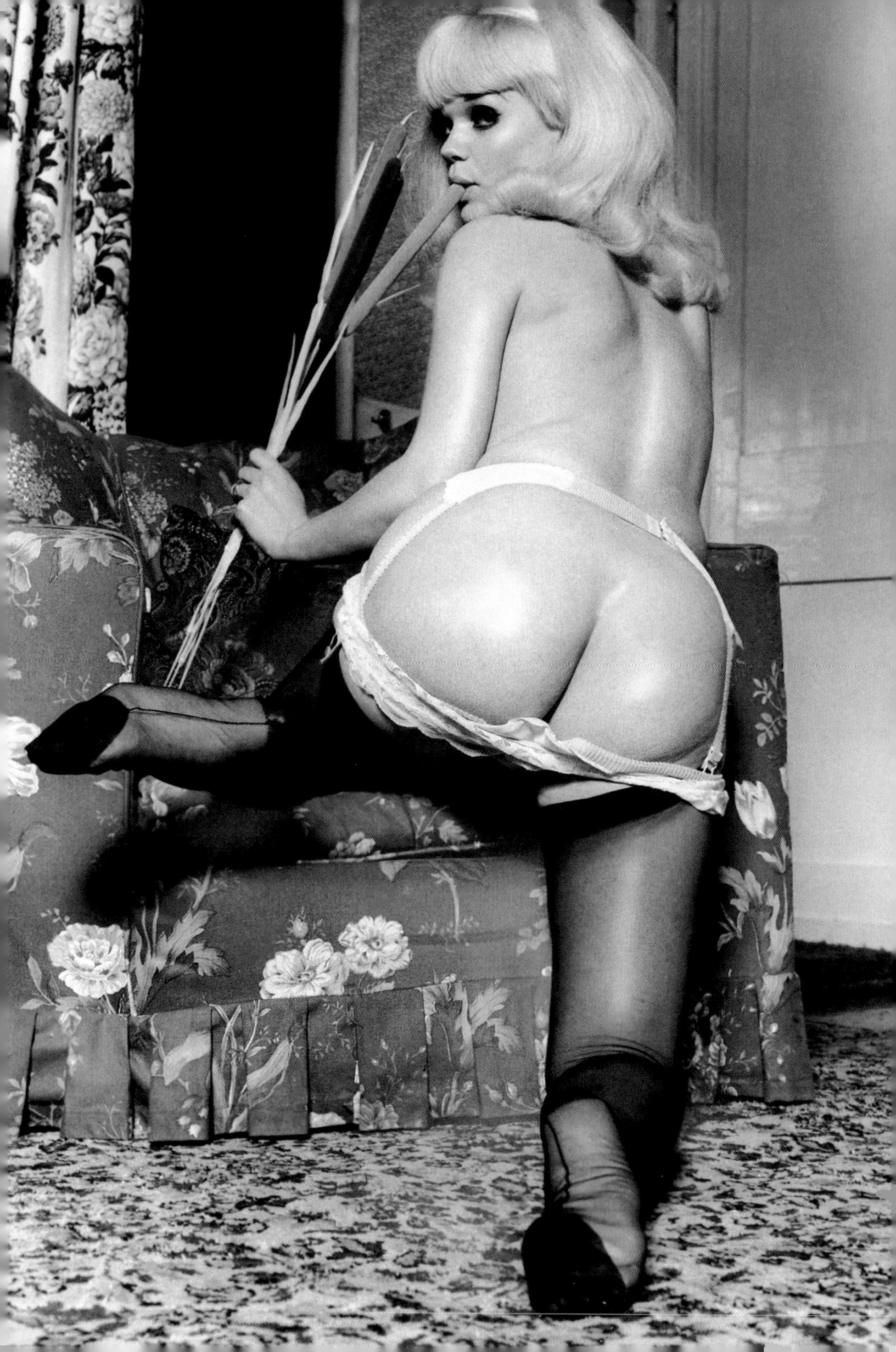

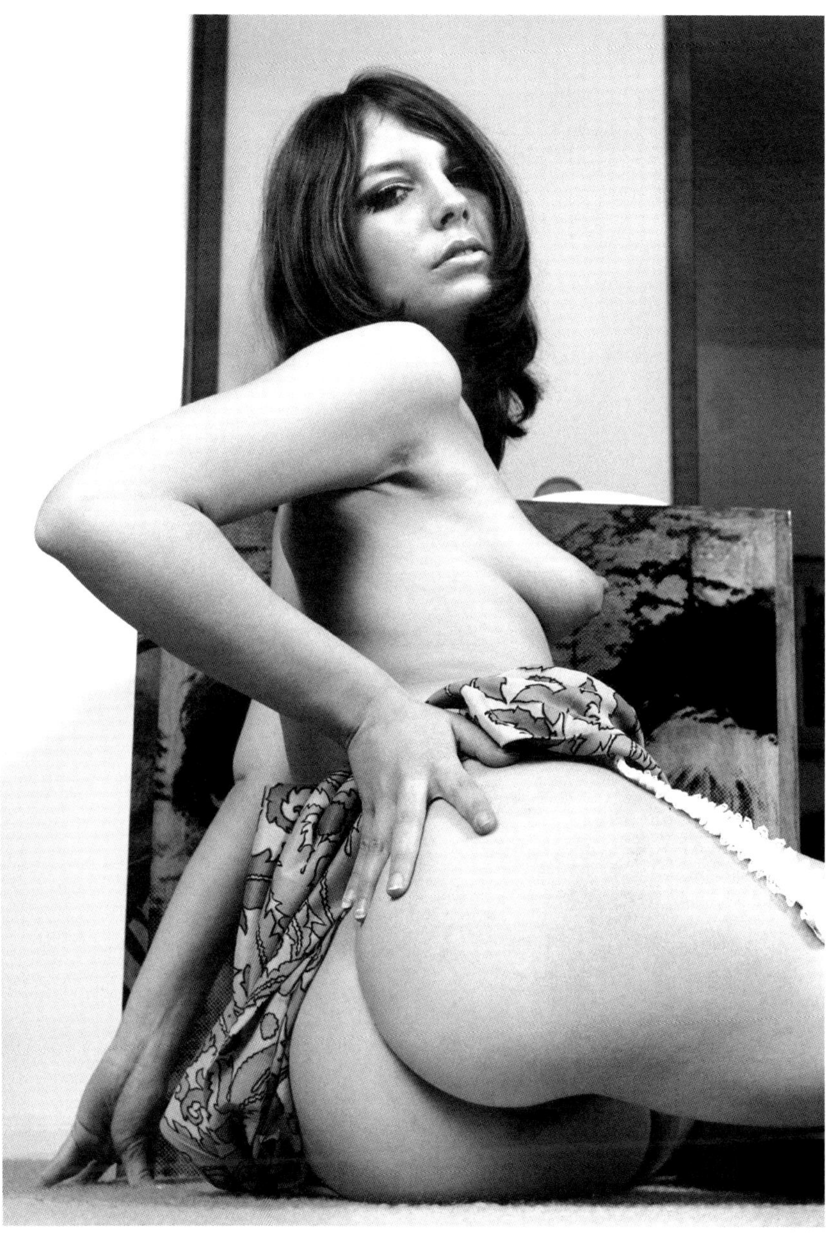

OPPOSITE **Gene Gillian**   ABOVE **Unknown**

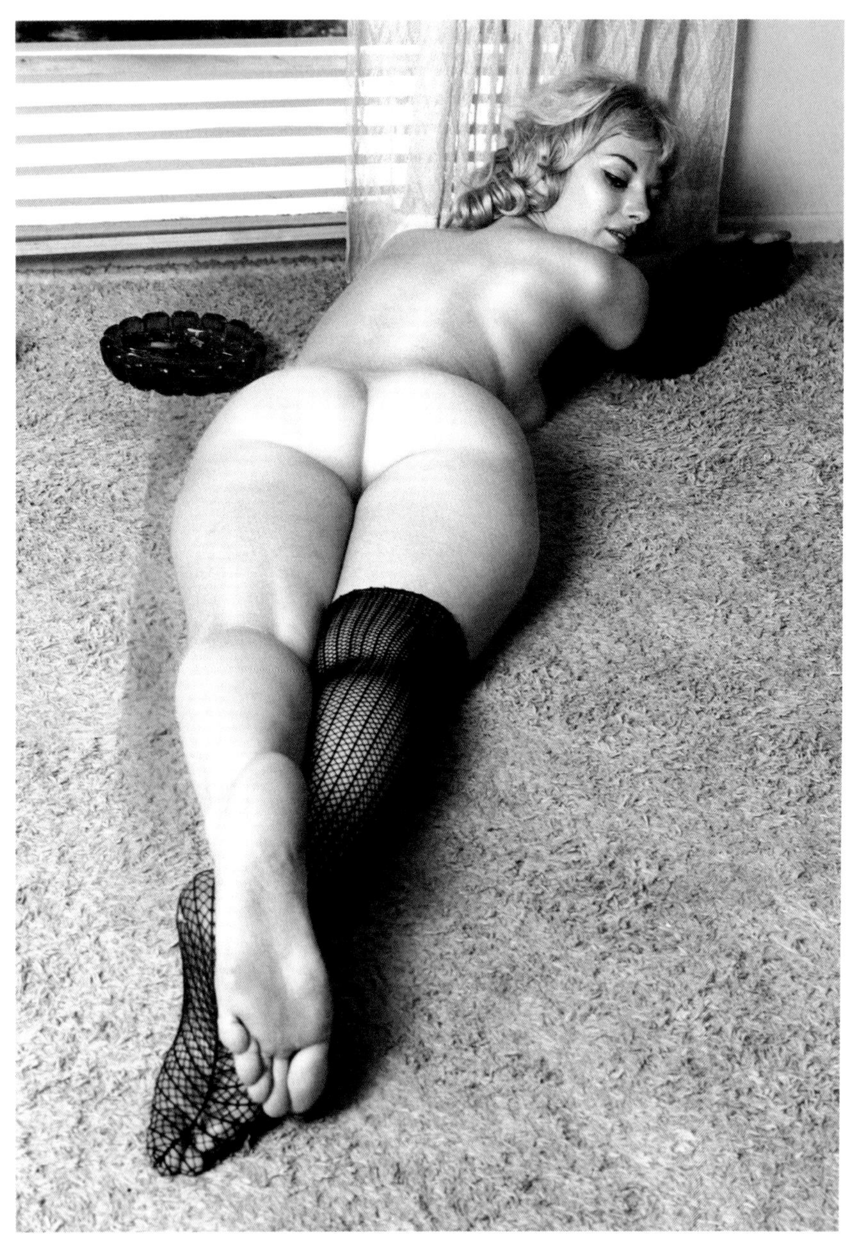

ABOVE **Sharon Church** OPPOSITE **Unknown**

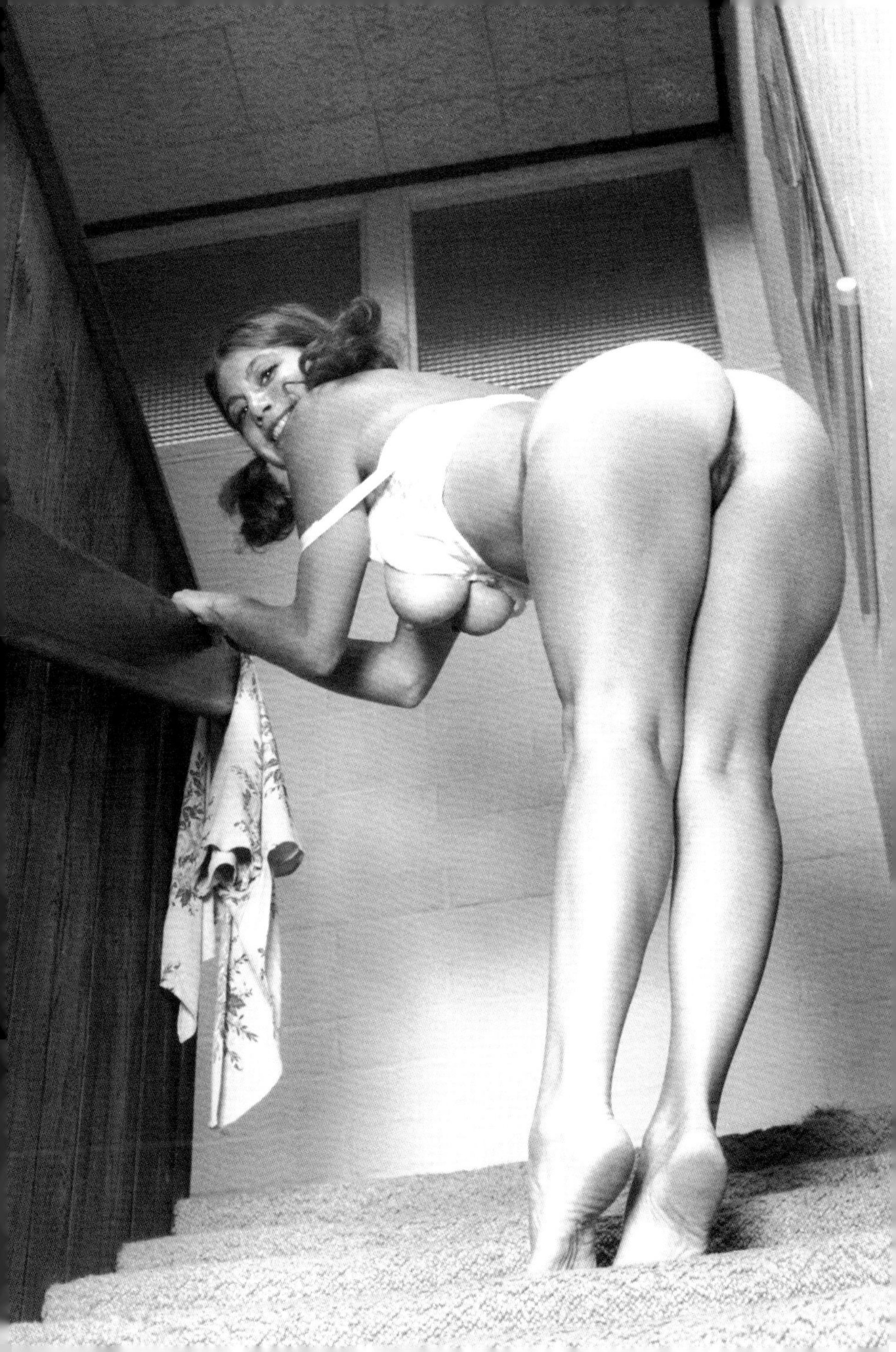

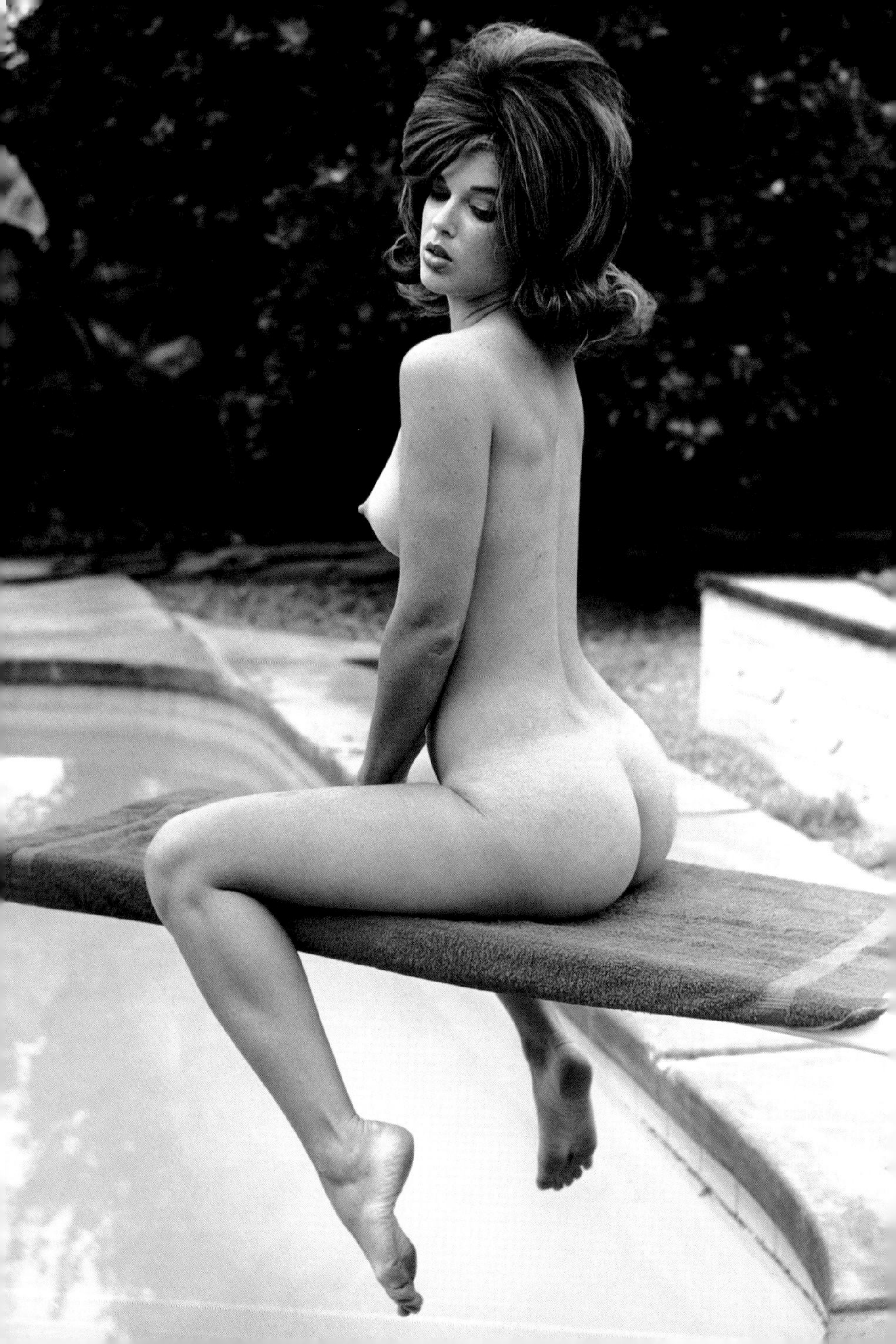

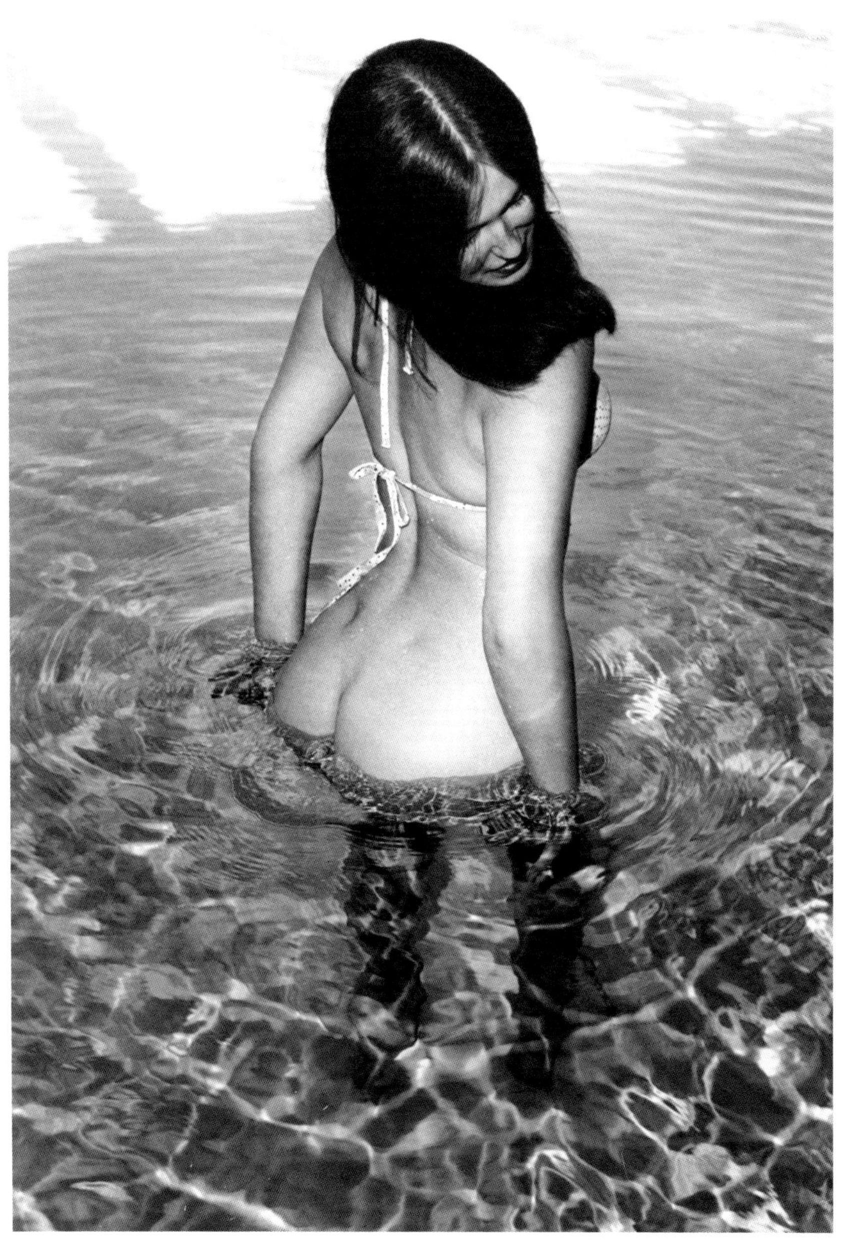

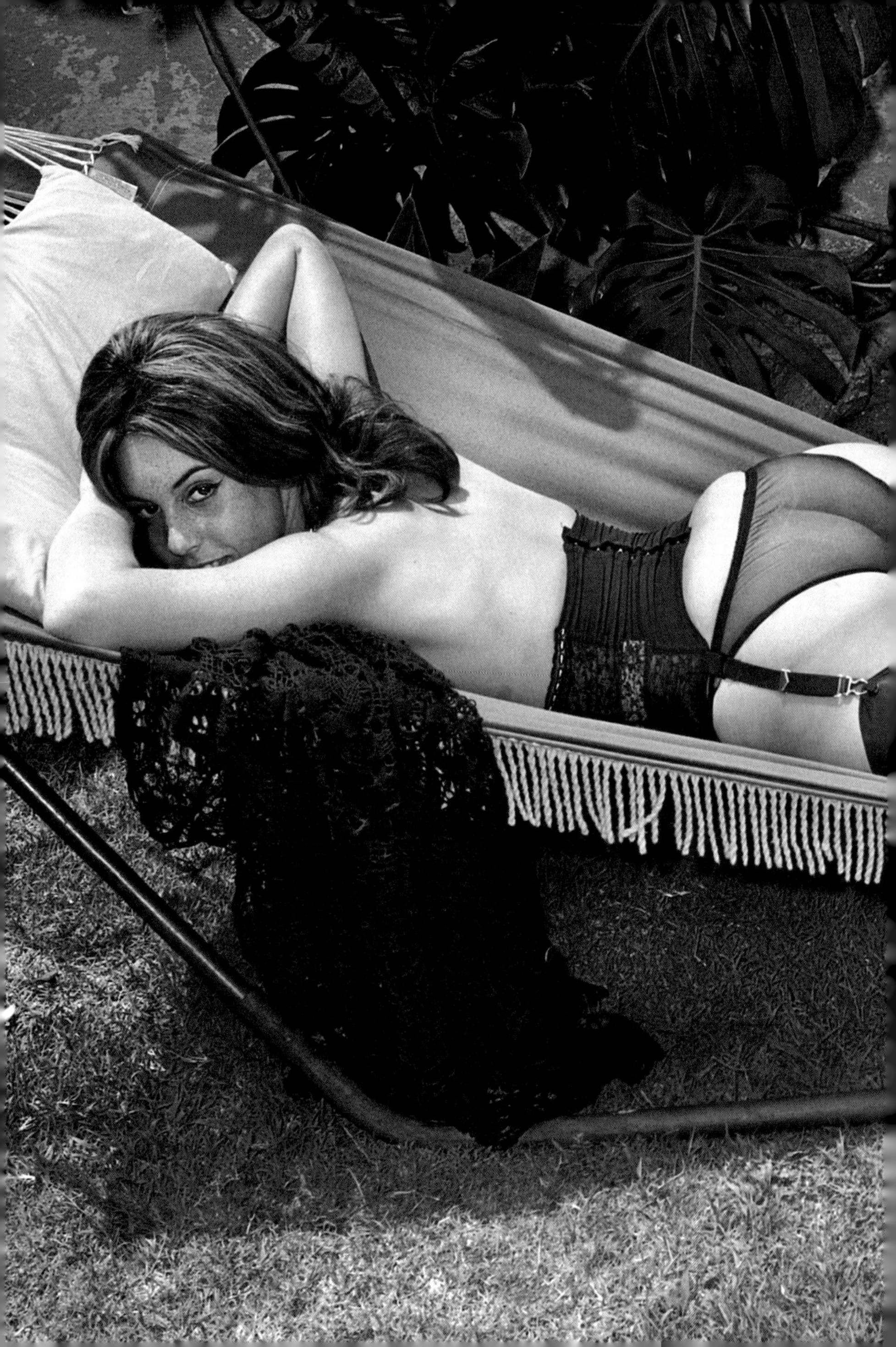

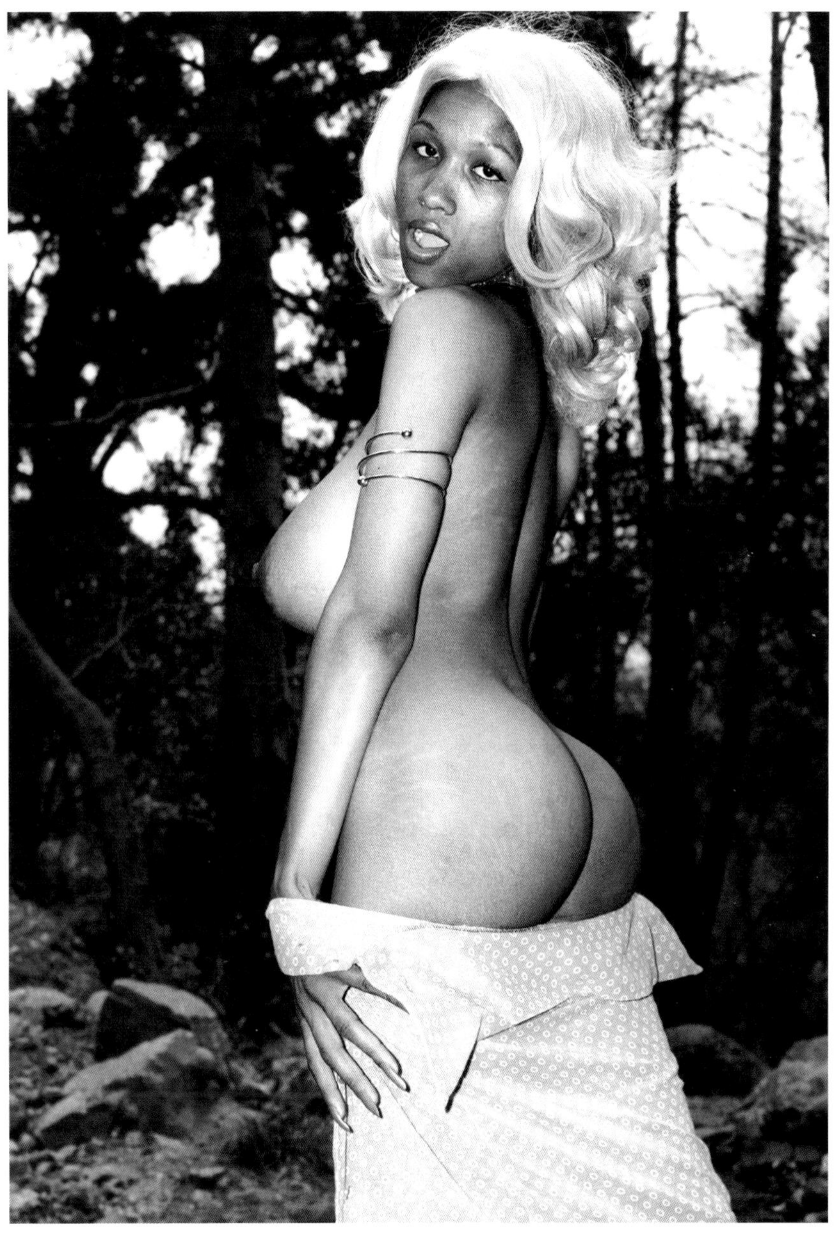

ABOVE **Silvia McFarland**

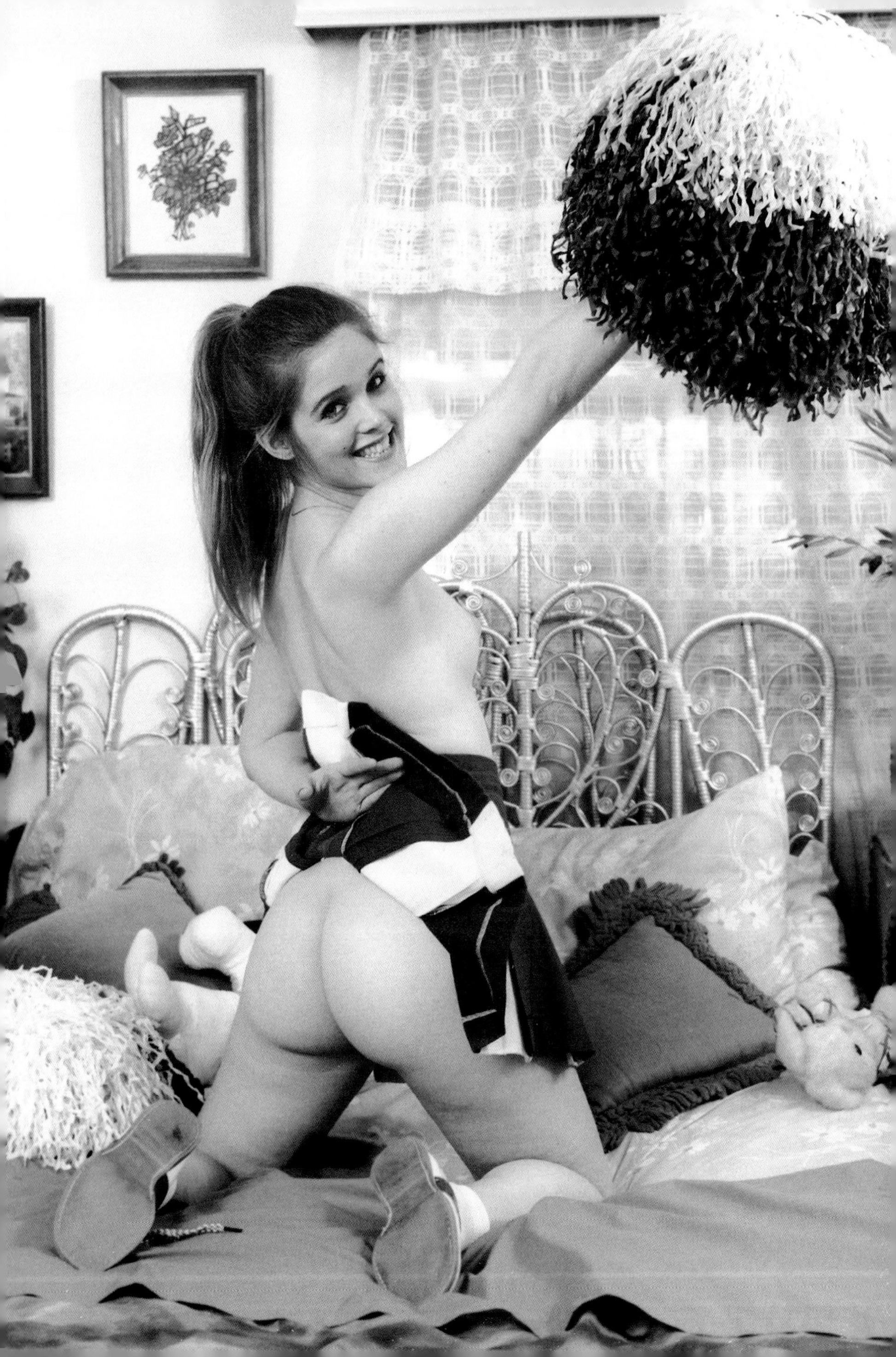

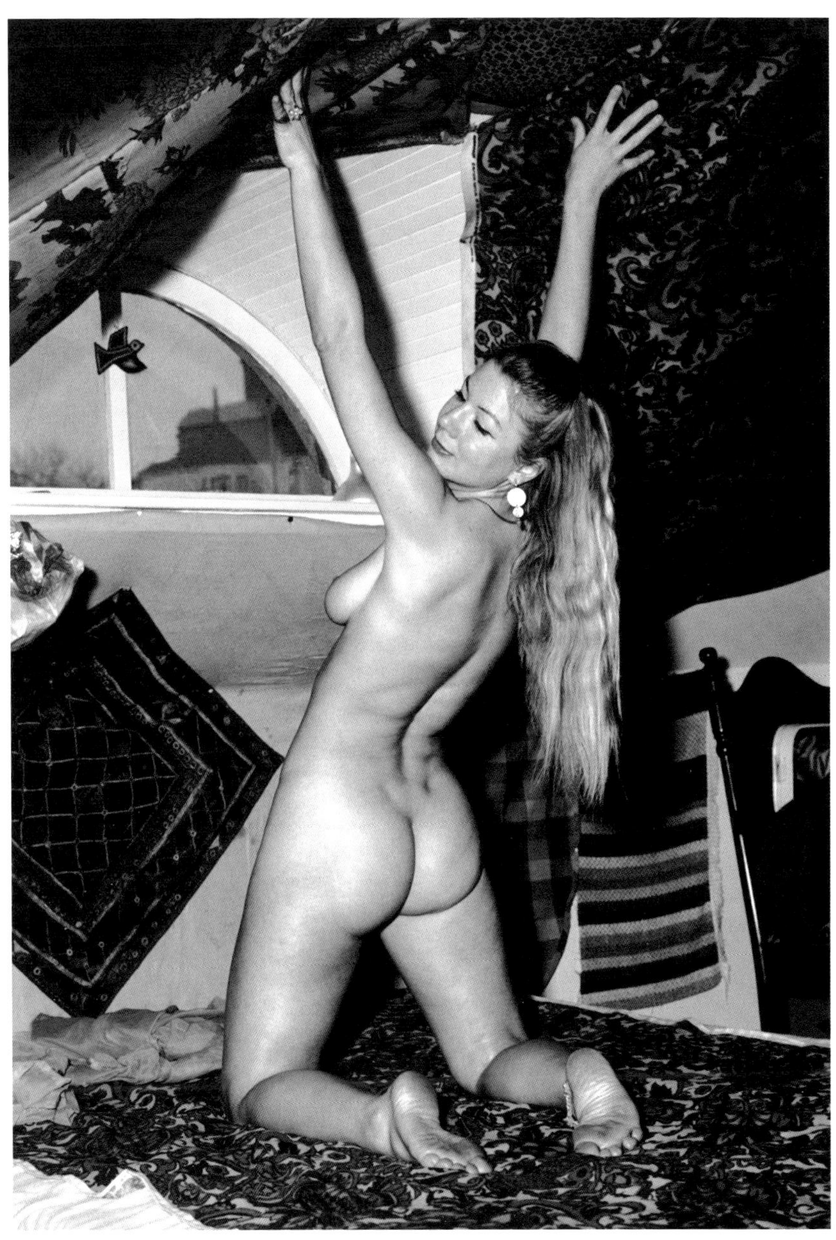

OPPOSITE AND ABOVE **Unknown**   PAGES 112-113 **Sharon Church**

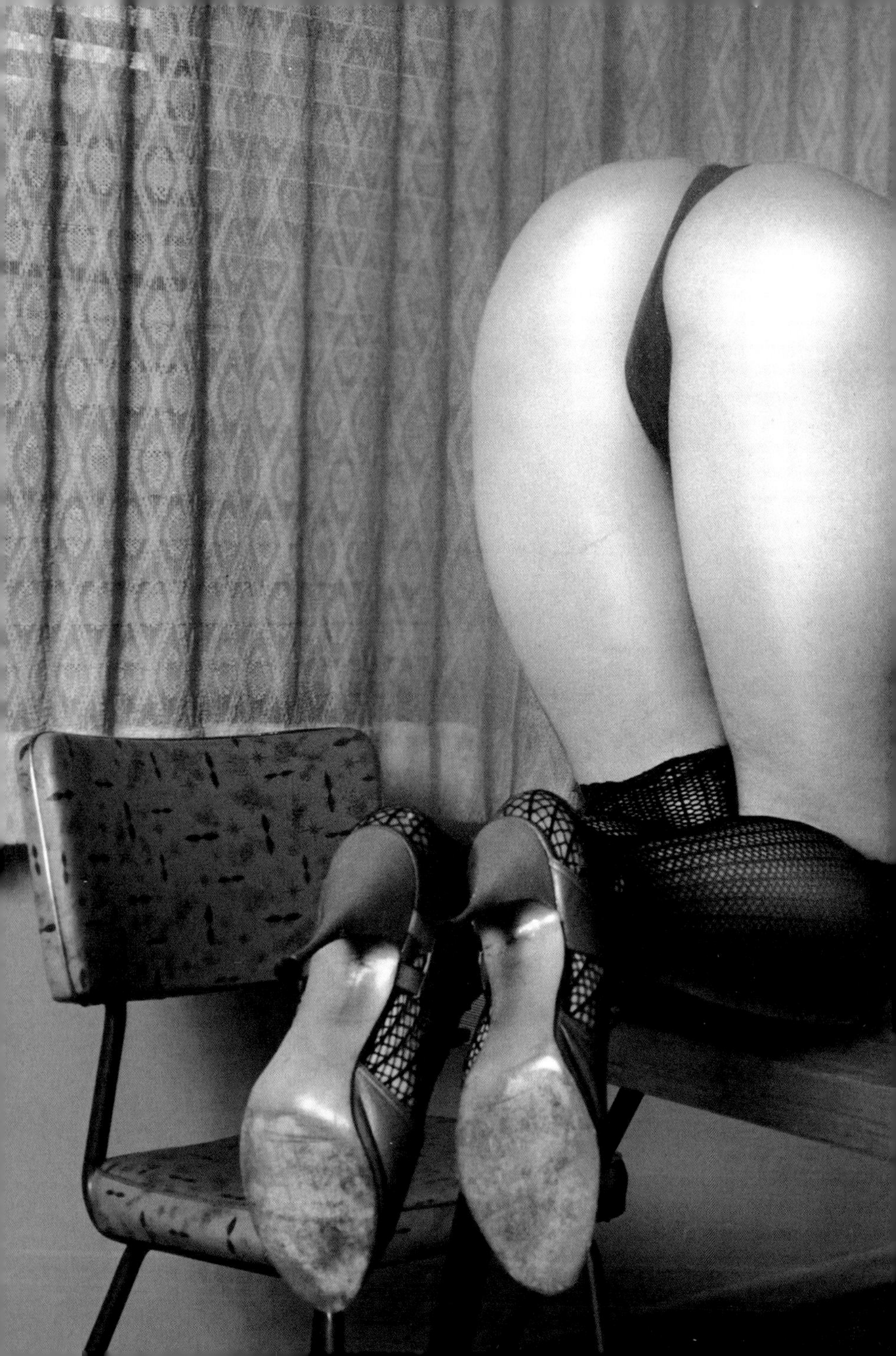

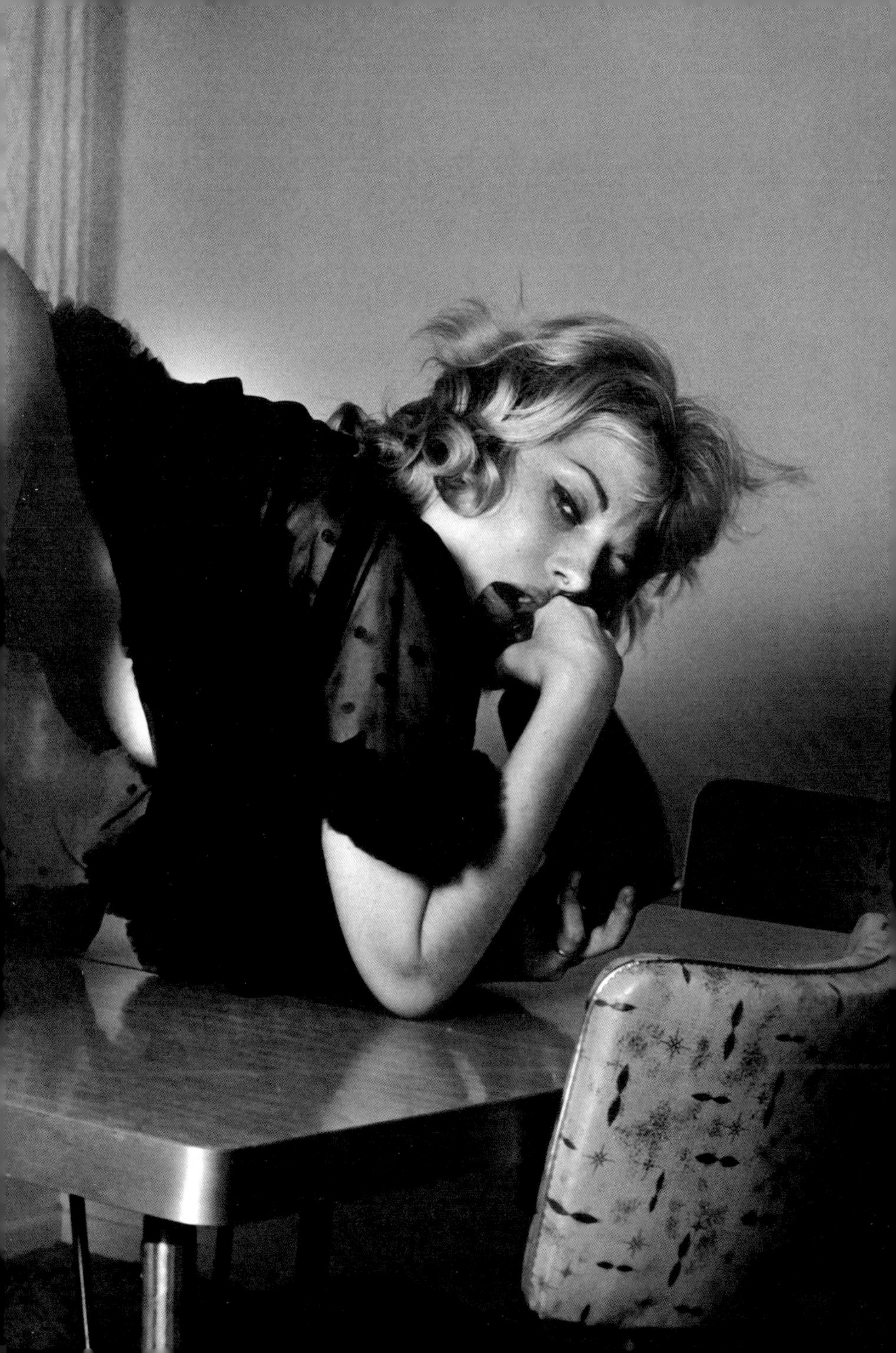

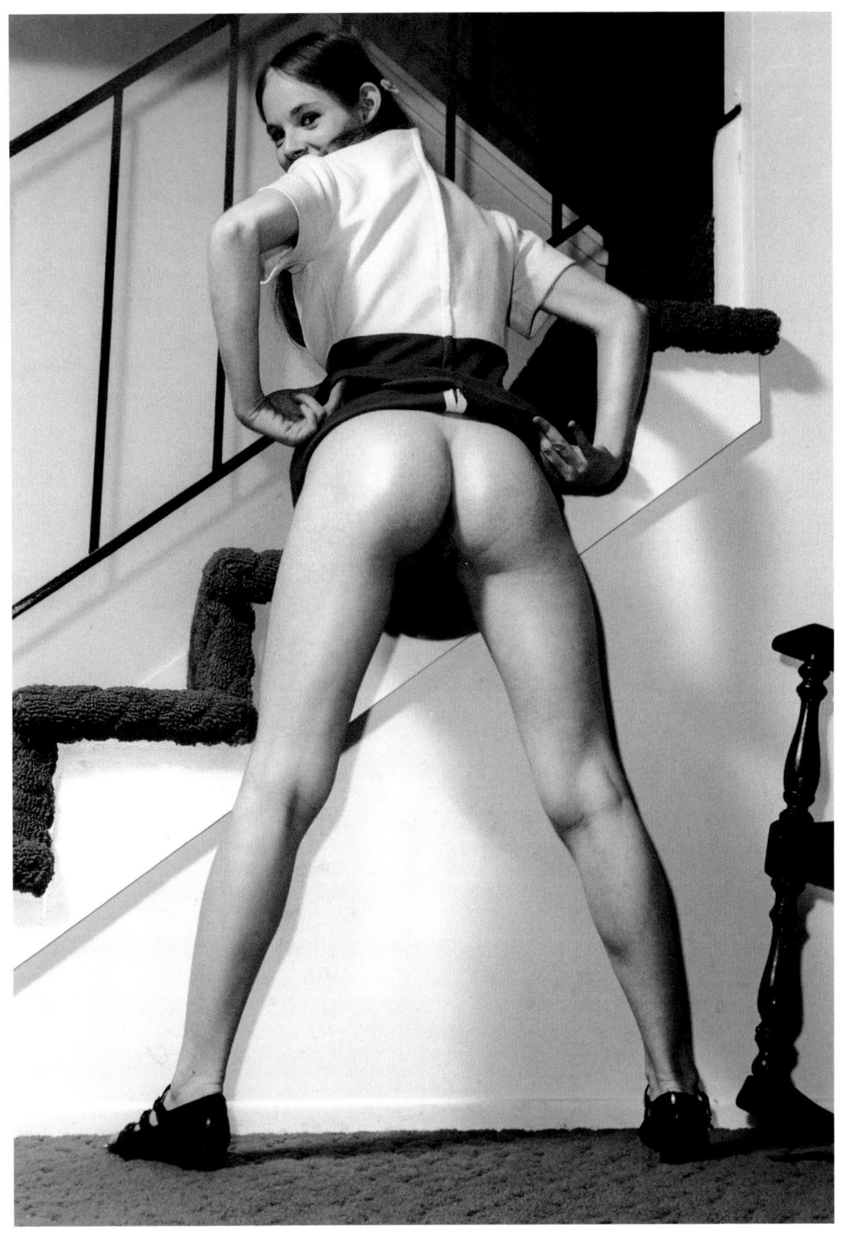

114

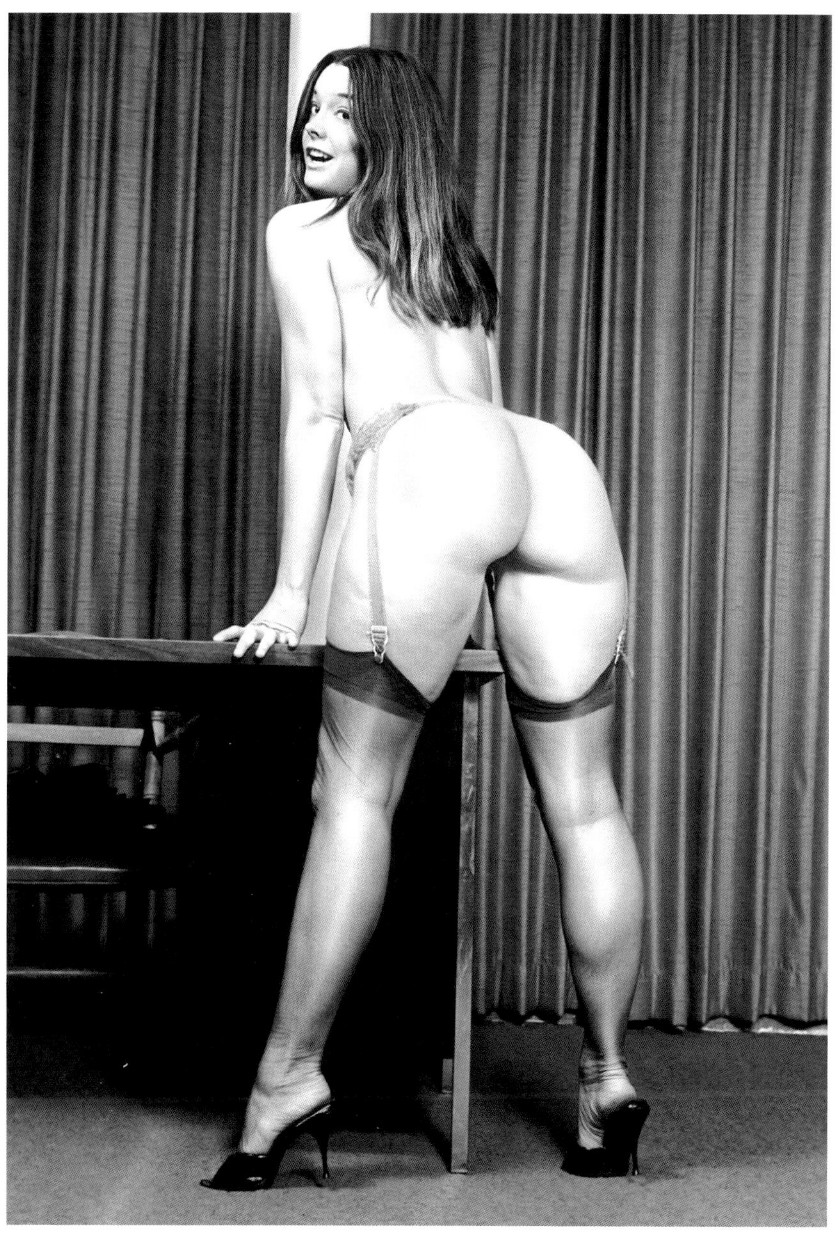

ABOVE **Carol Hall**

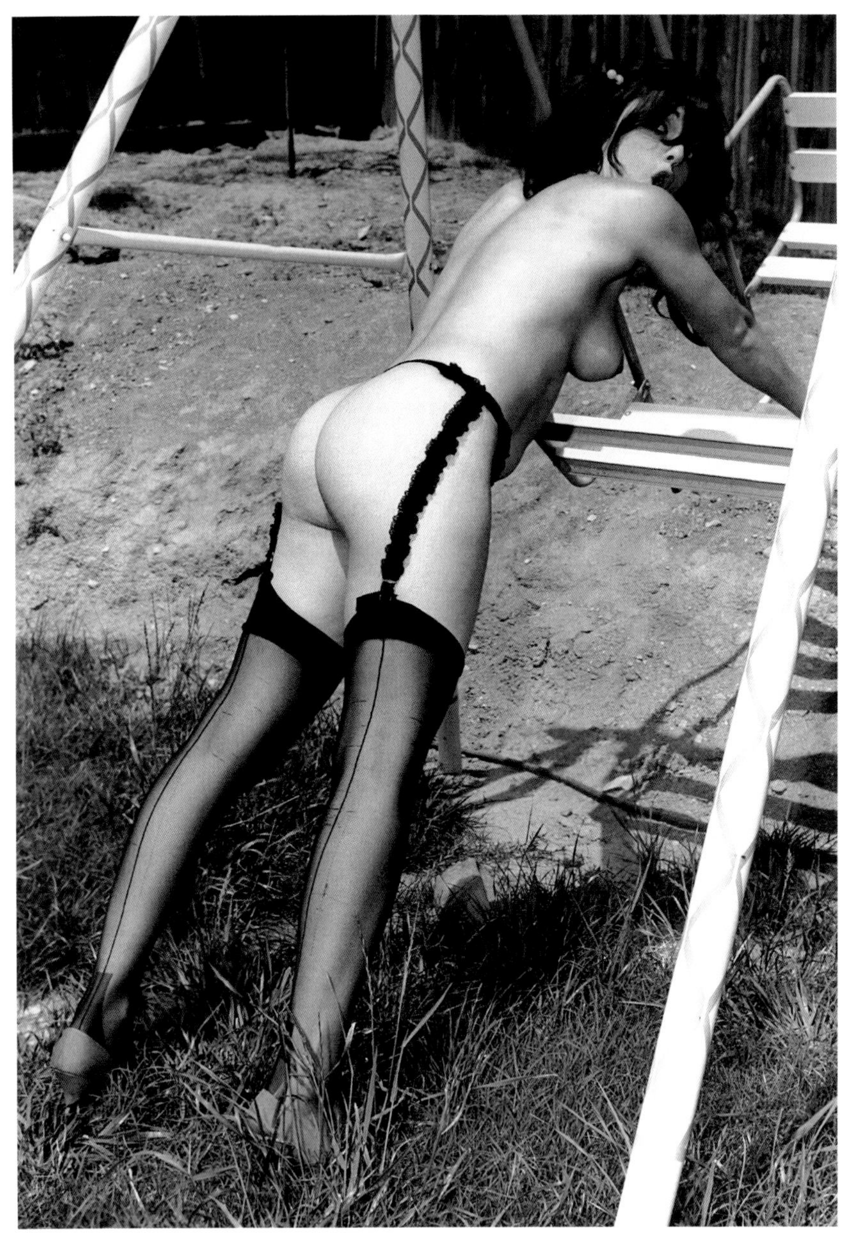

ABOVE Susan Strough OPPOSITE Unknown

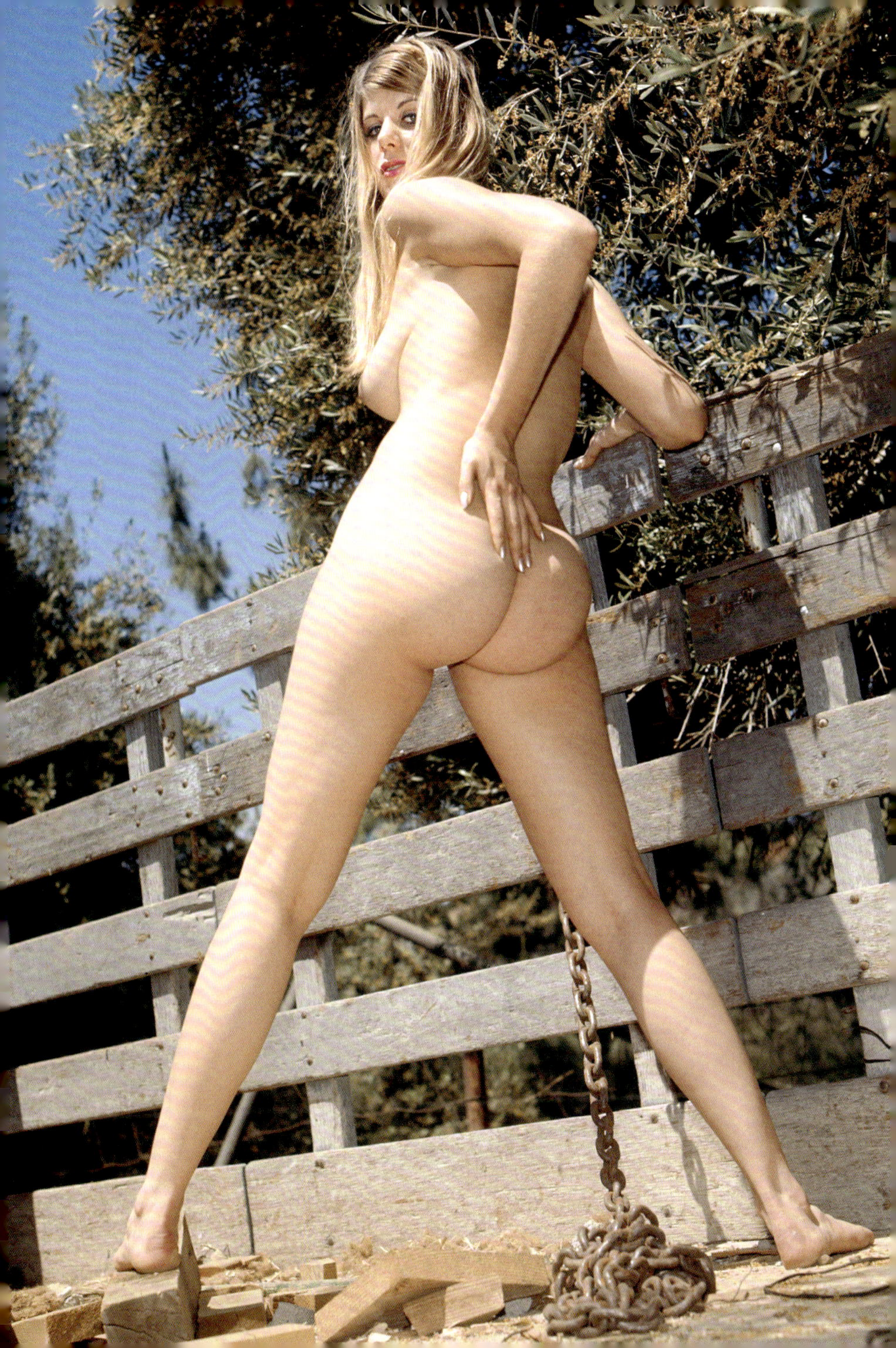

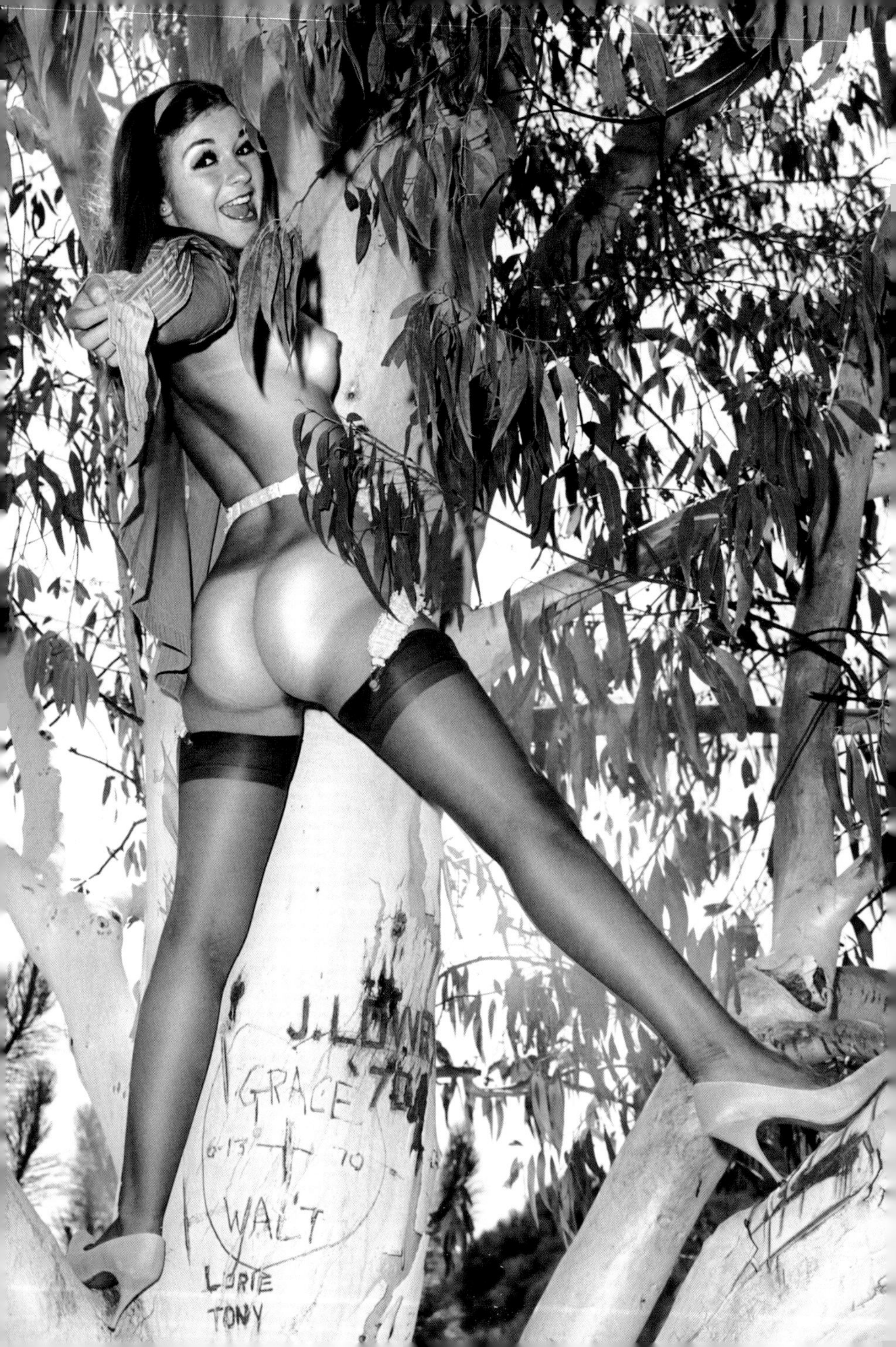

J.L.
GRACE
6-13-70
WALT
LORIE
TONY

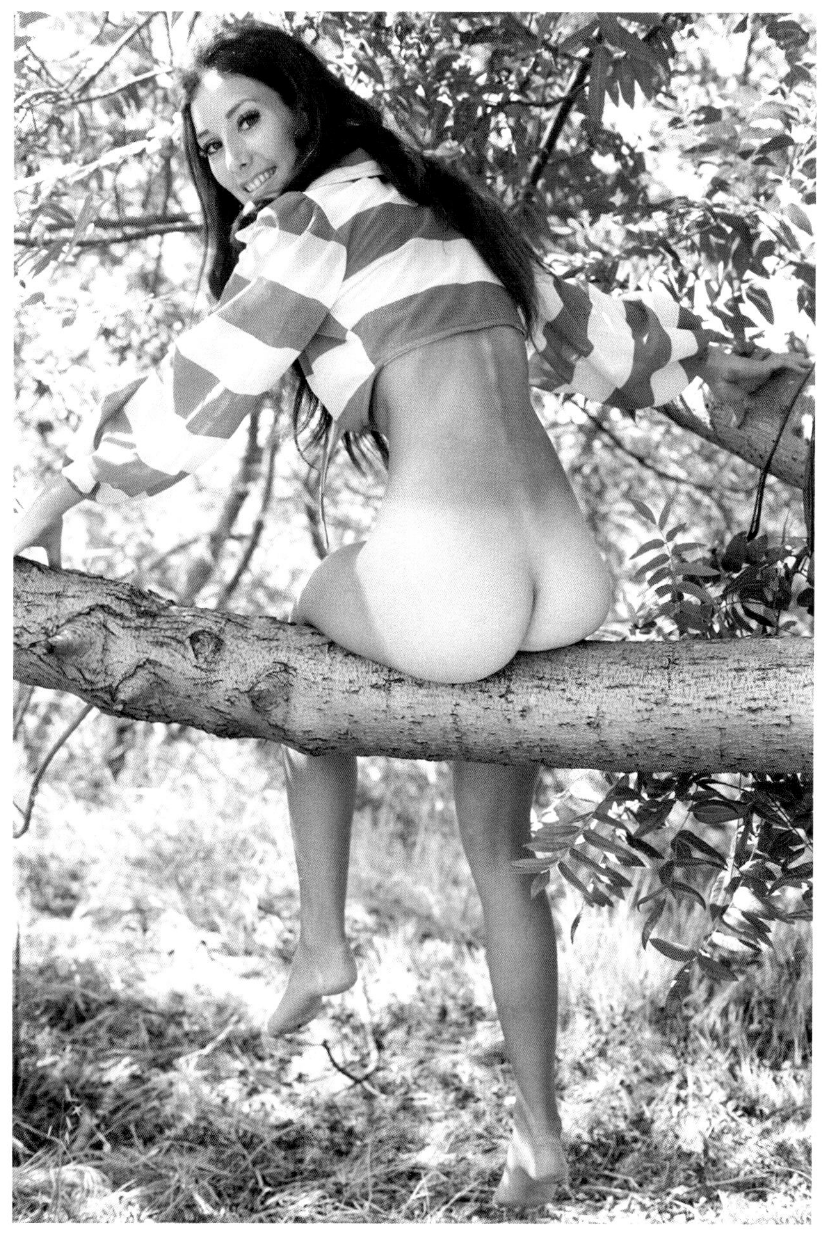

119

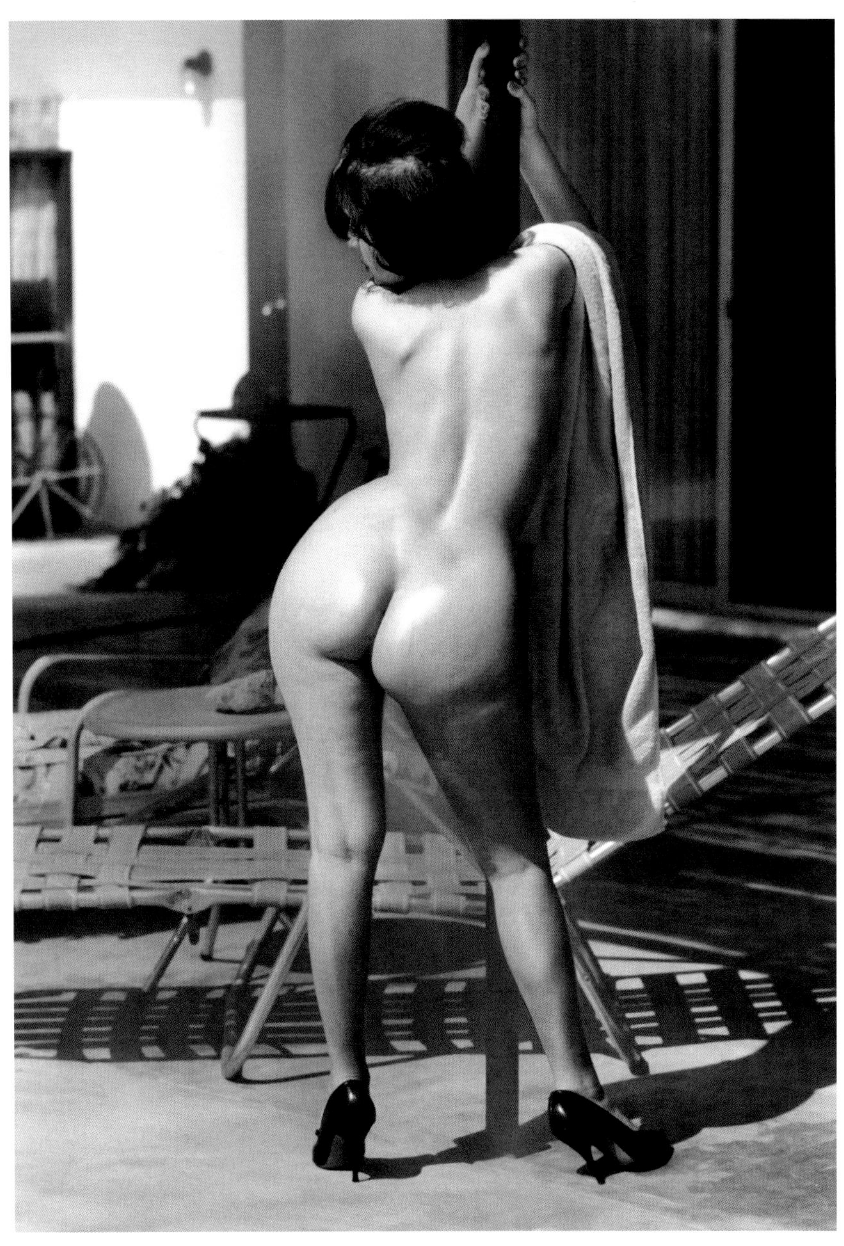

ABOVE **Suzie Johnson** OPPOSITE **Lucille Turner**

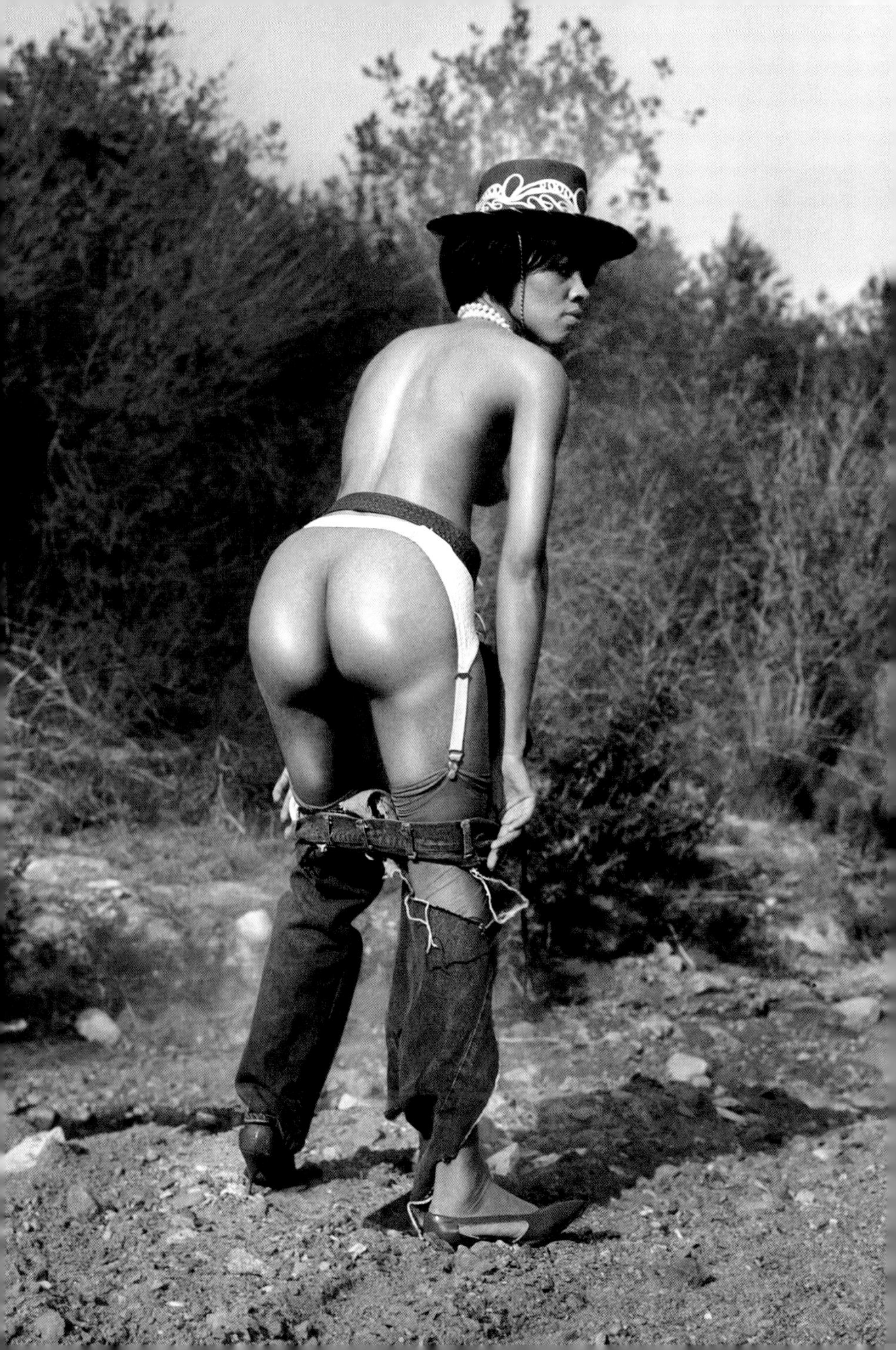

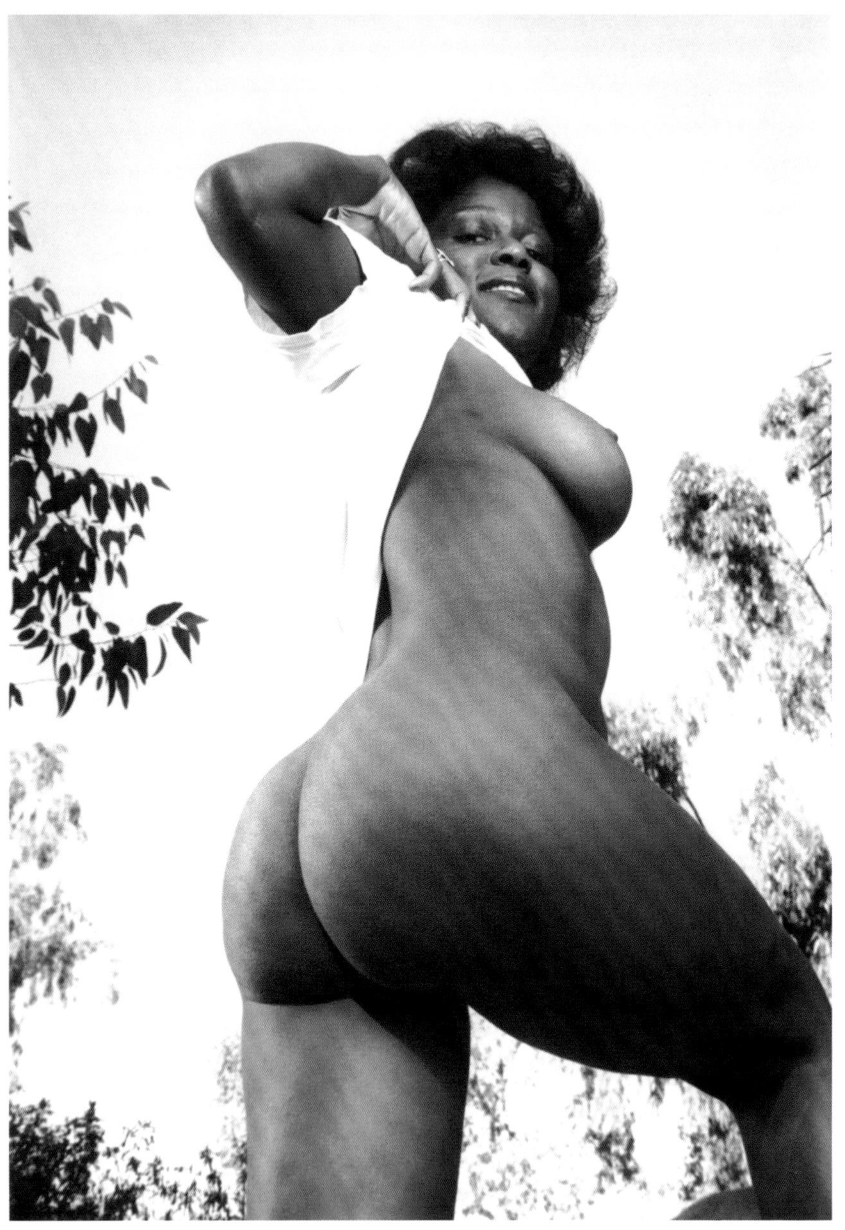

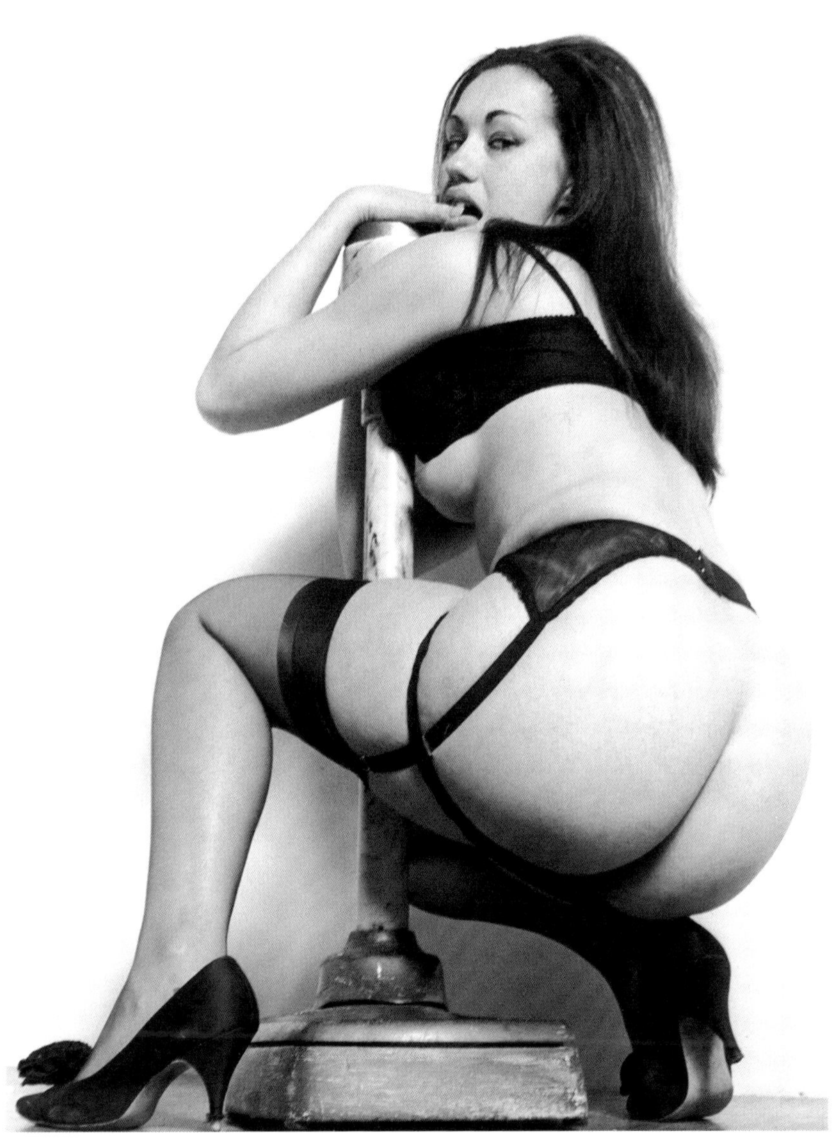

OPPOSITE, ABOVE, AND PAGES 124-125 **Unknown**

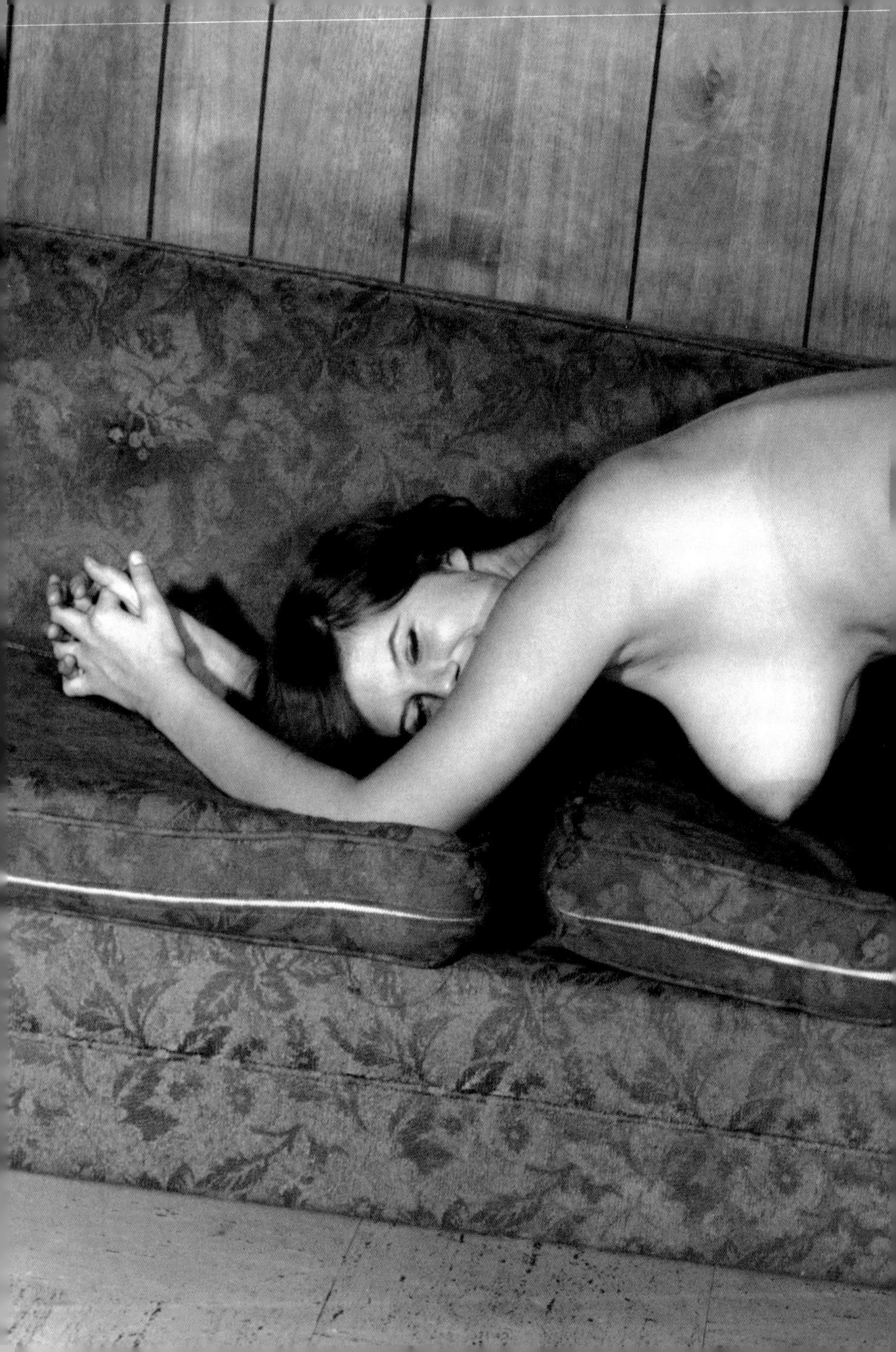

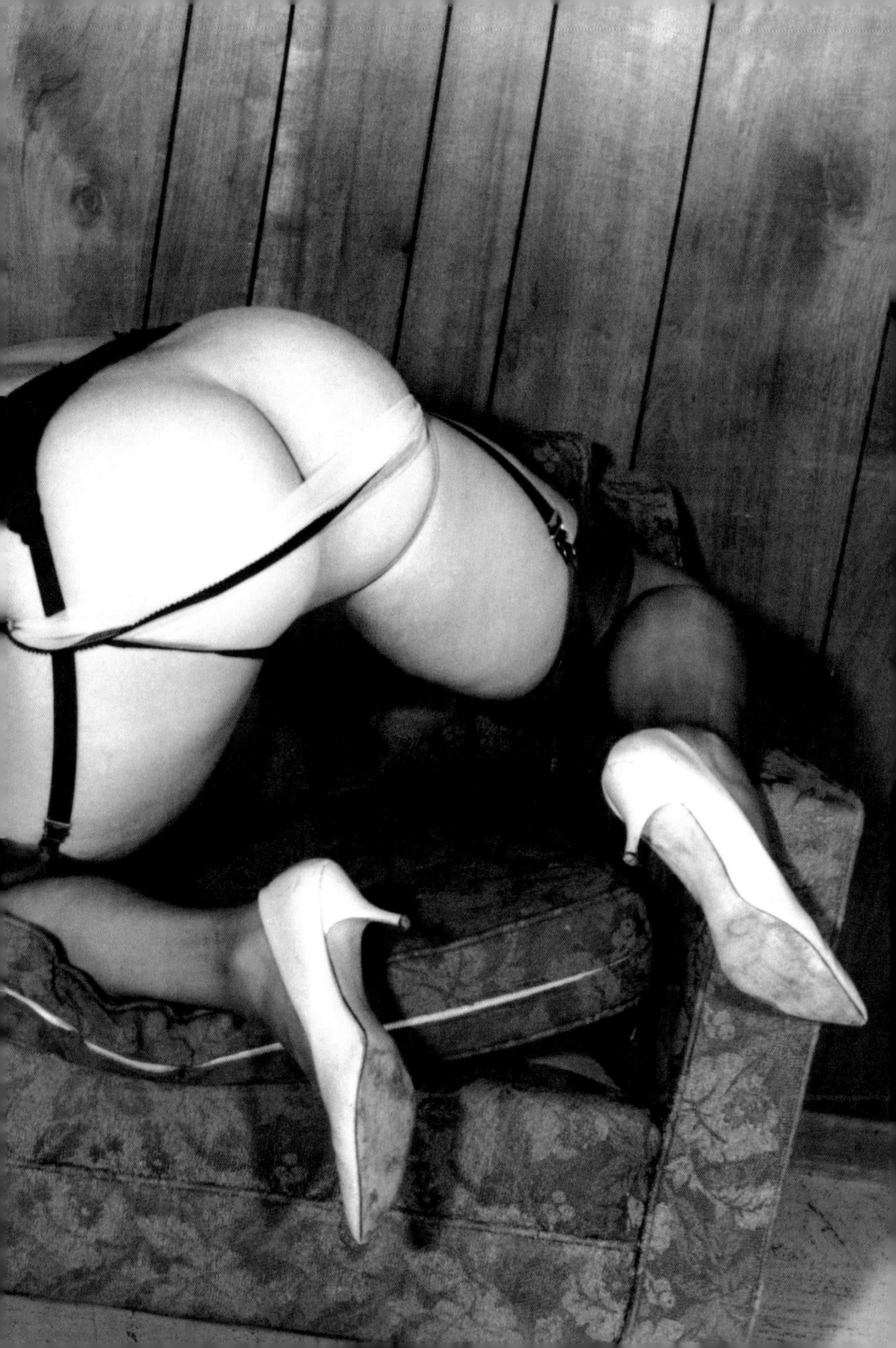

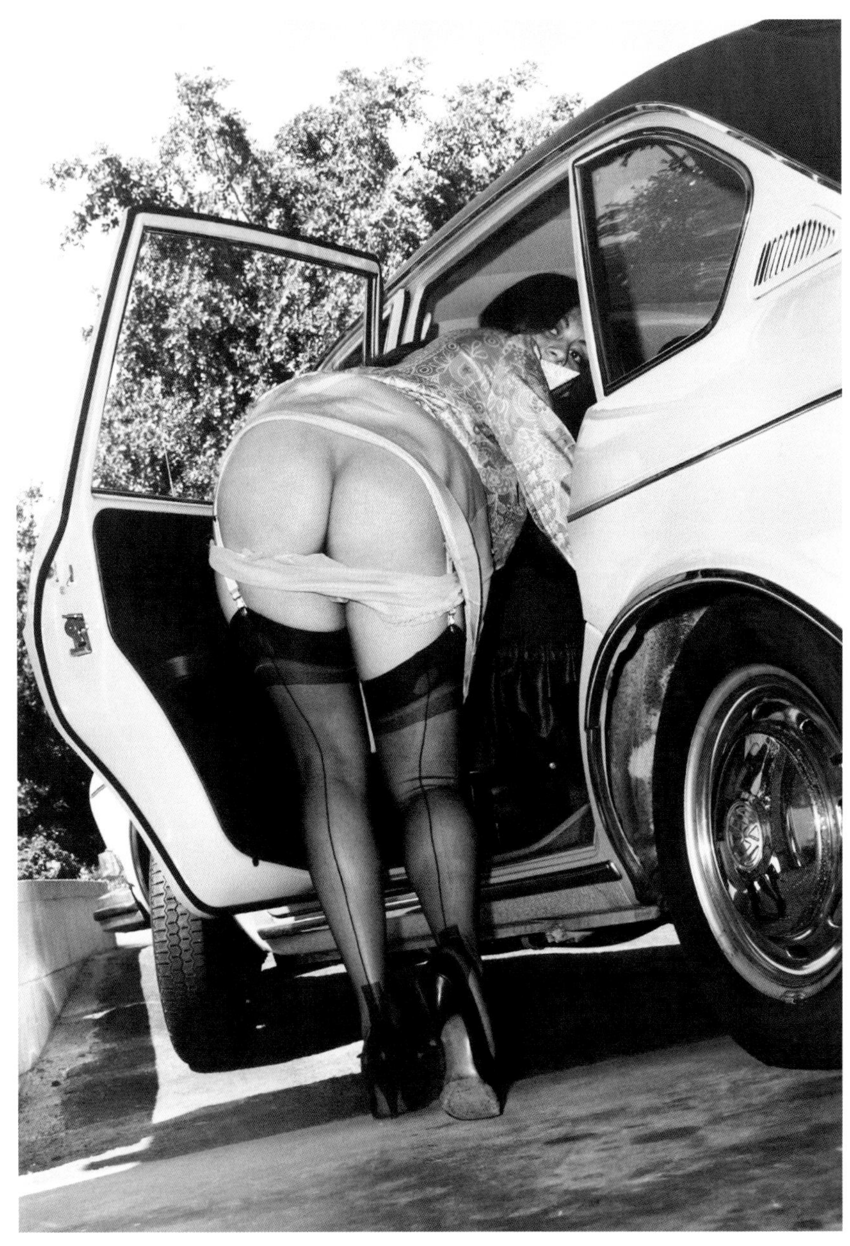

ABOVE **Uknown** OPPOSITE **Ruth Bowles**

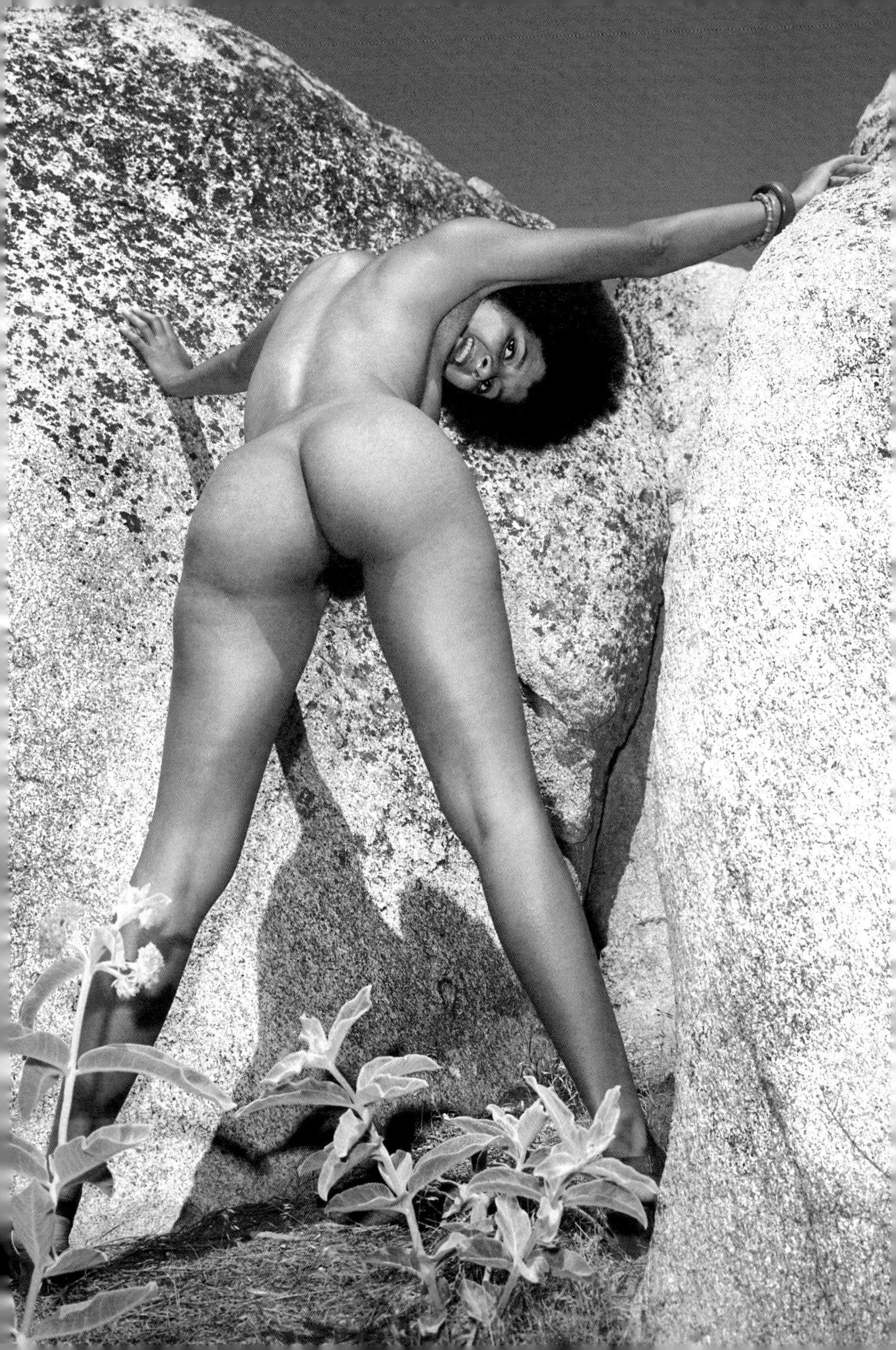

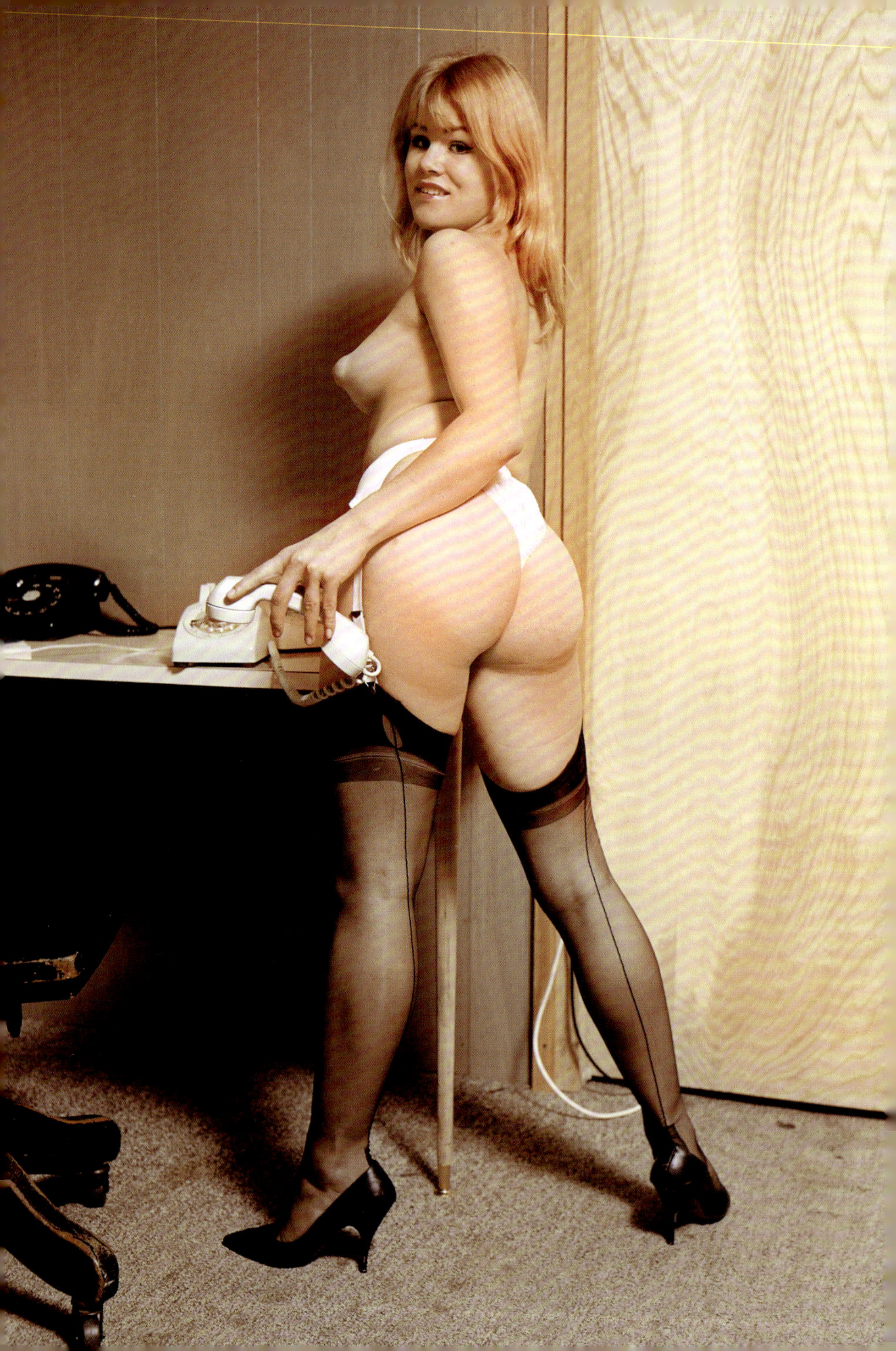

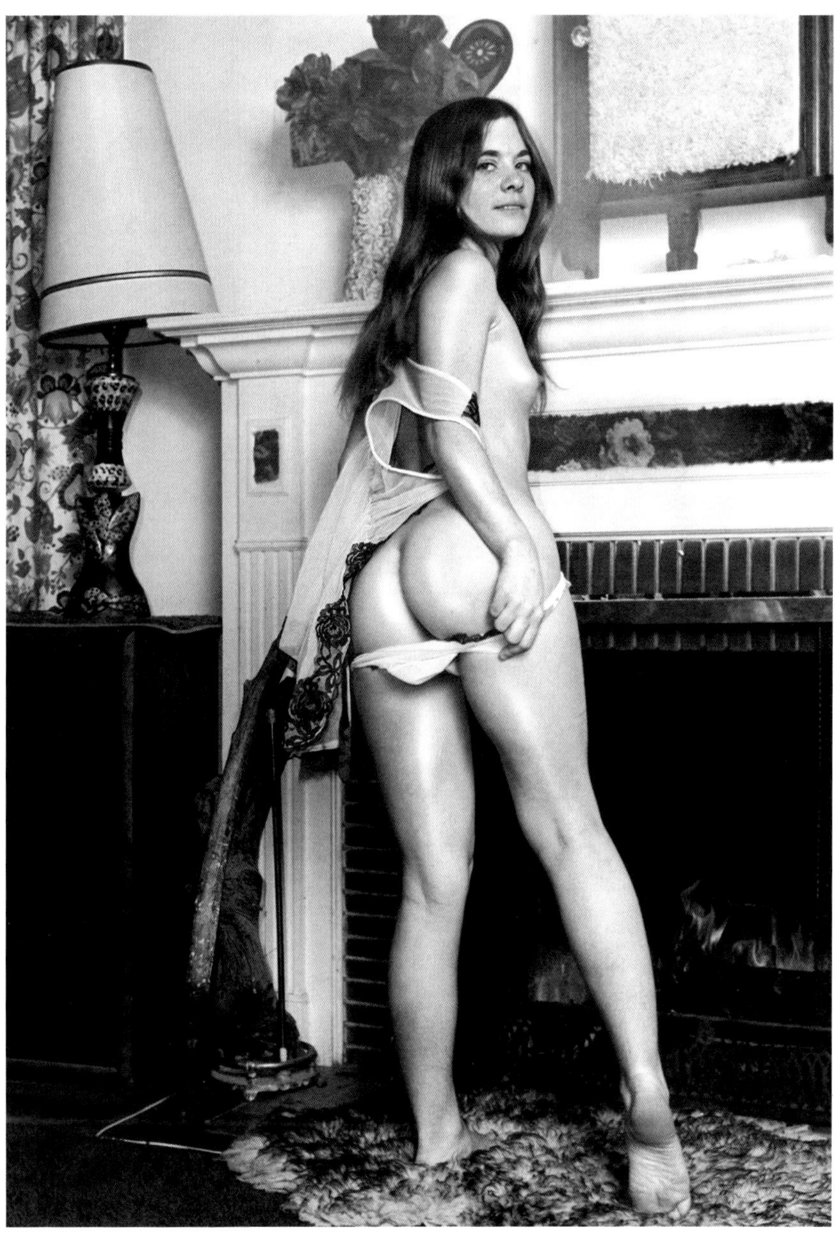

OPPOSITE **Carol Allen**   ABOVE **Terry Crawford**

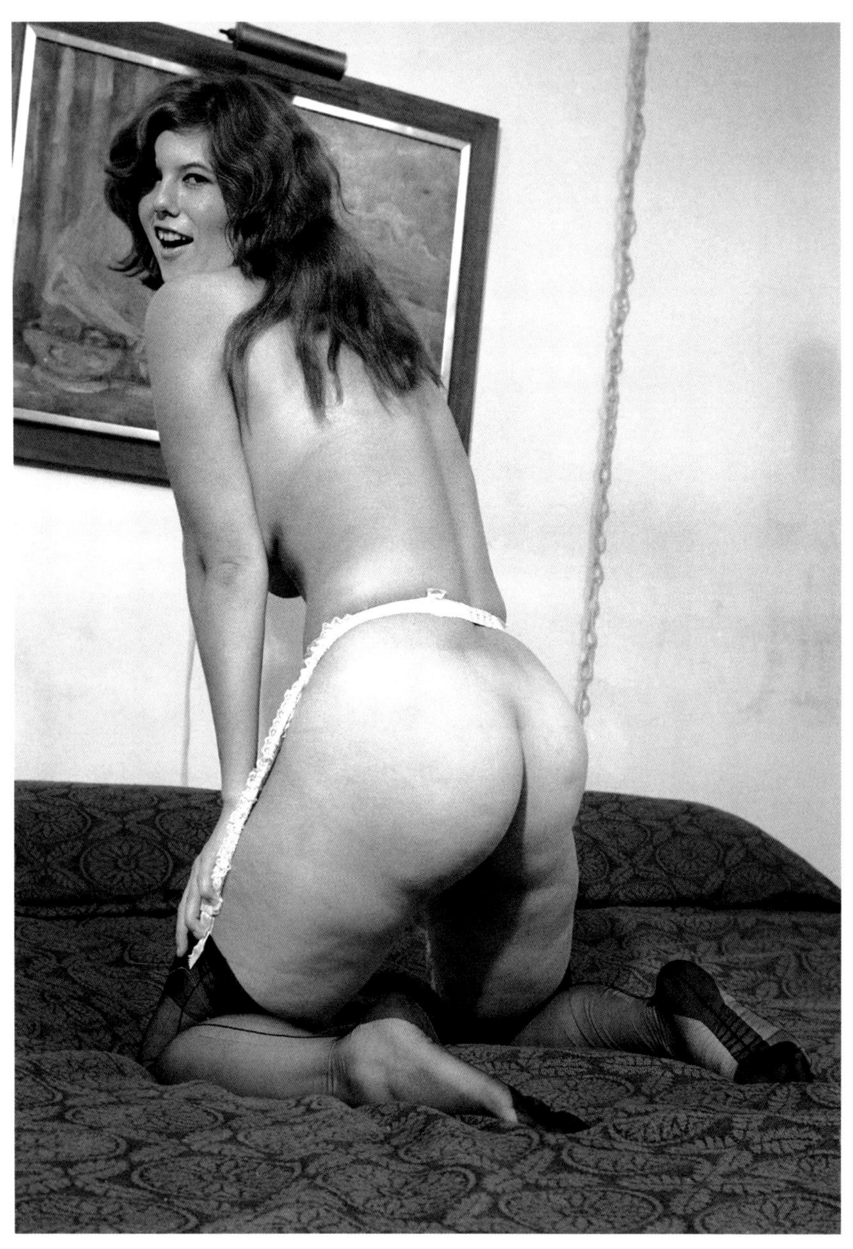

ABOVE **Pat Davis** OPPOSITE **Peggy Case**

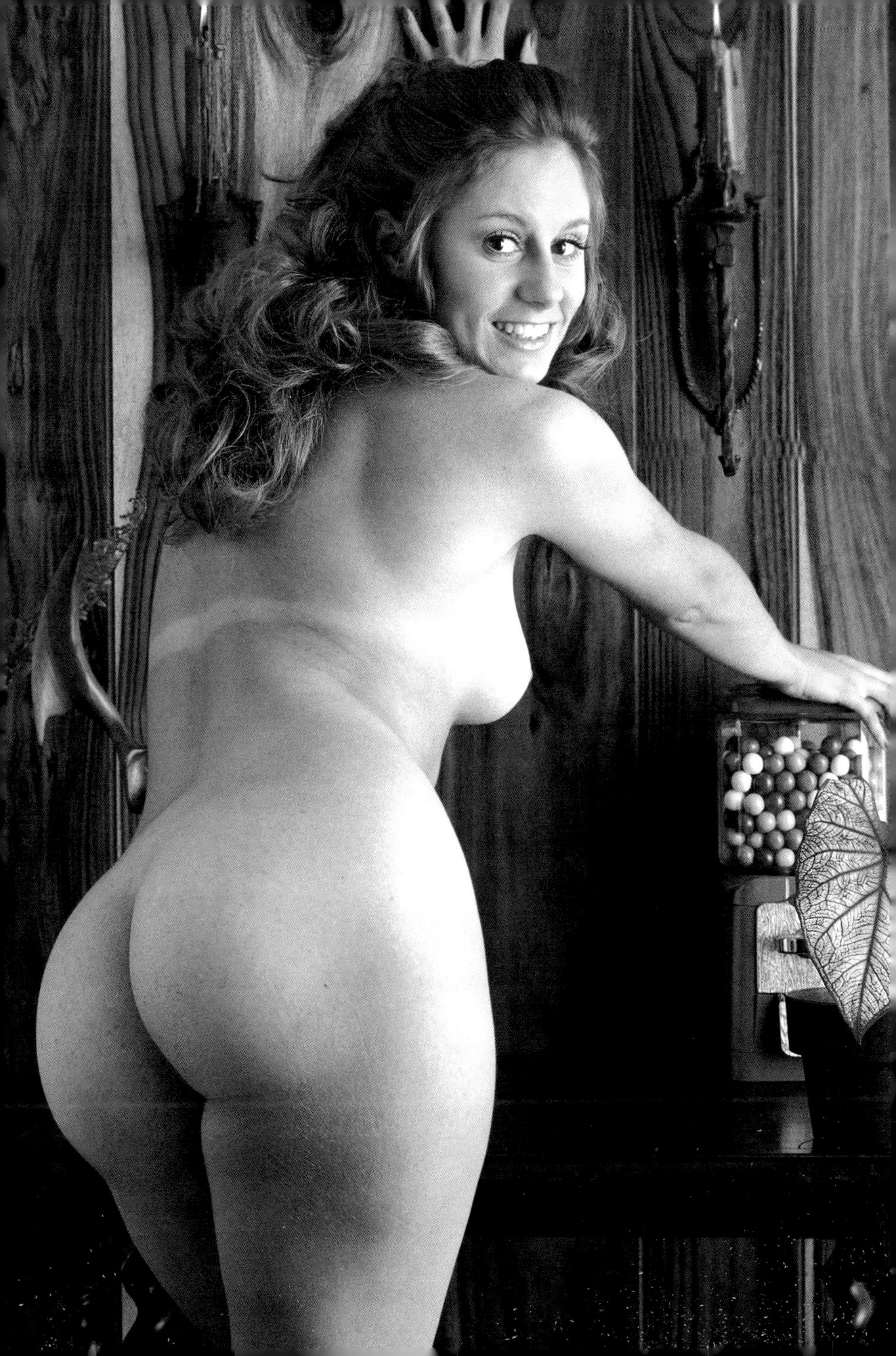

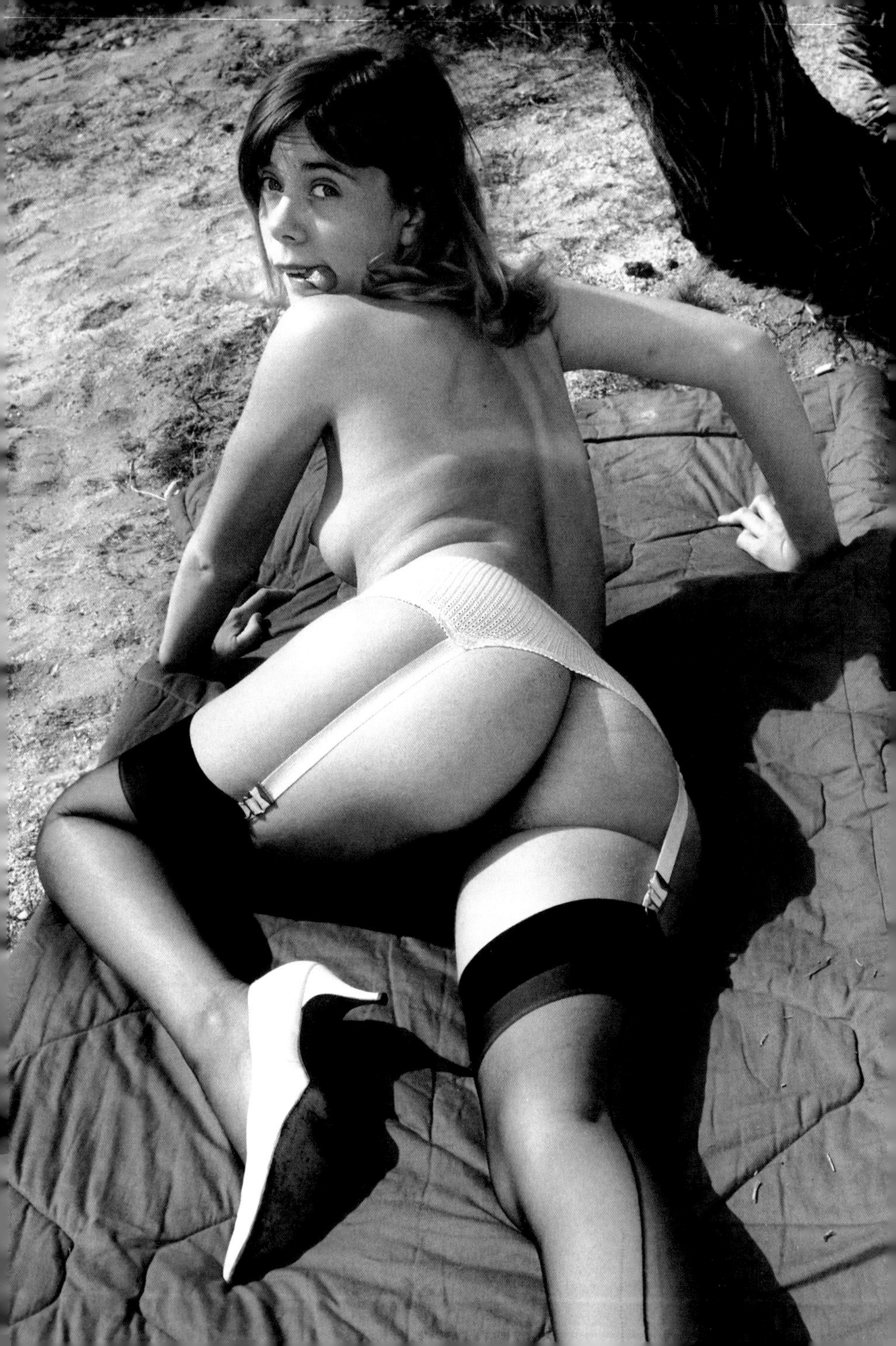

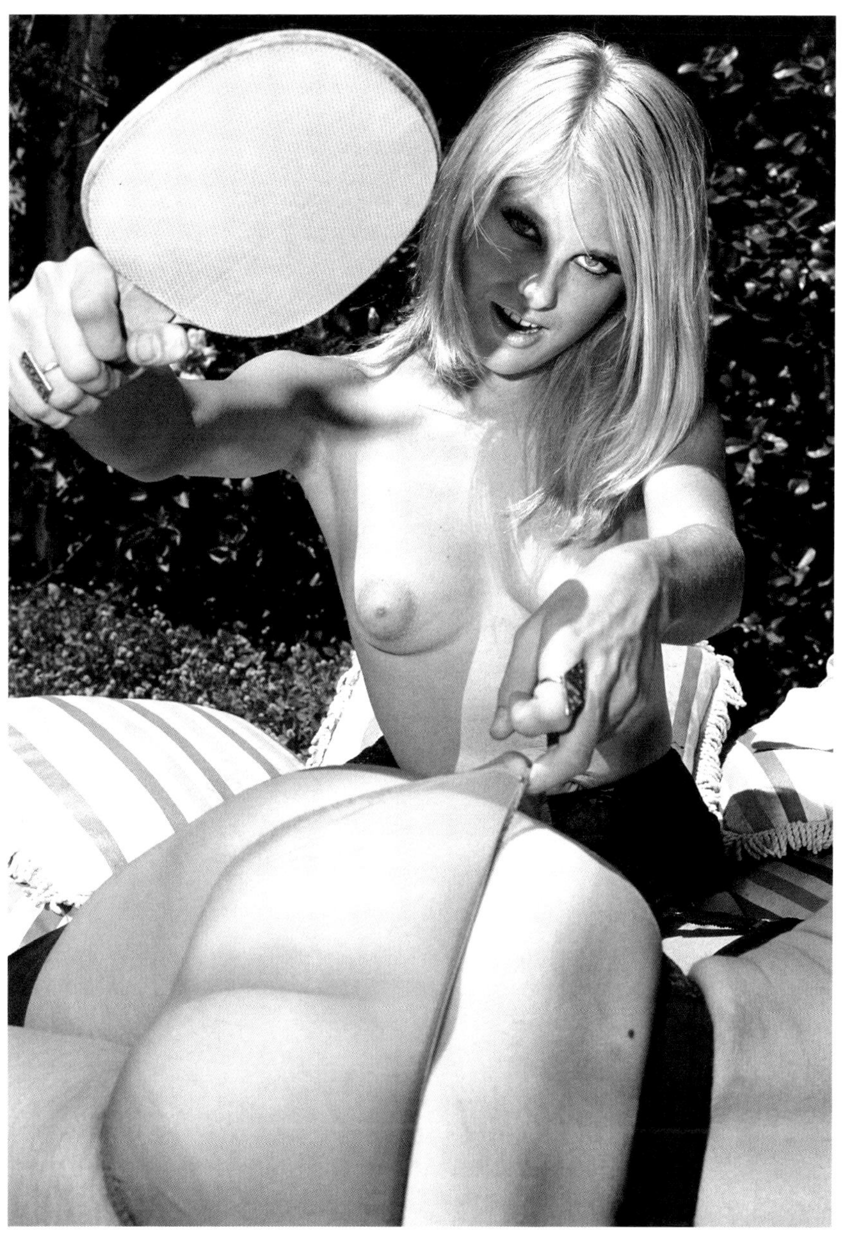

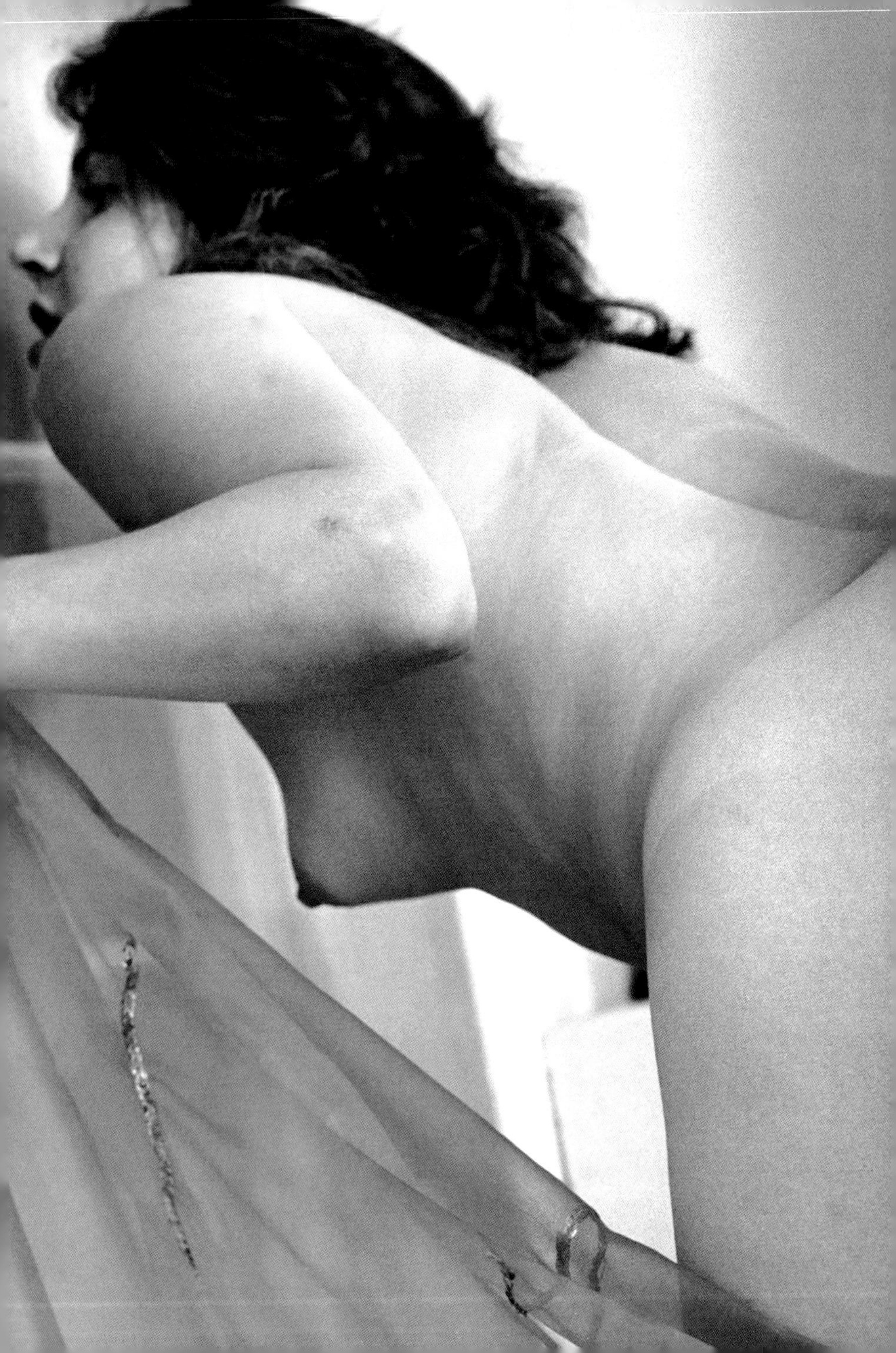

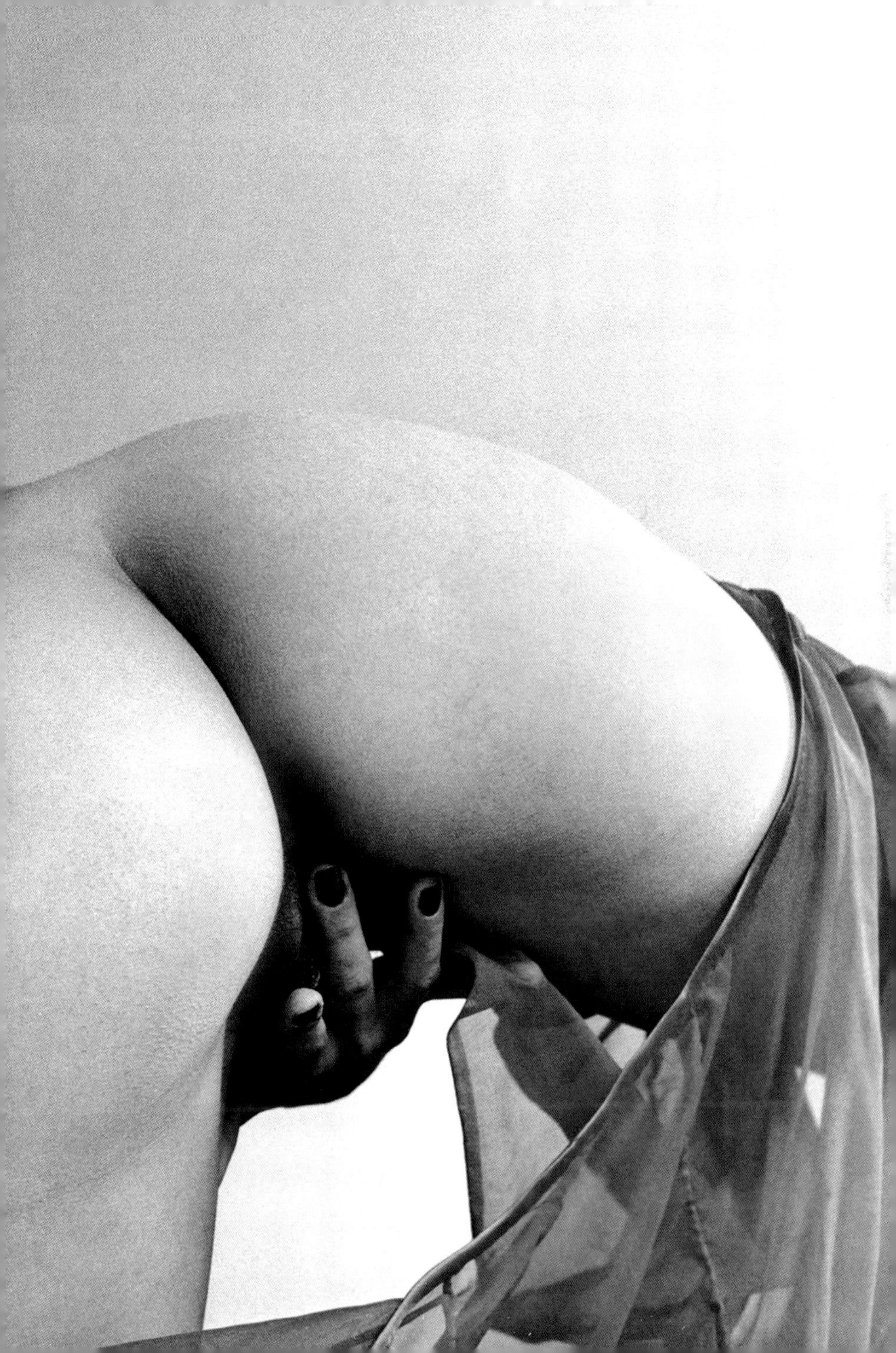

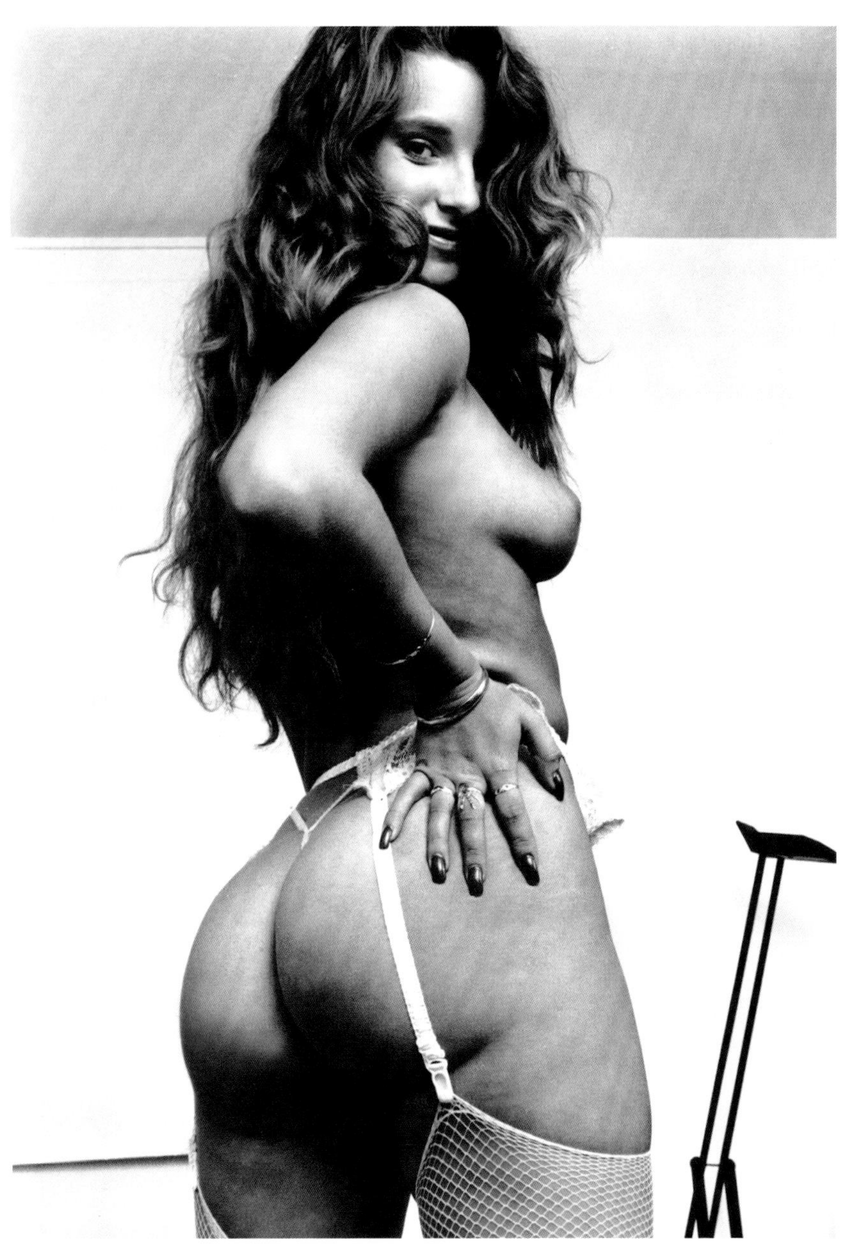

ABOVE AND OPPOSITE **Unknown**

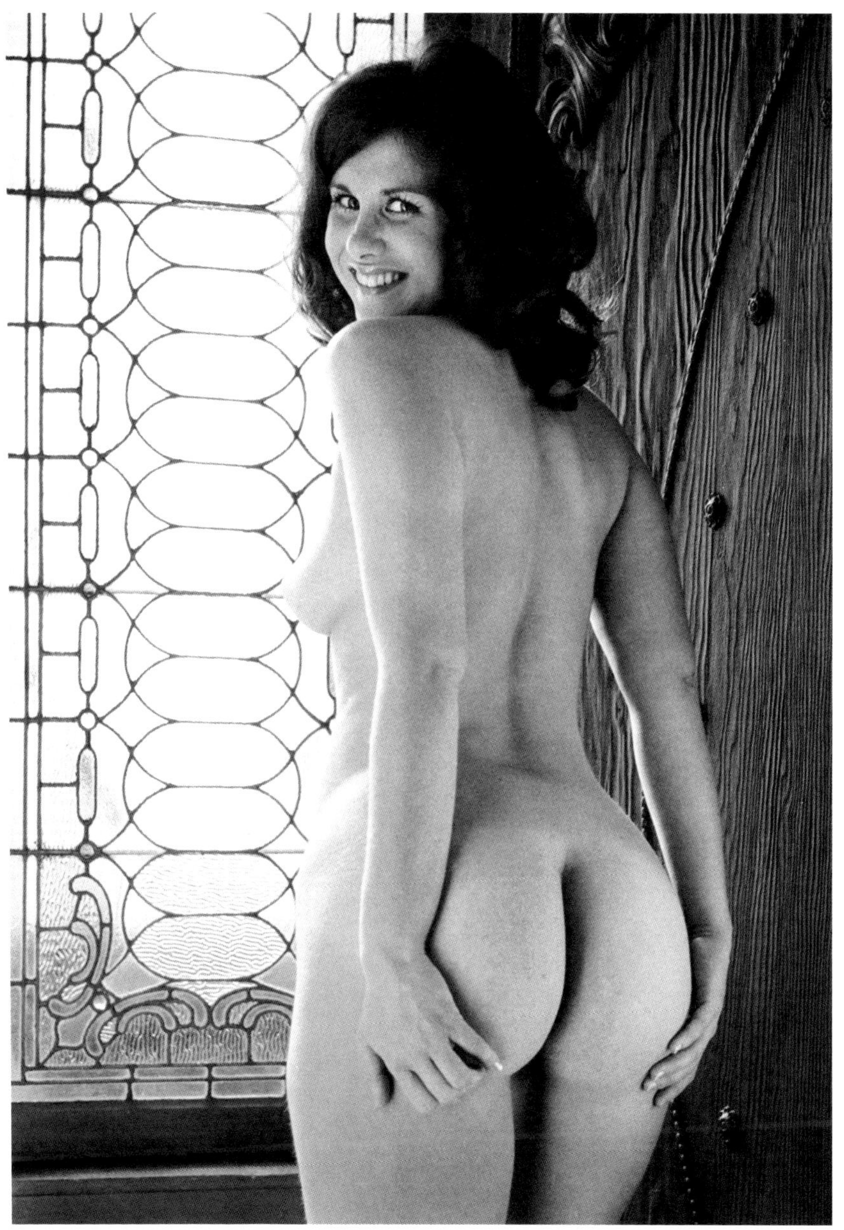

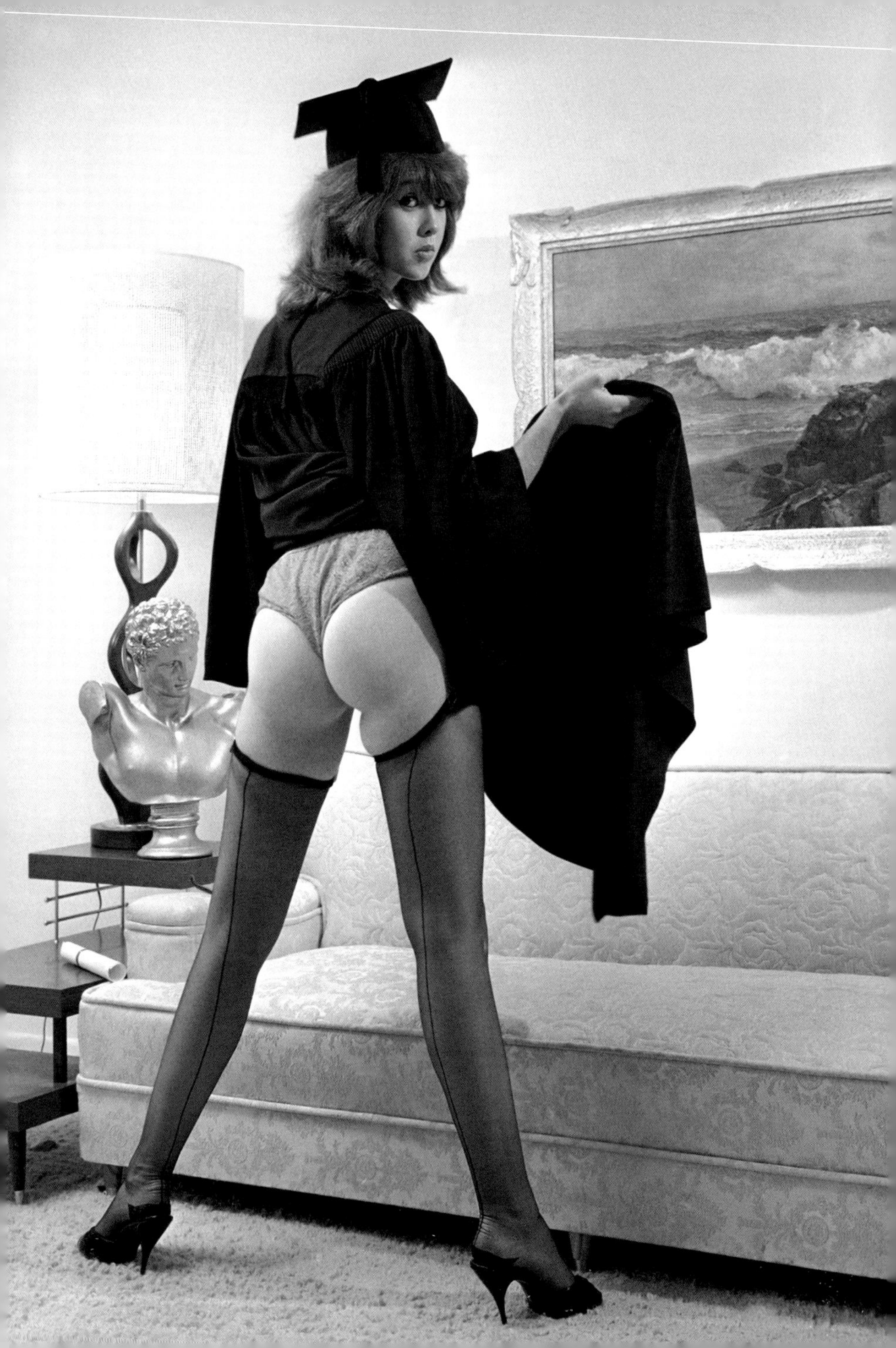

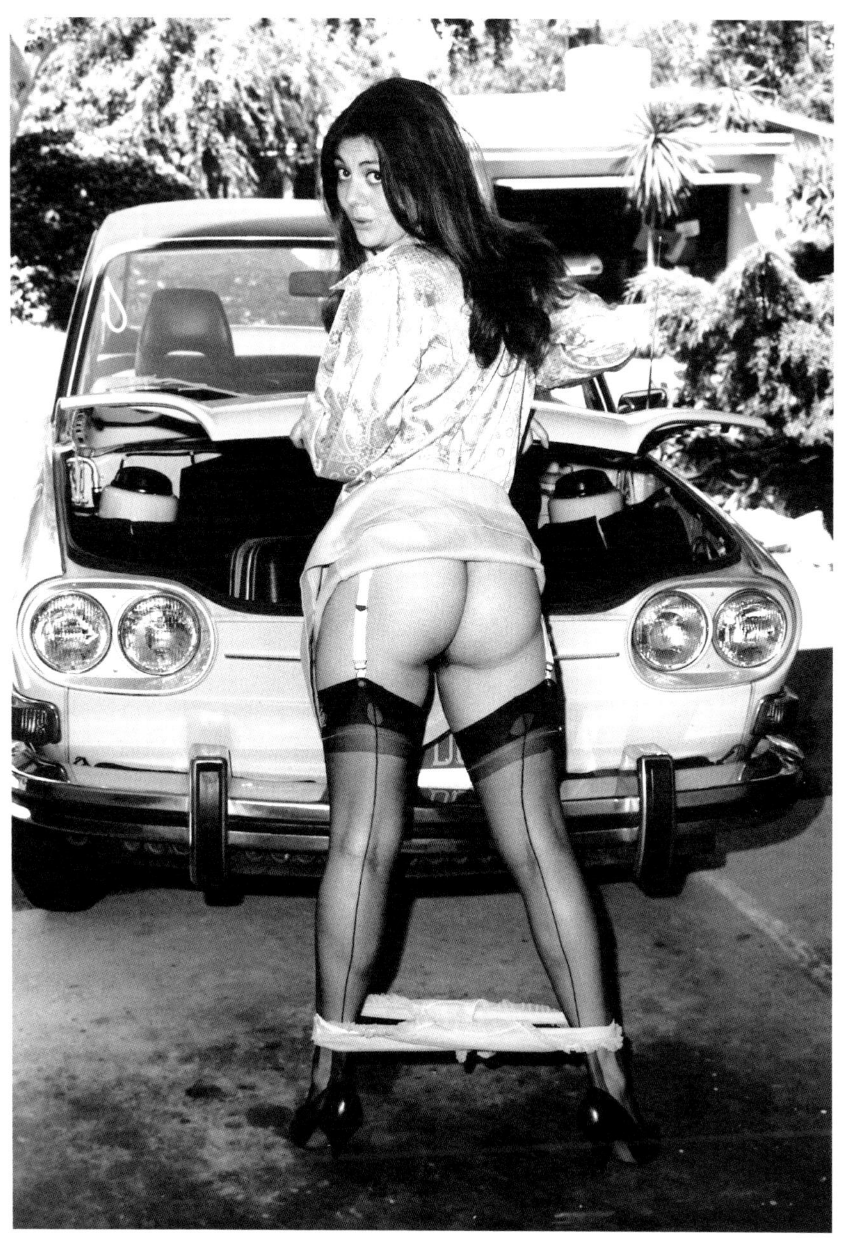

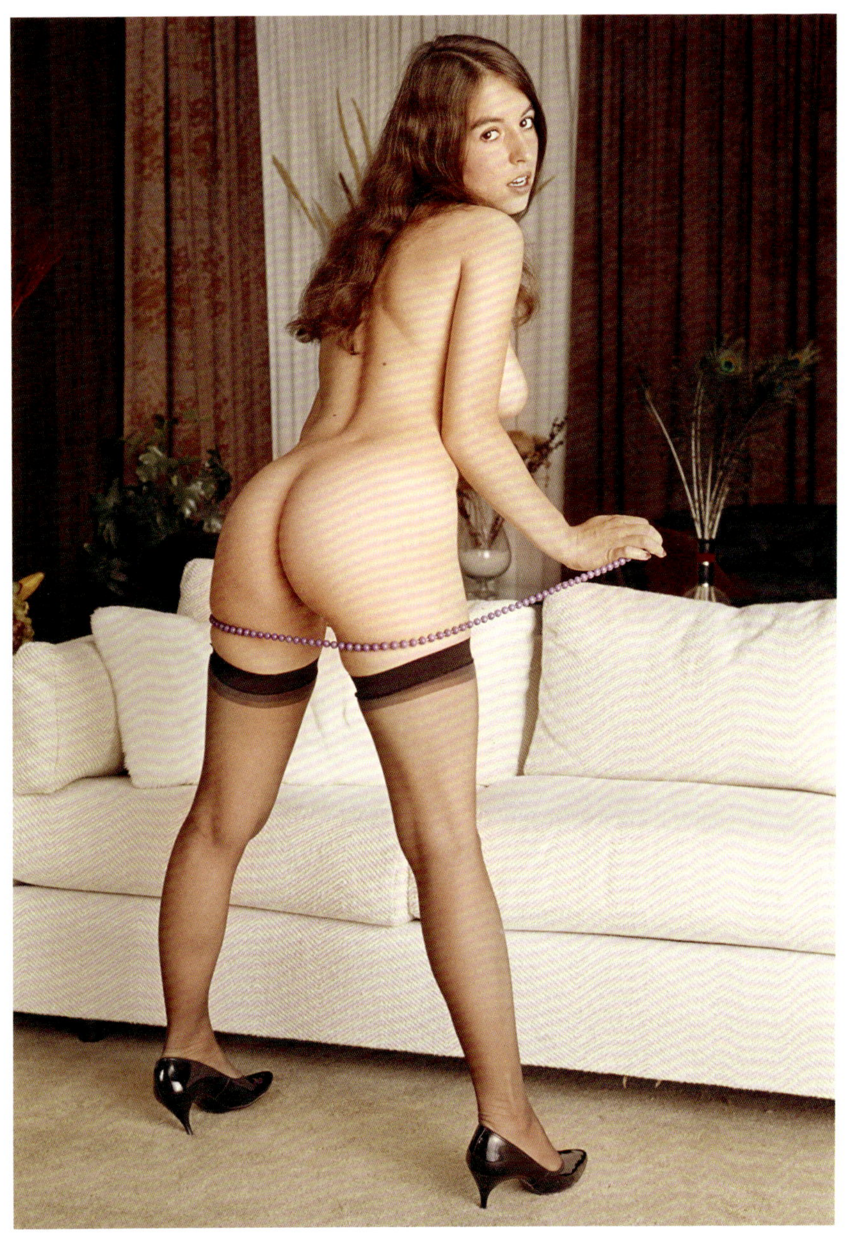

ABOVE AND OPPOSITE **Unknown**

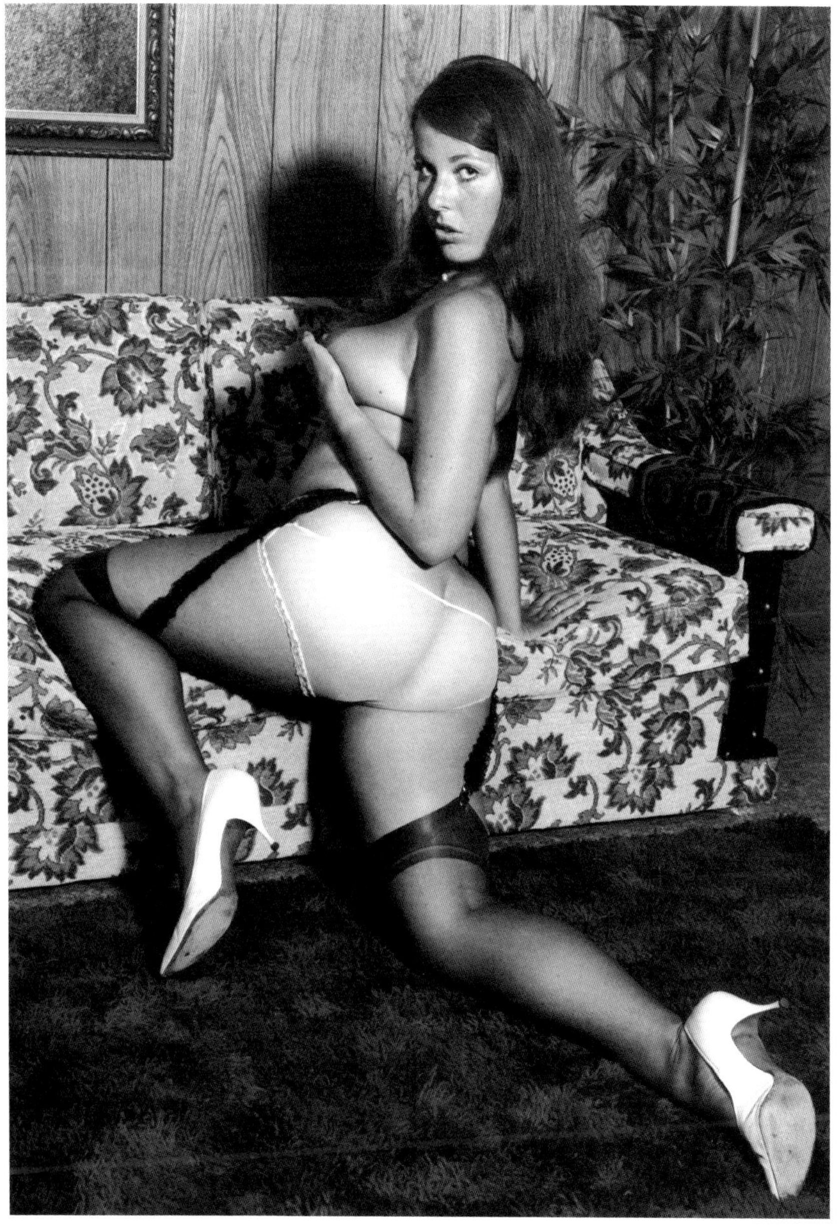

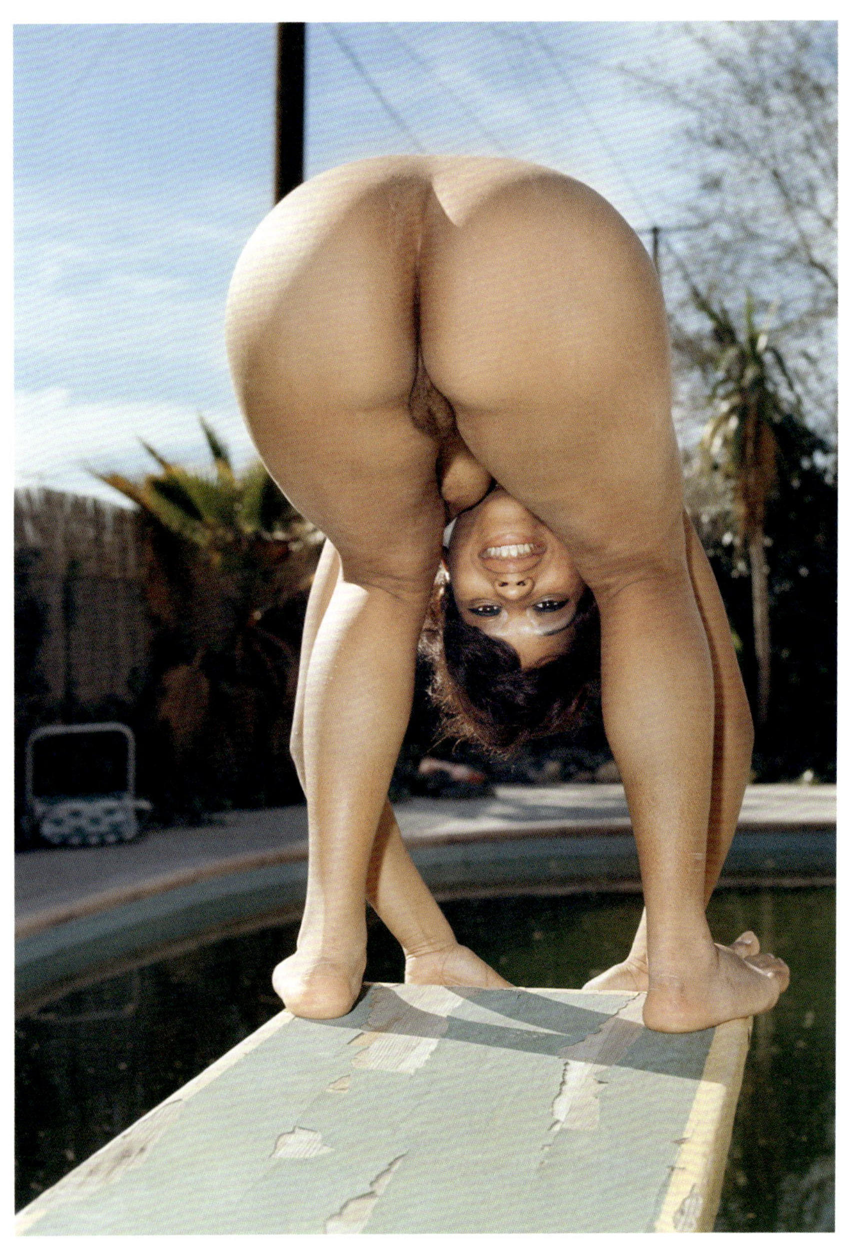

ABOVE **Unknown**   OPPOSITE **Carlyn B**   PAGES 144-145 **Unknown**

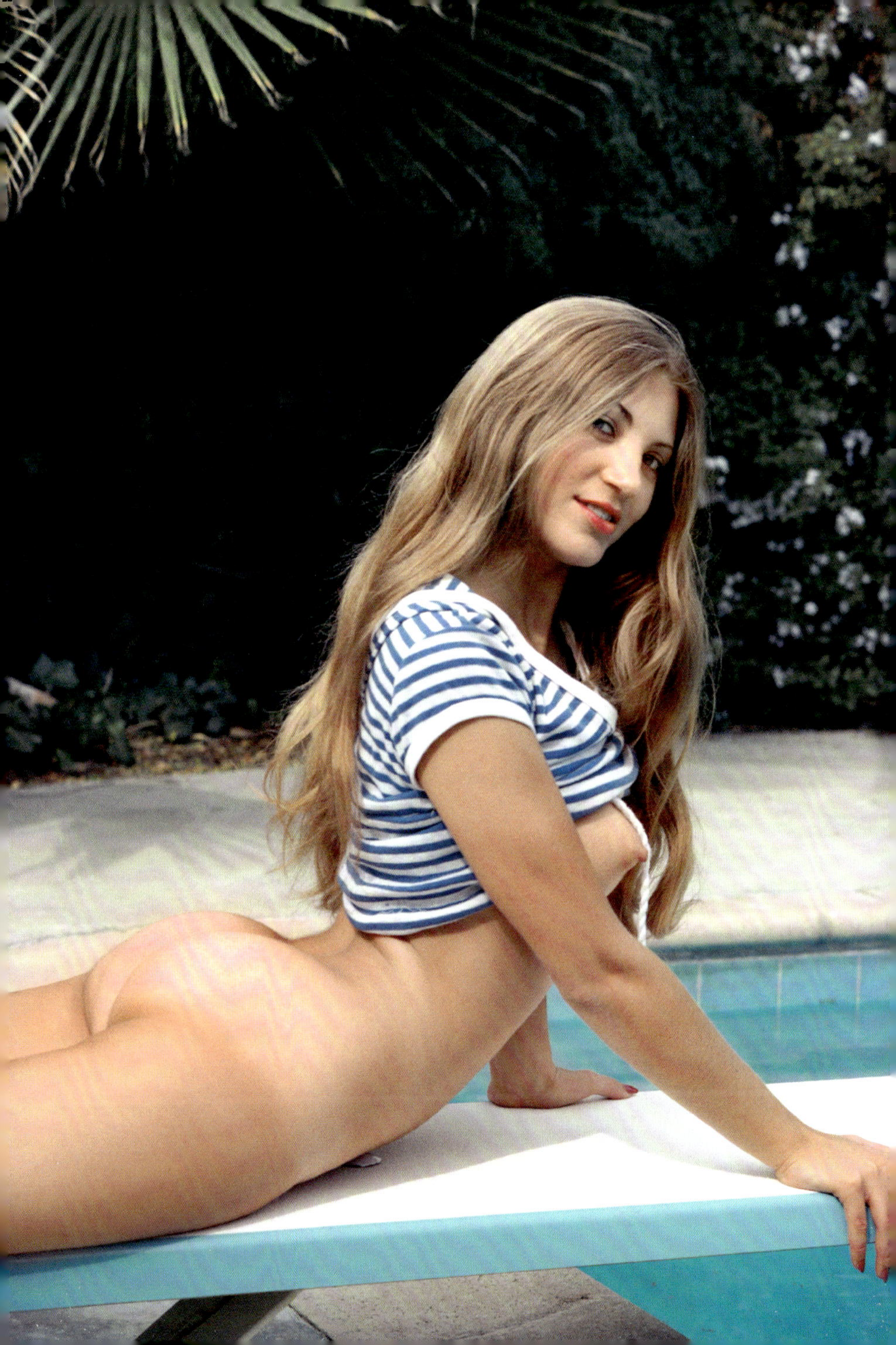

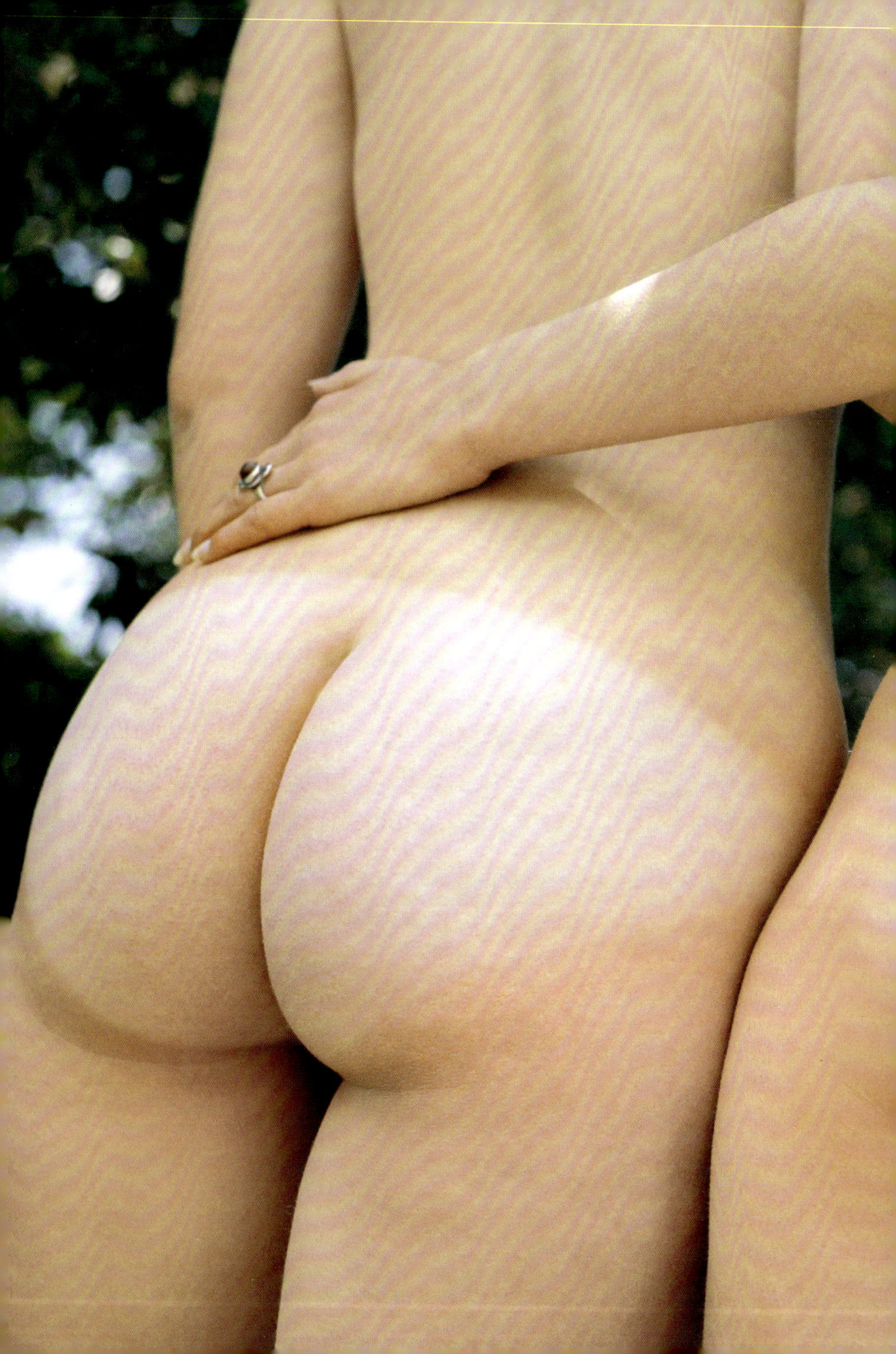

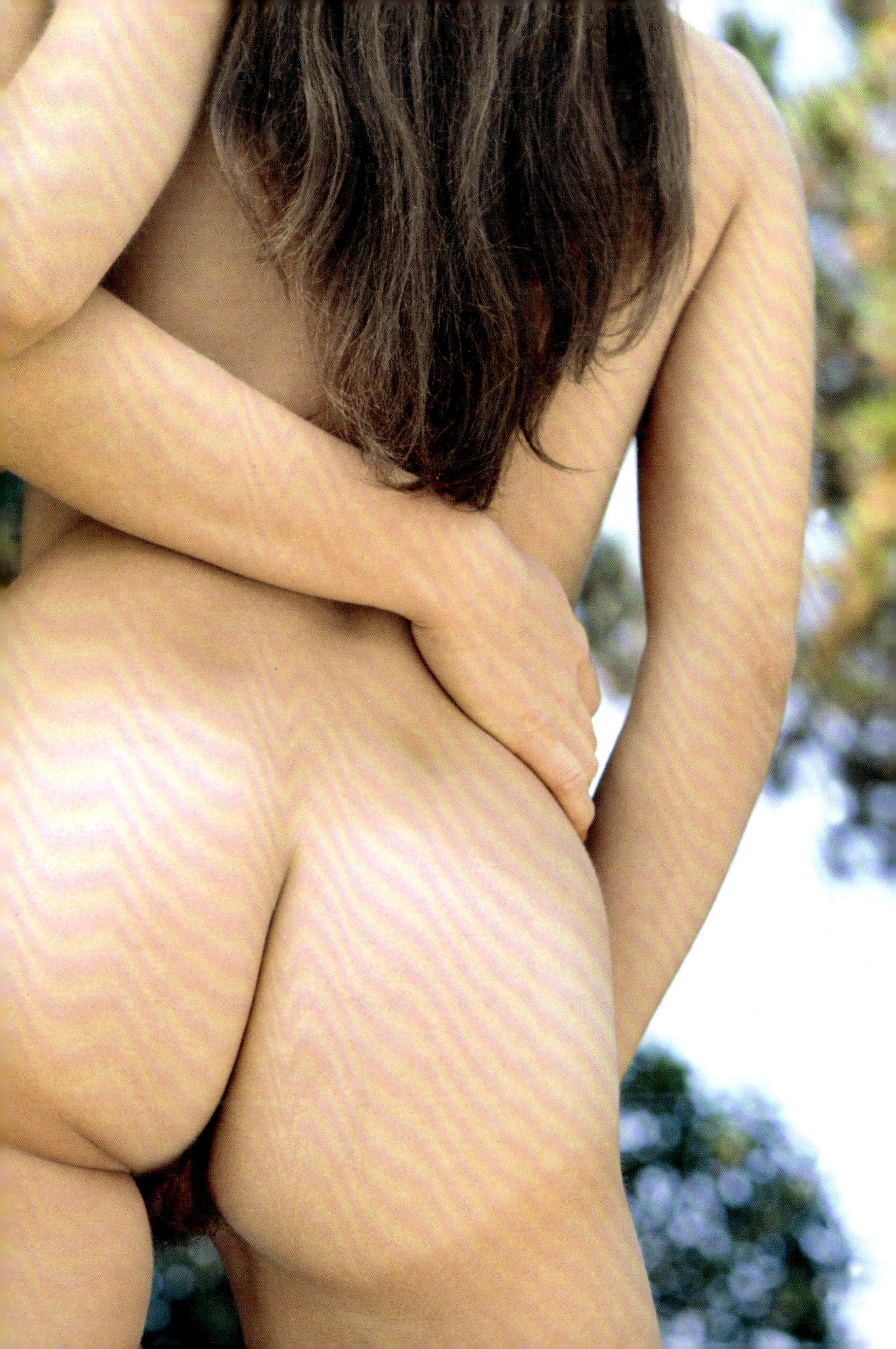

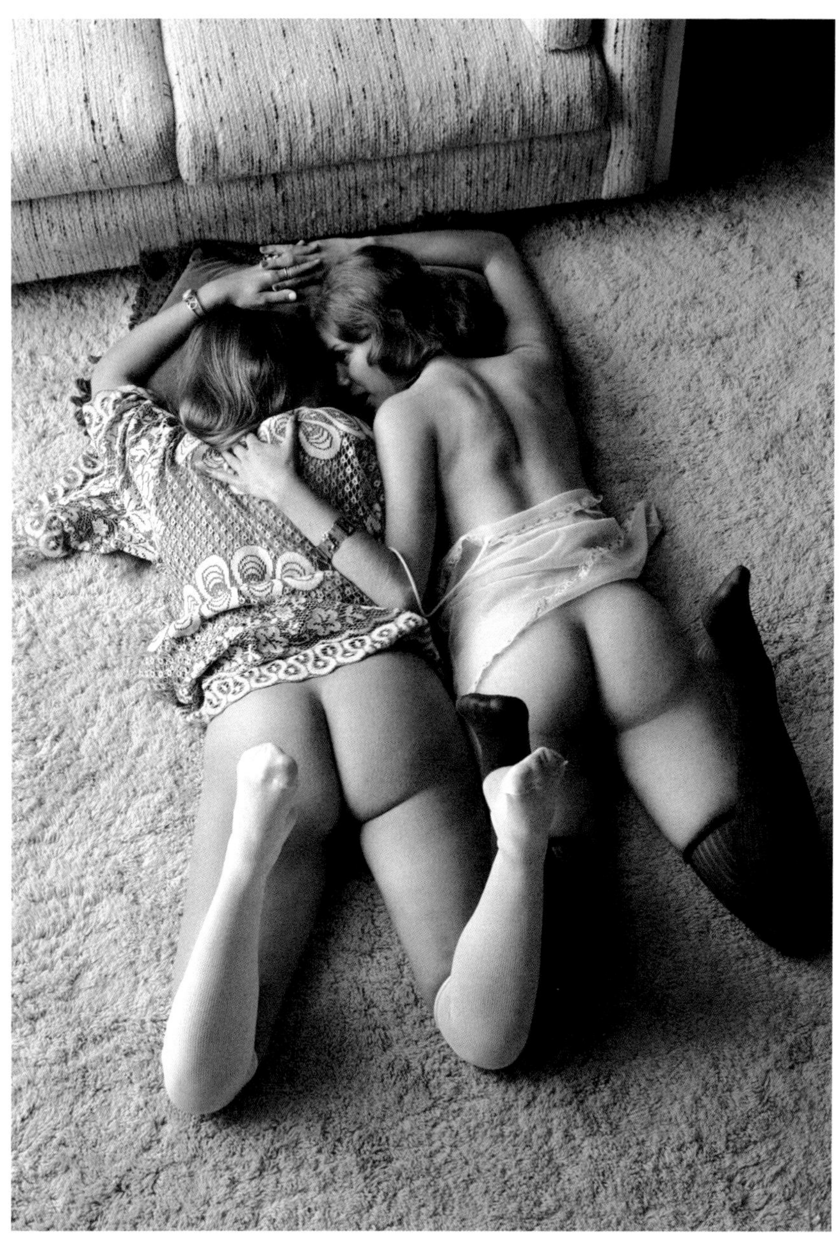

ABOVE **Unknown**   OPPOSITE **Unknown**, LEFT, WITH **Nina Harlley**, RIGHT

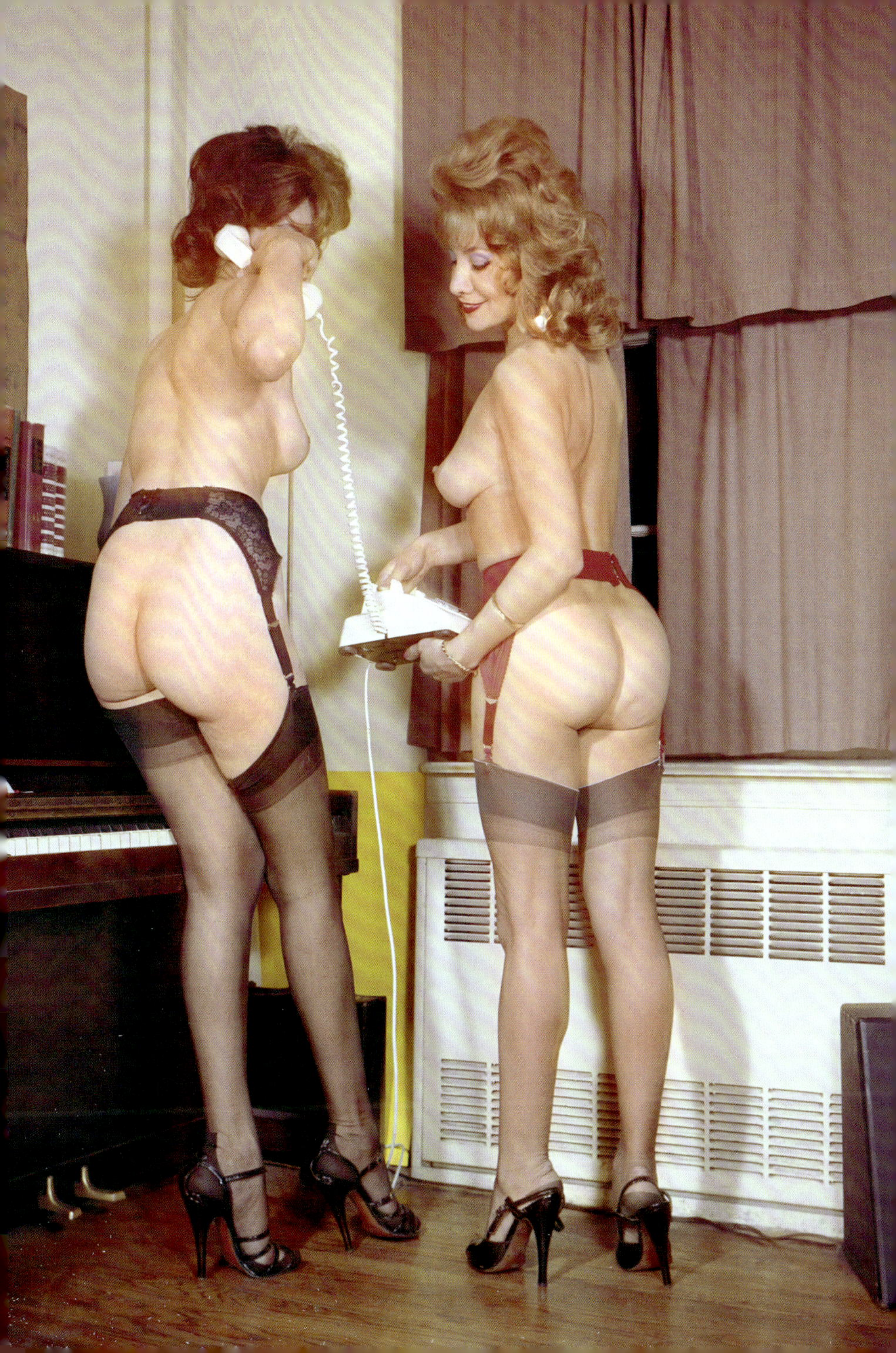

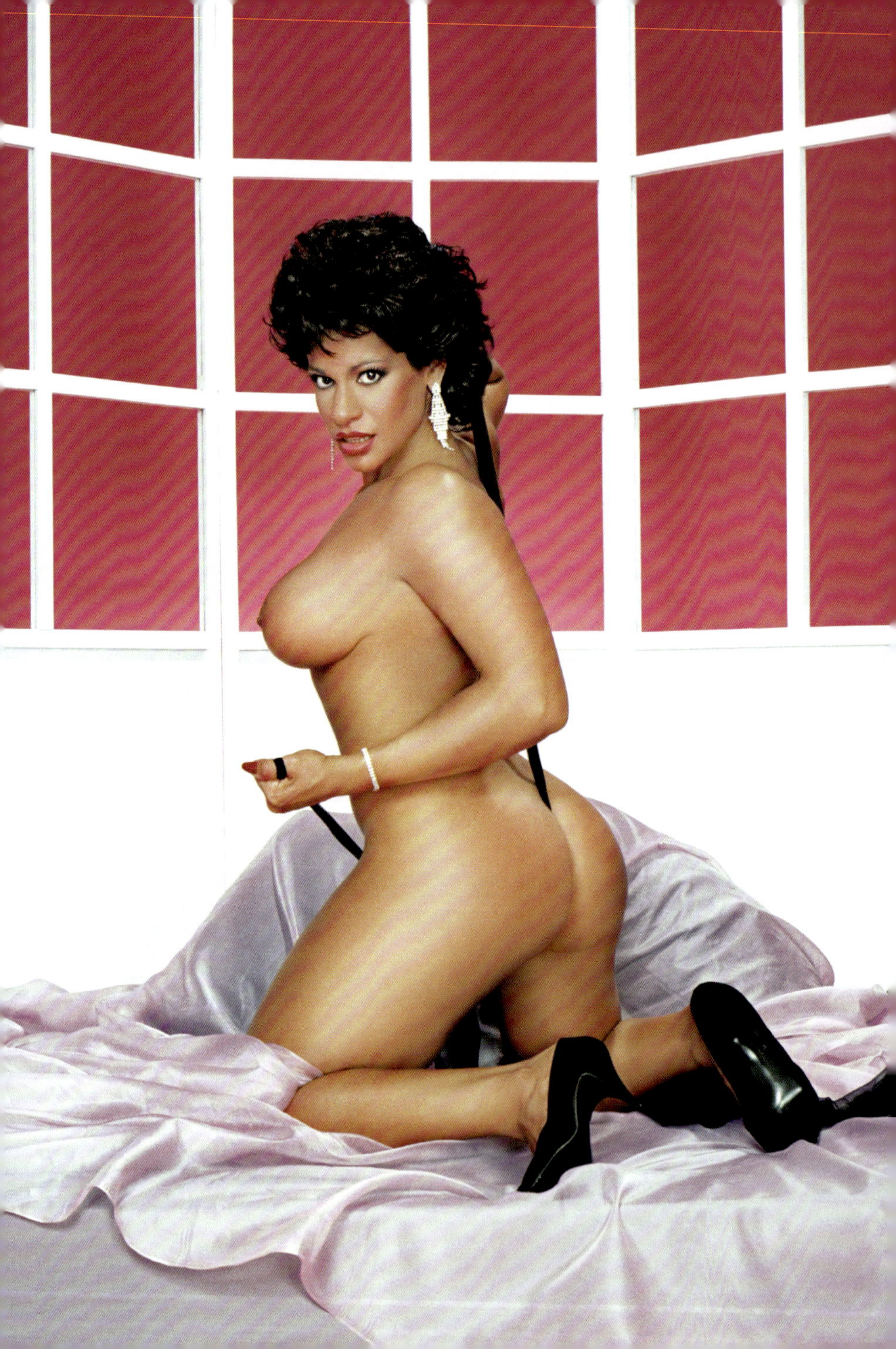

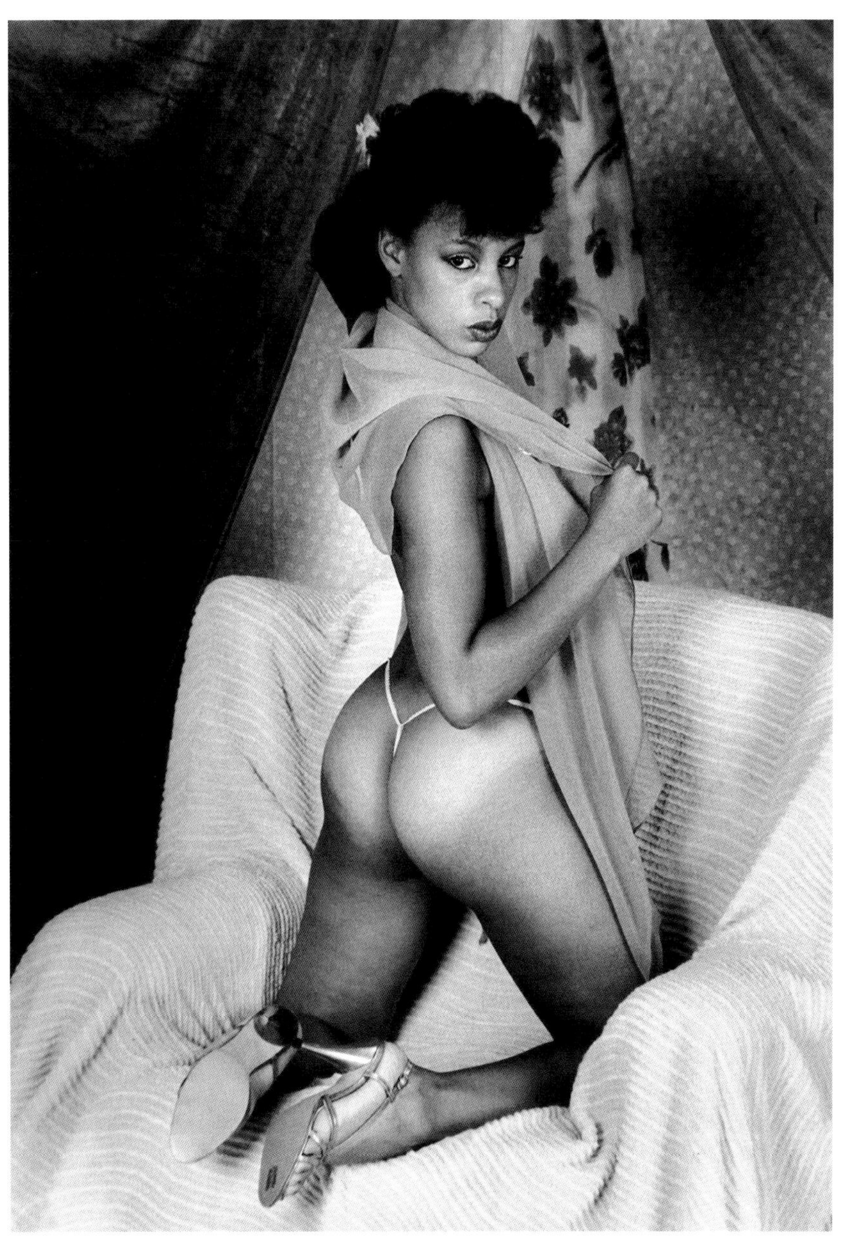

OPPOSITE **Vanessa del Rio** ABOVE **Unknown**

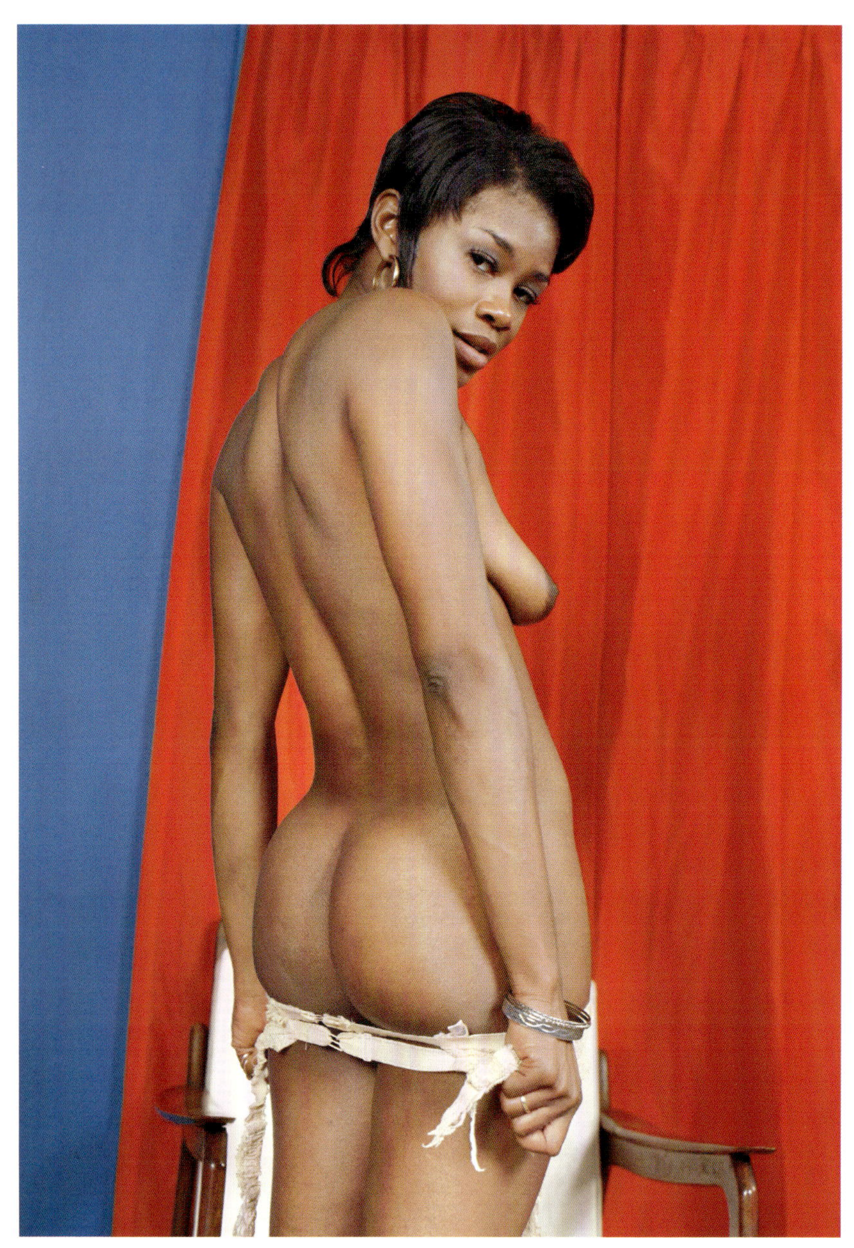

ABOVE AND OPPOSITE **Unknown**

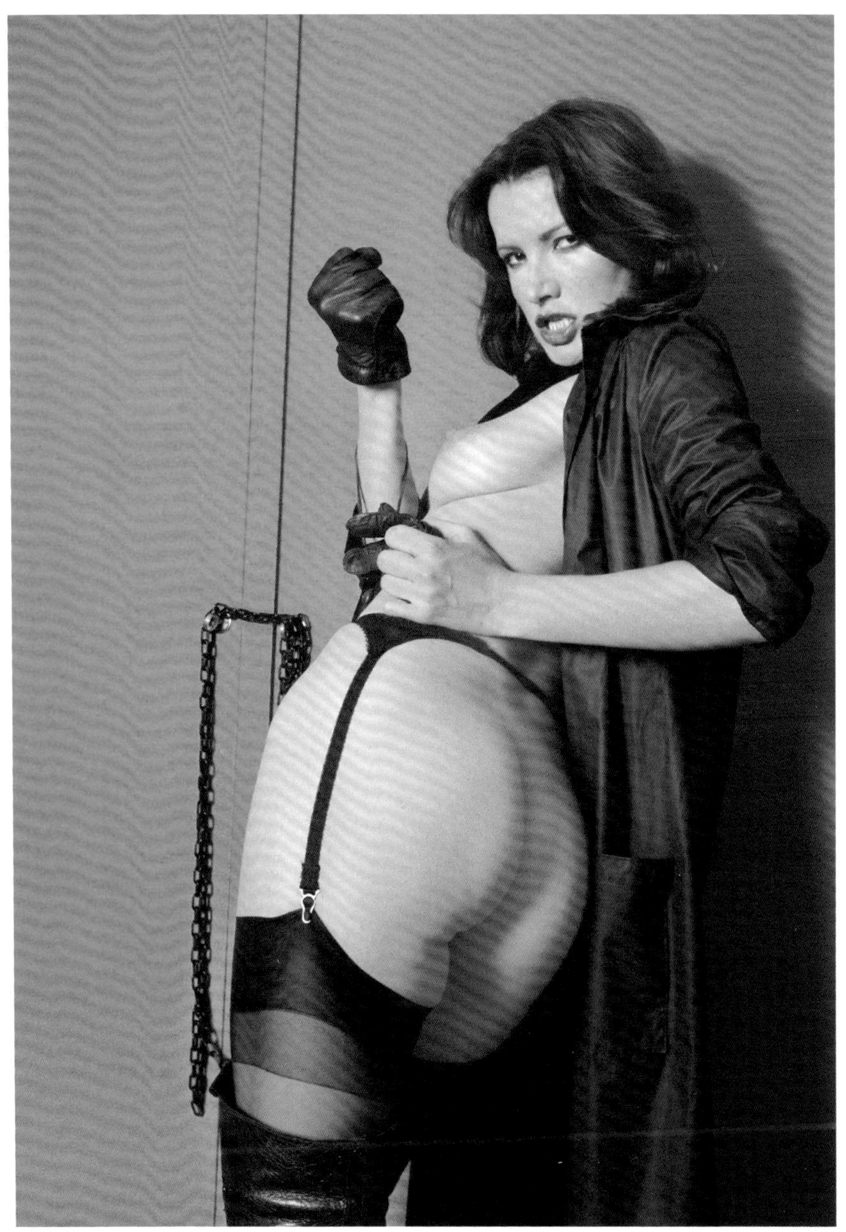

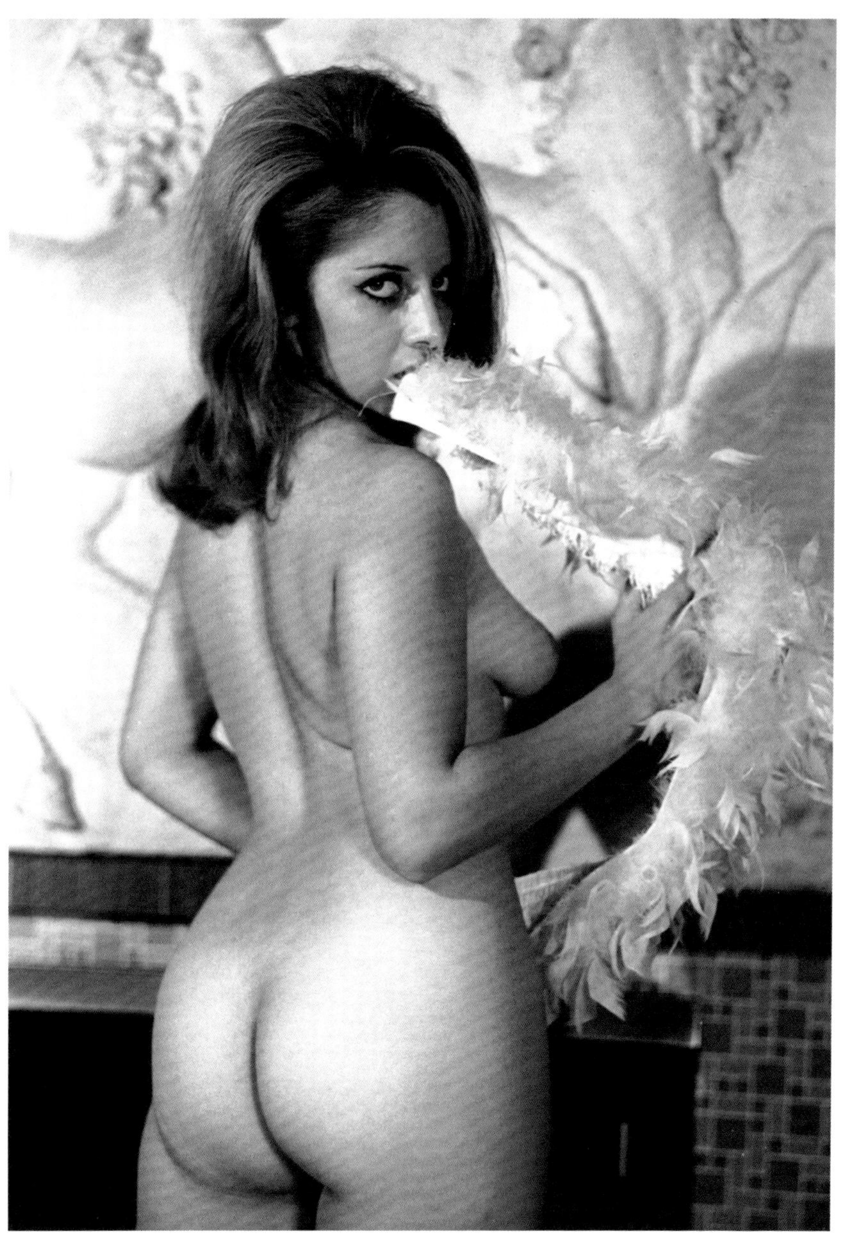

ABOVE, OPPOSITE, AND PAGES 154-155 **Unknown**

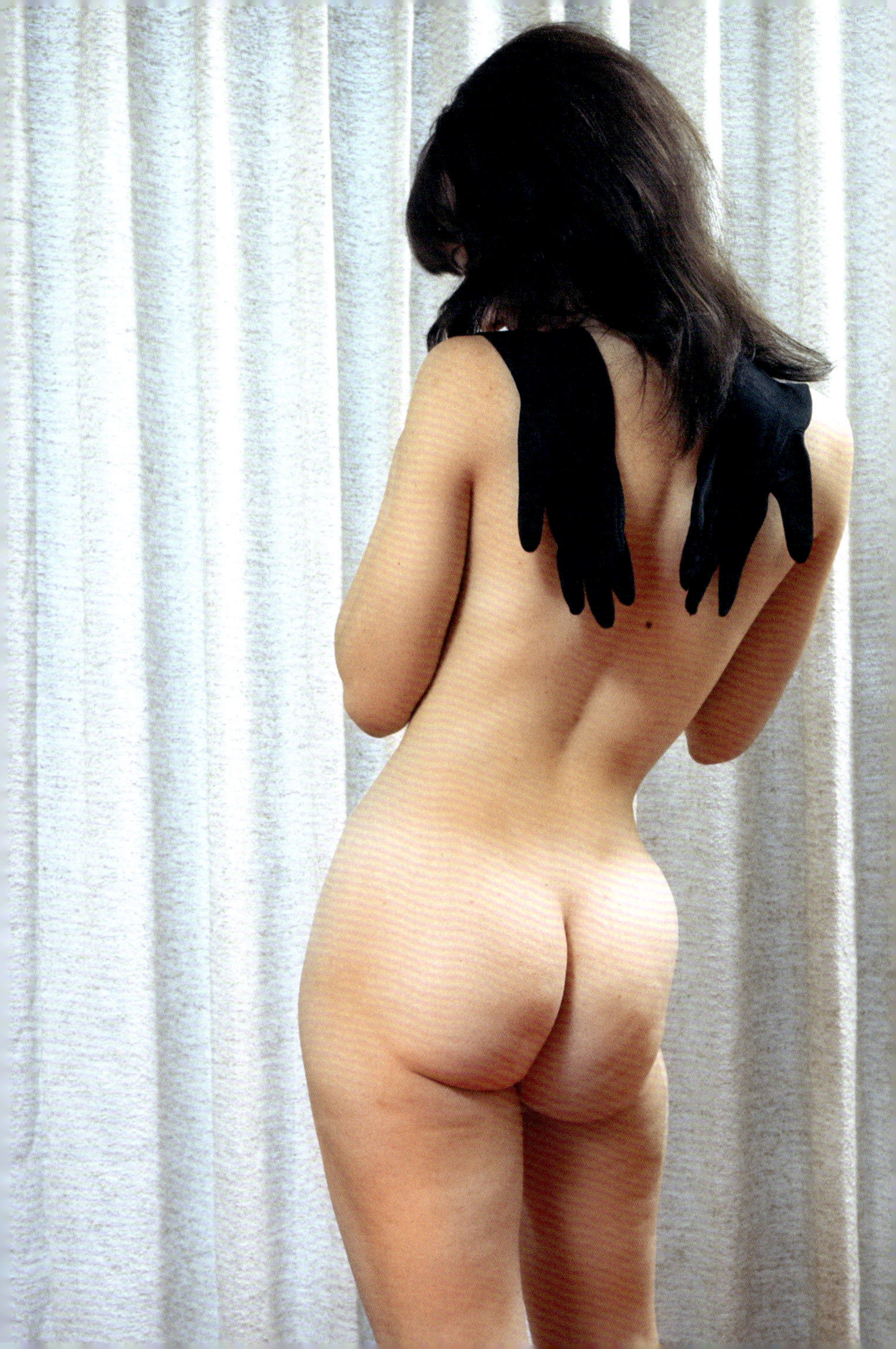

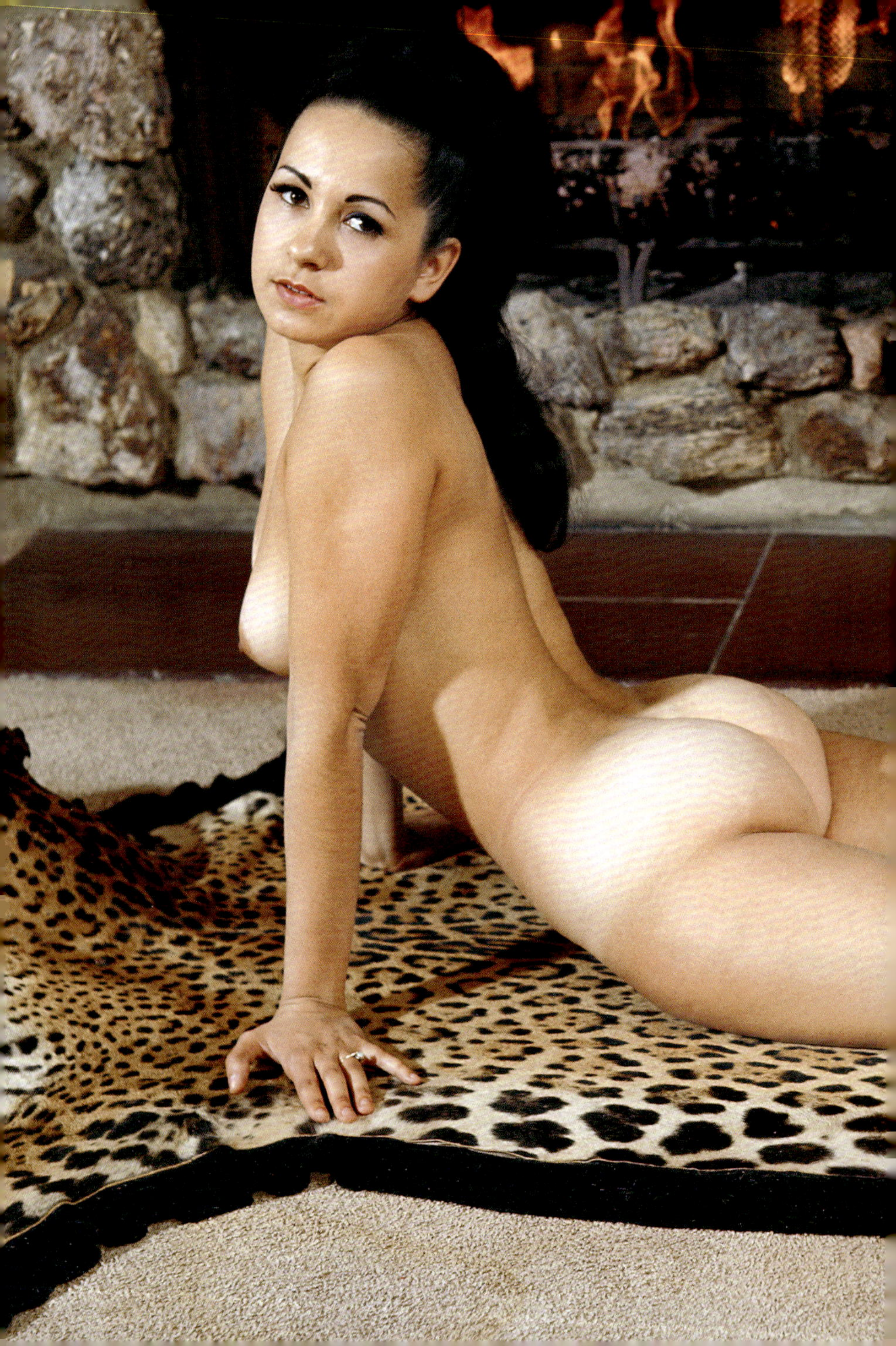

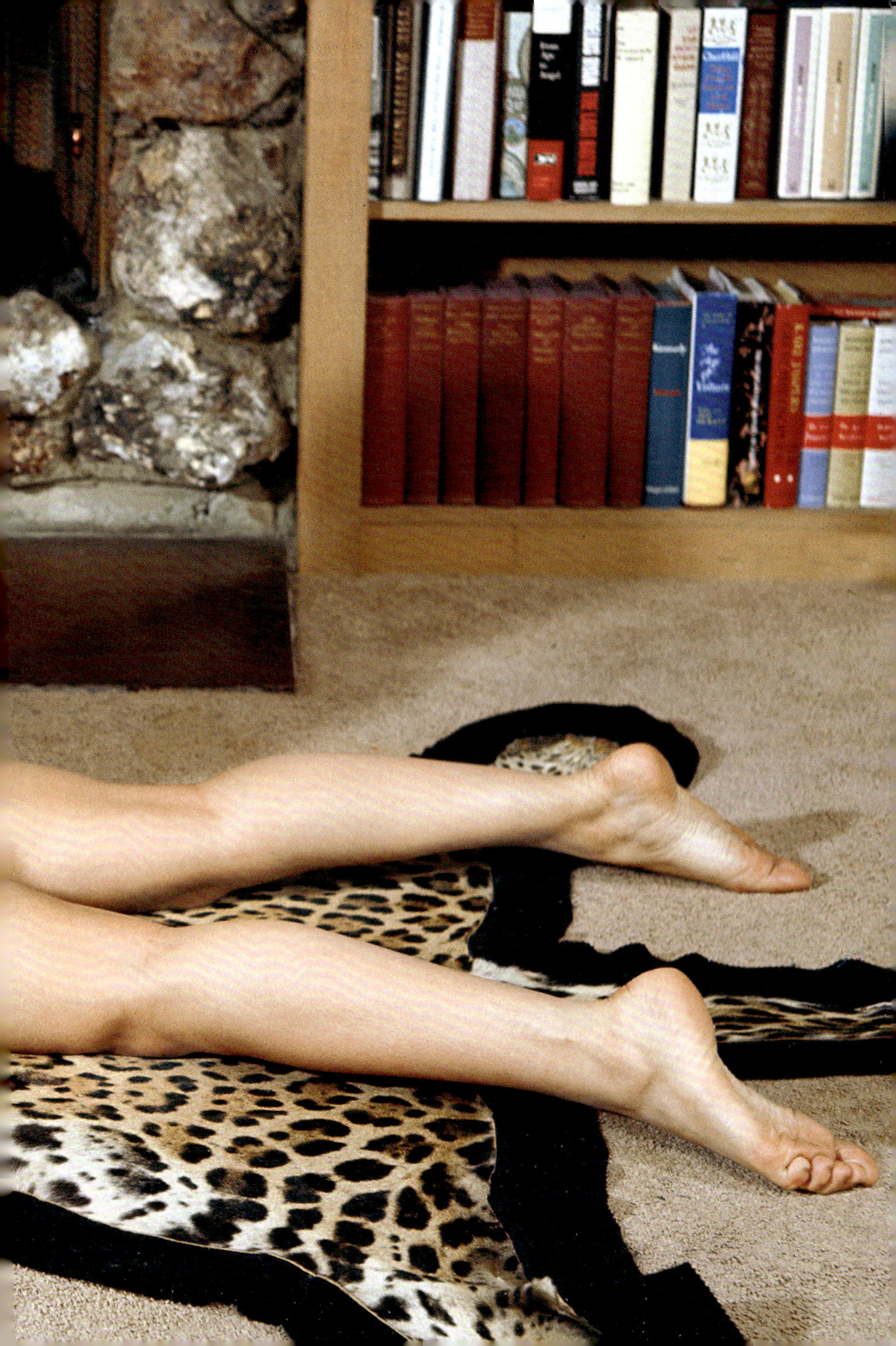

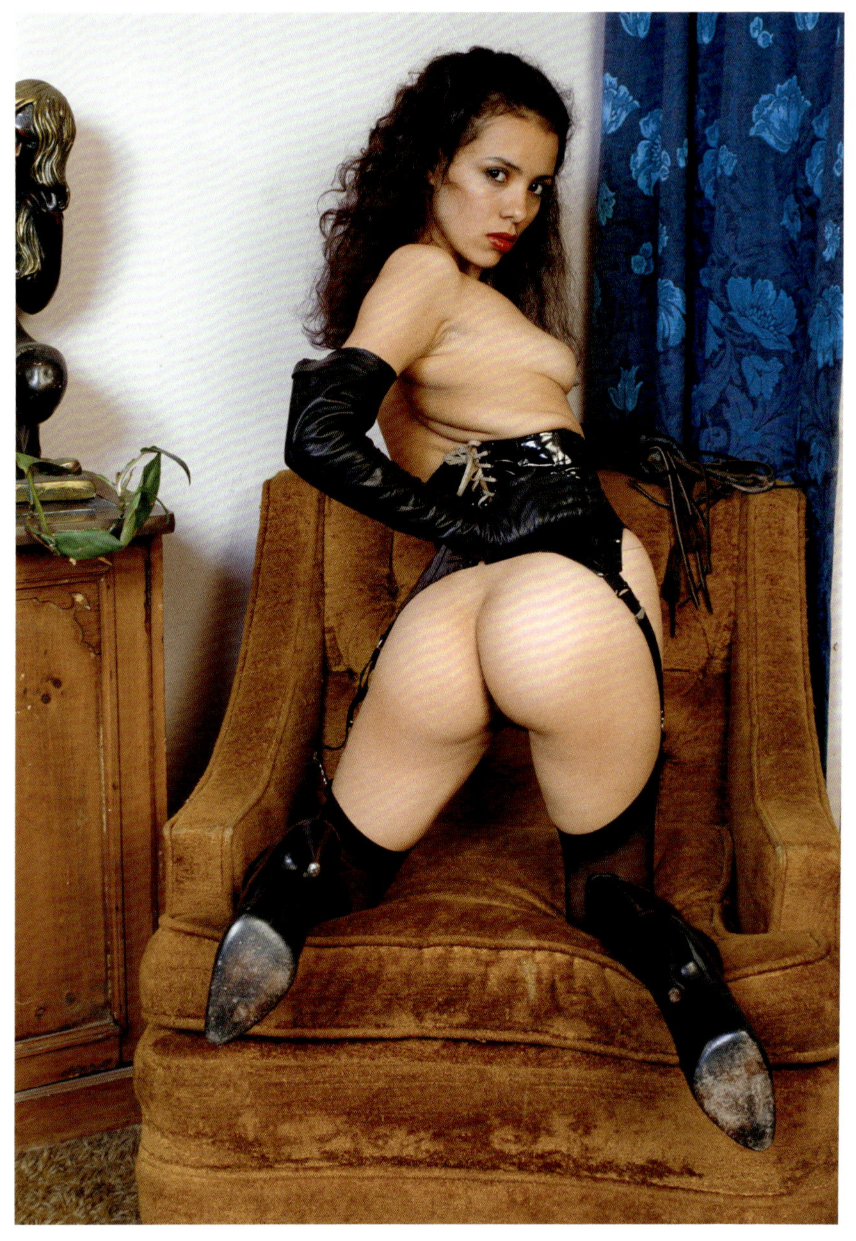

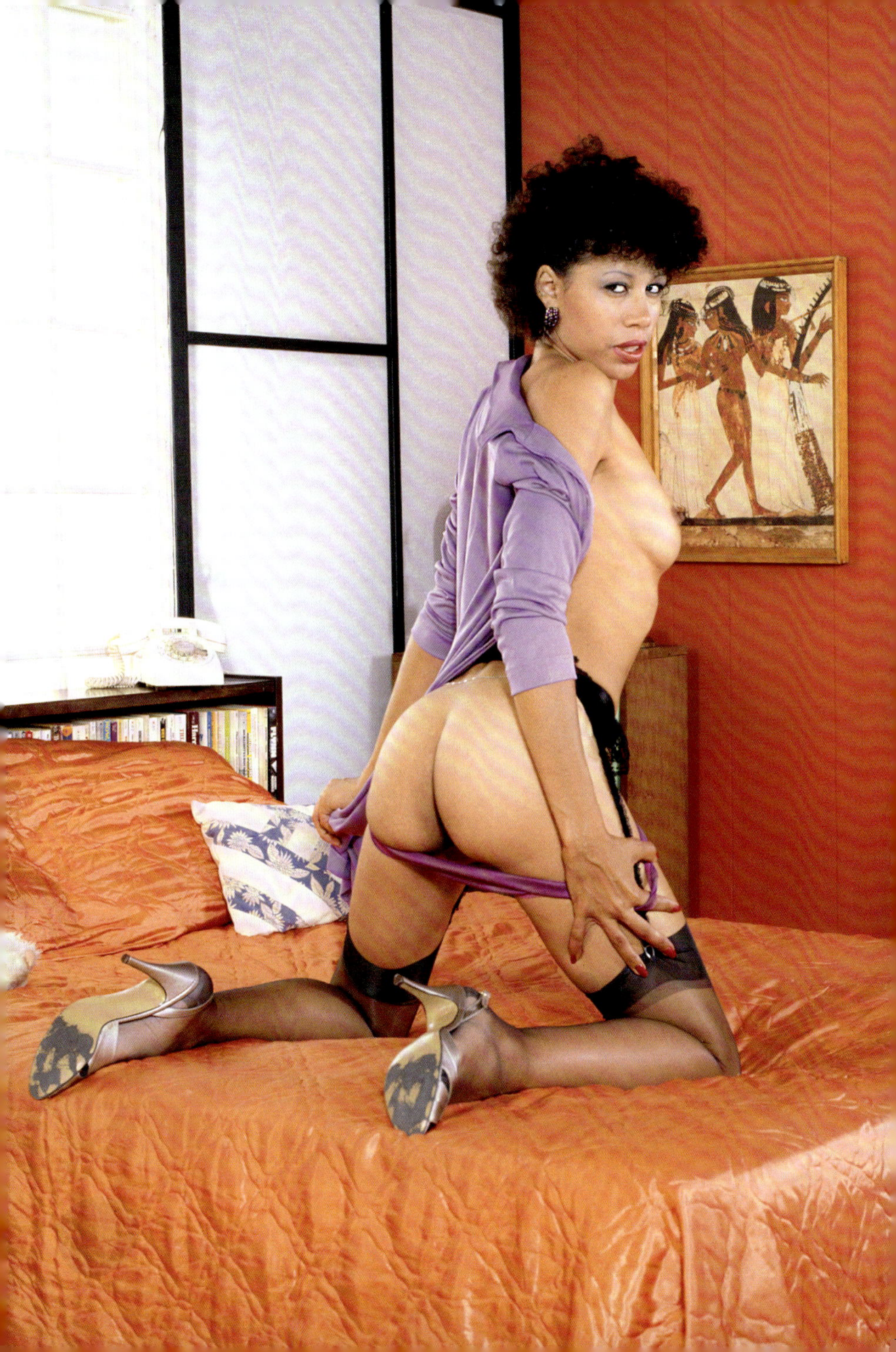

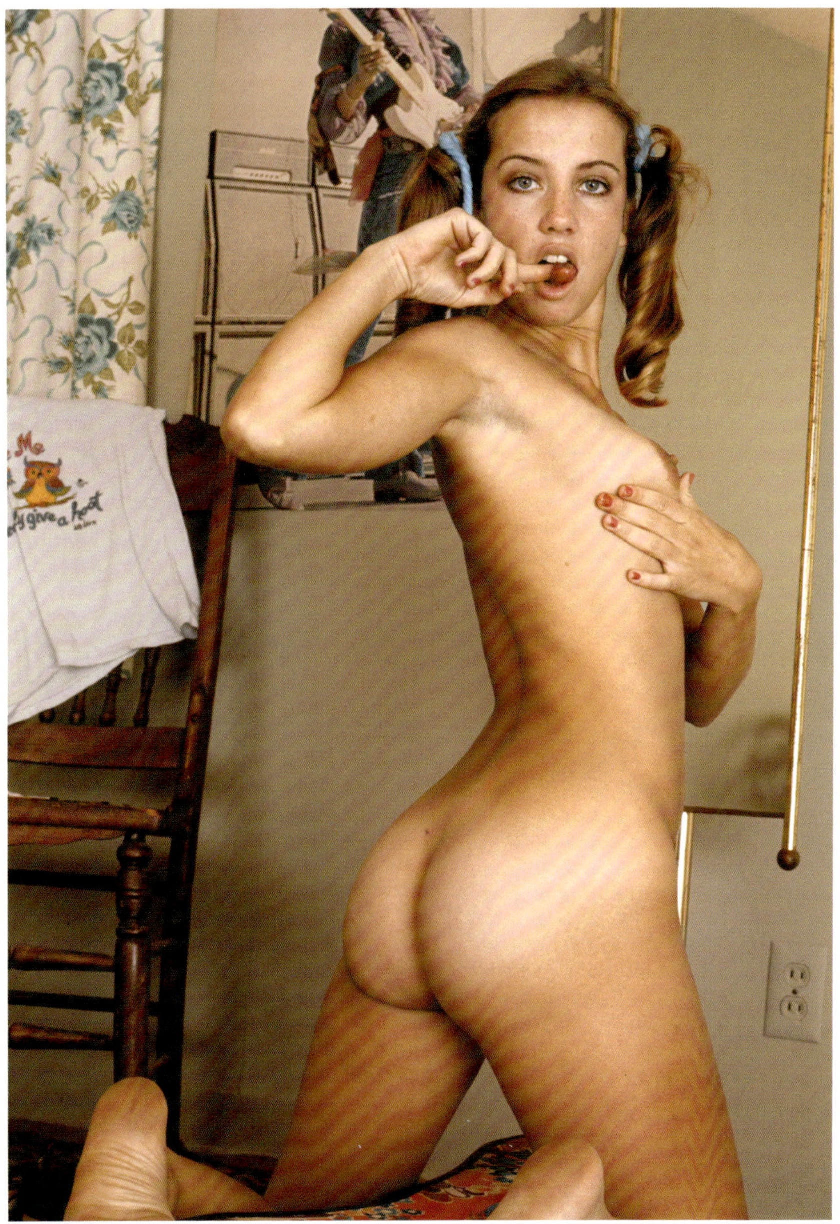

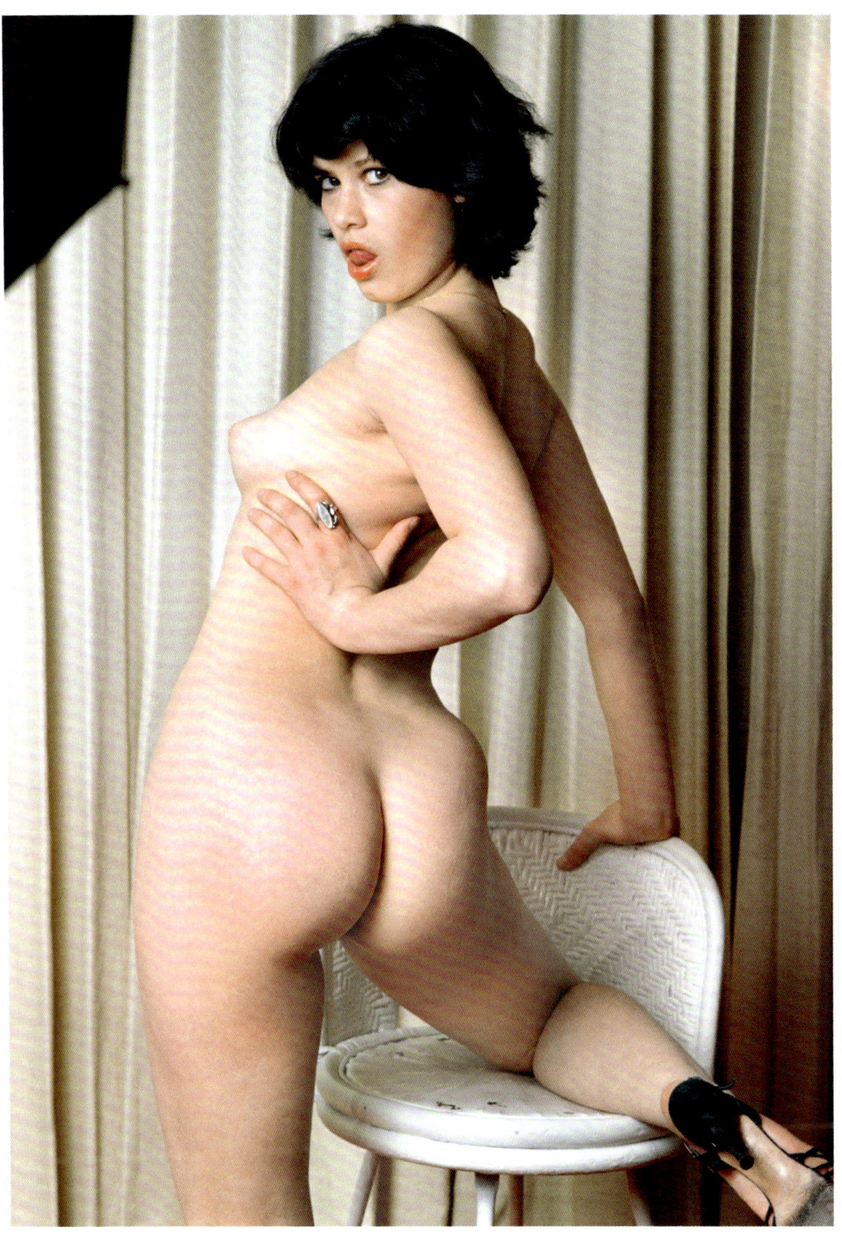

OPPOSITE AND ABOVE **Unknown**

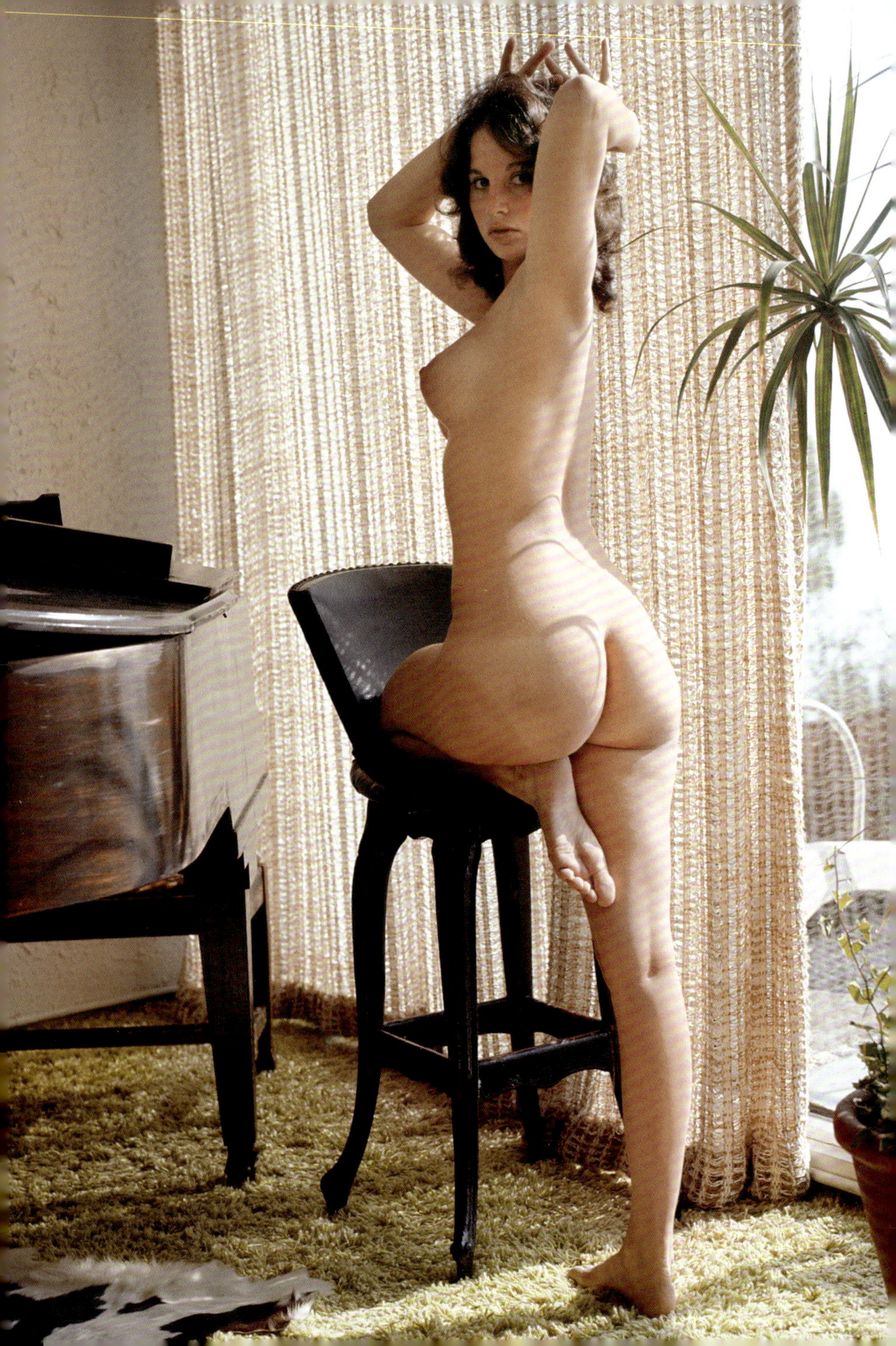

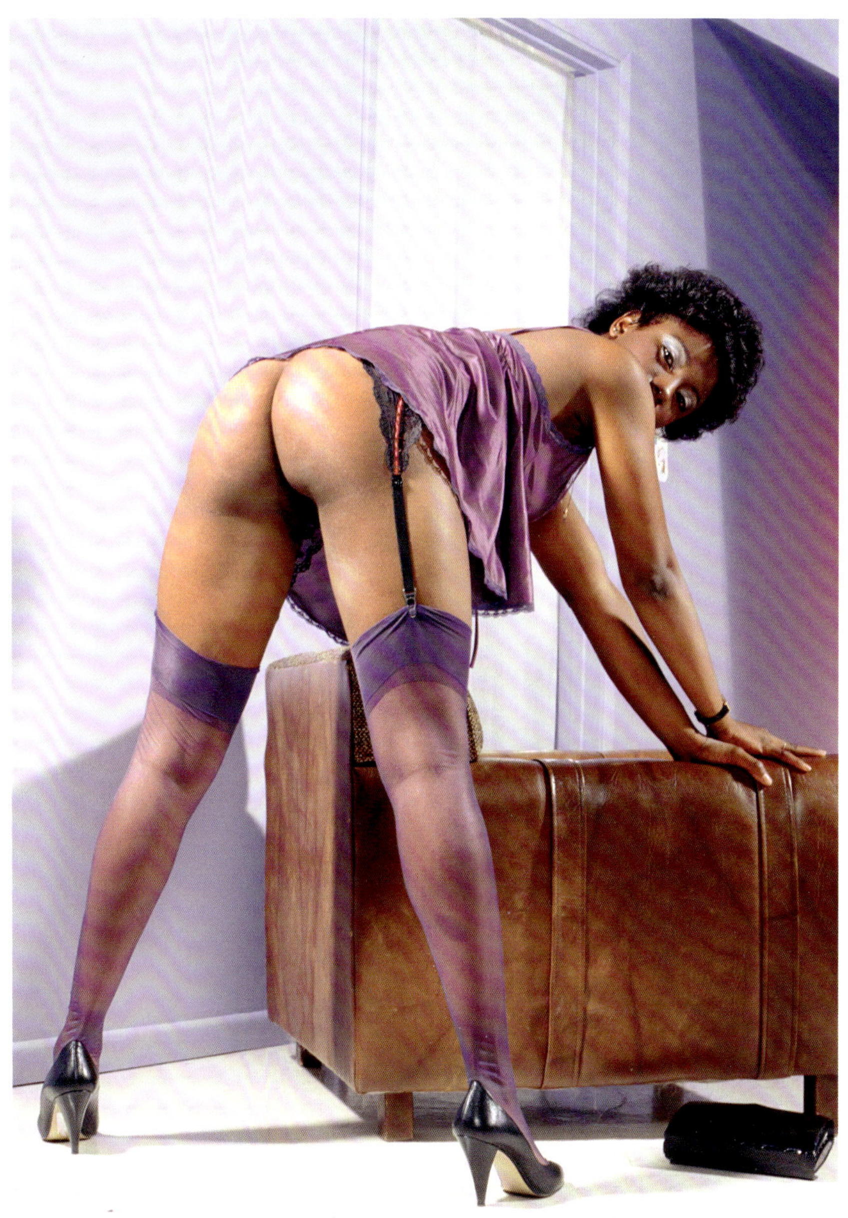

OPPOSITE AND ABOVE **Unknown**

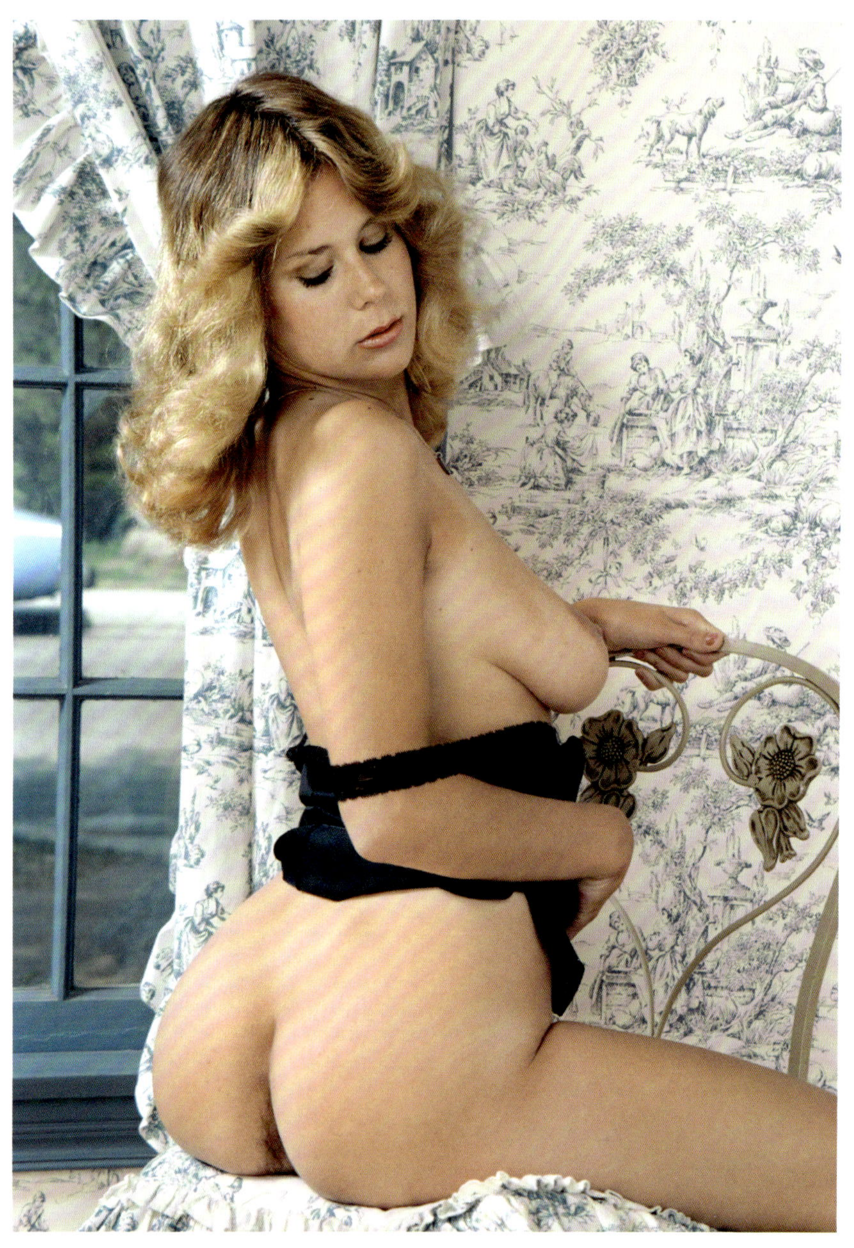

ABOVE **Helen K** OPPOSITE **Unknown** PAGES 164-165 **Tori**

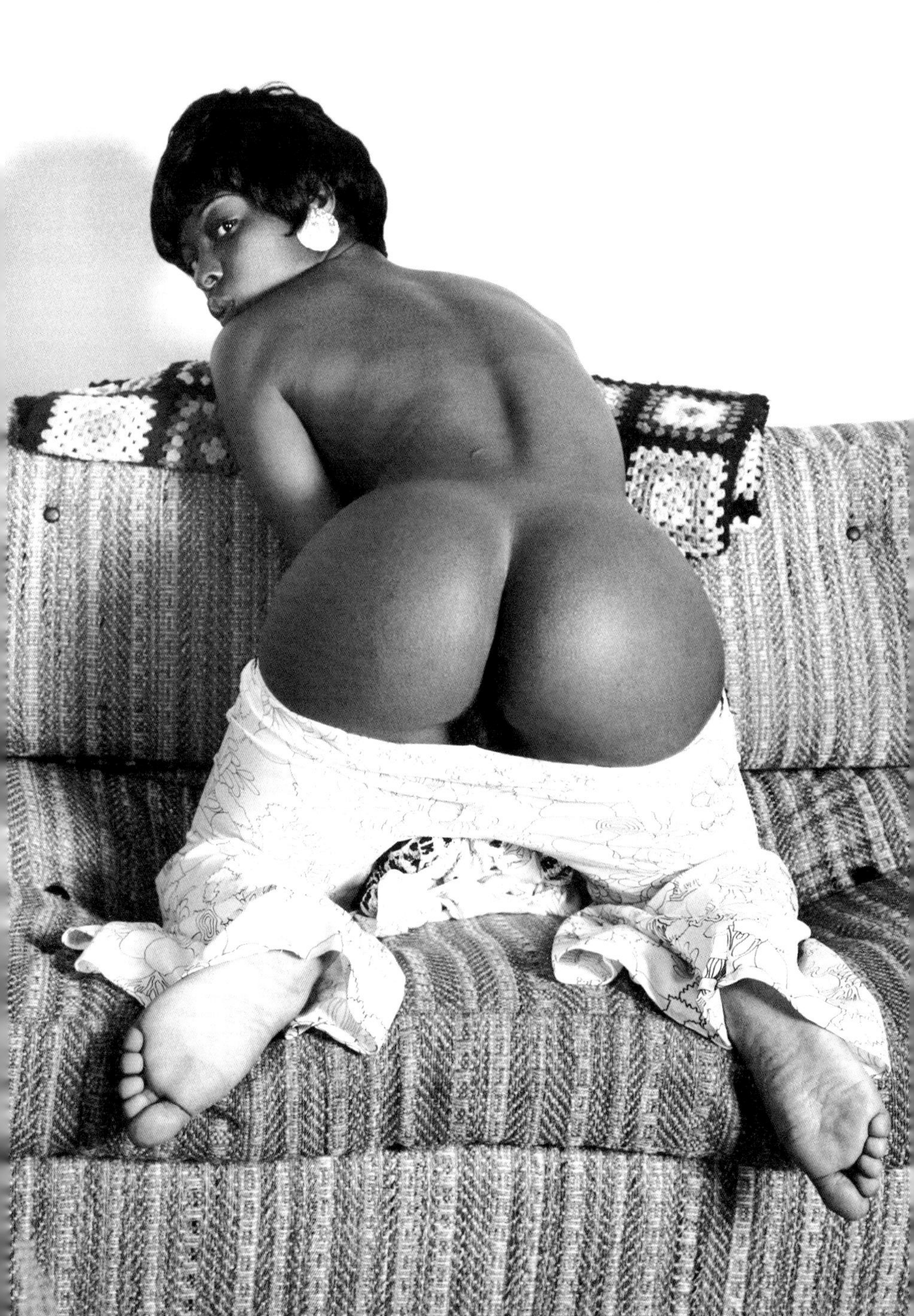

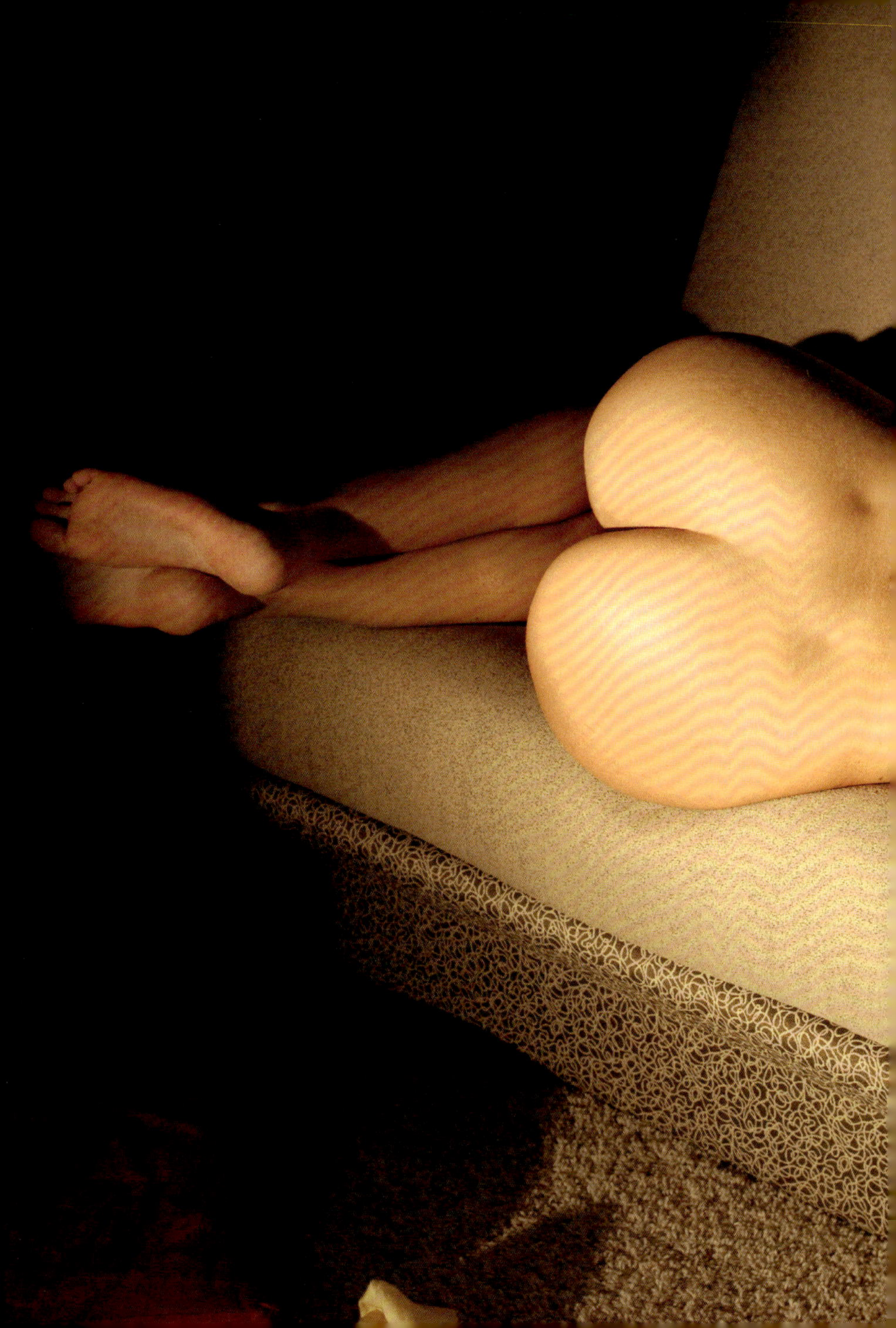

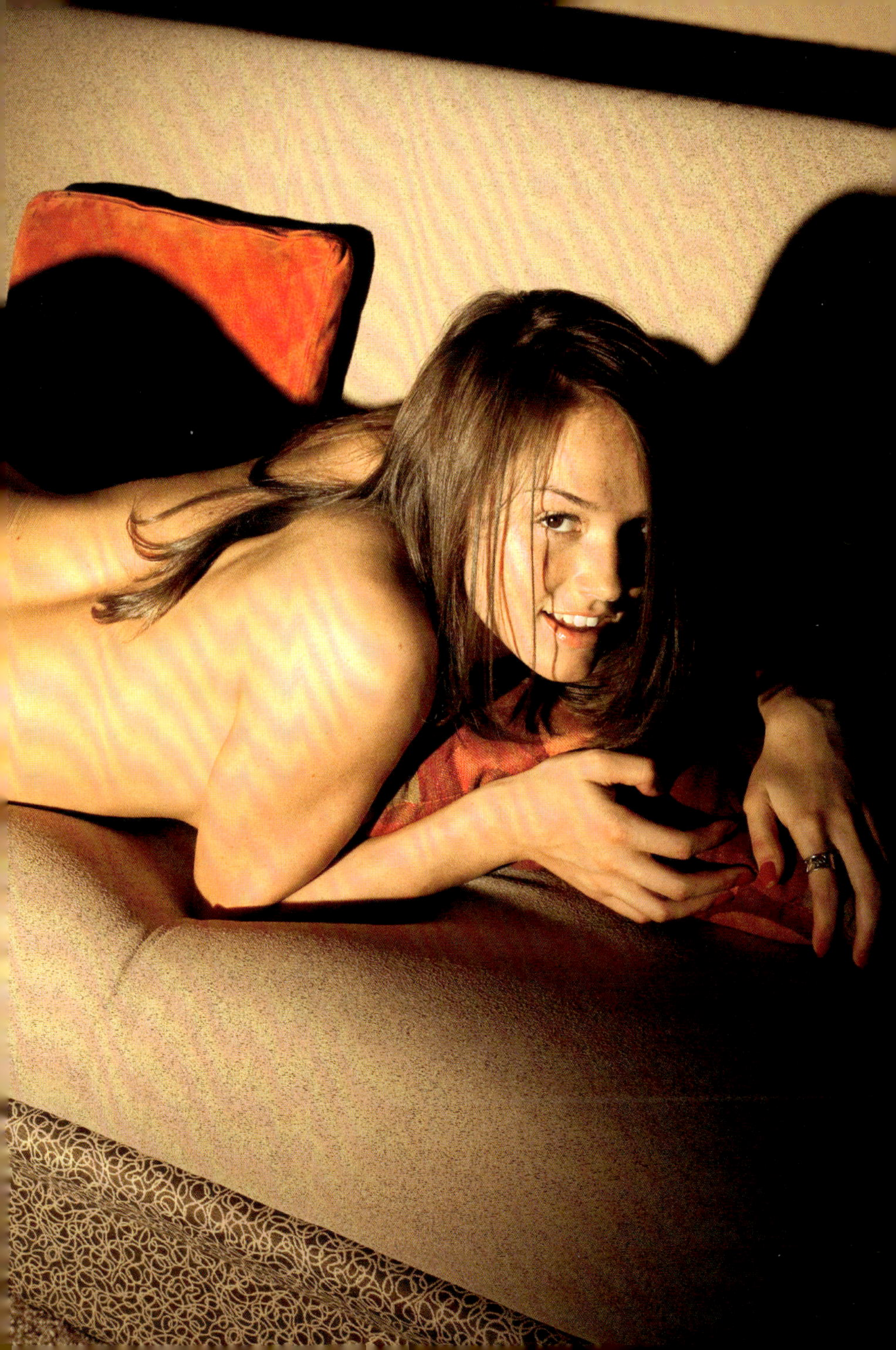

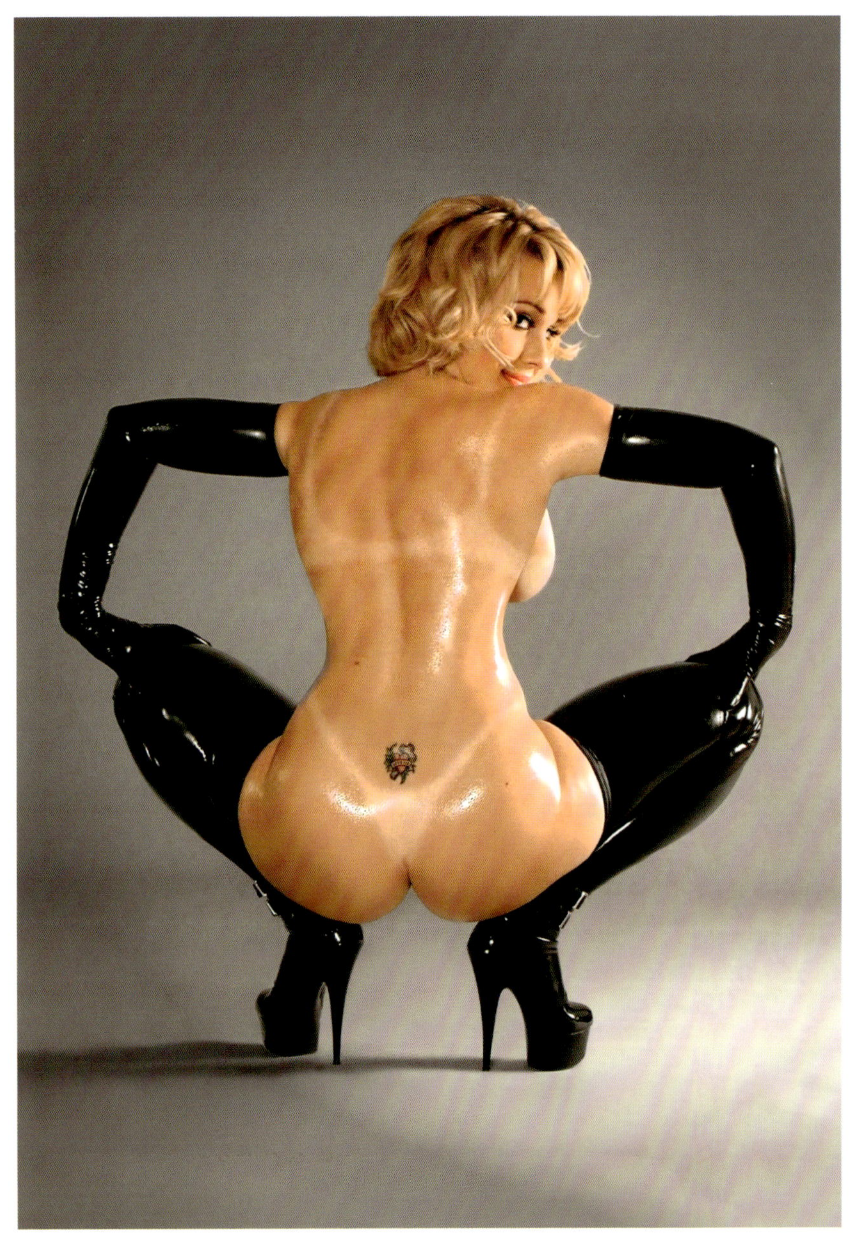

ABOVE **Racheal**

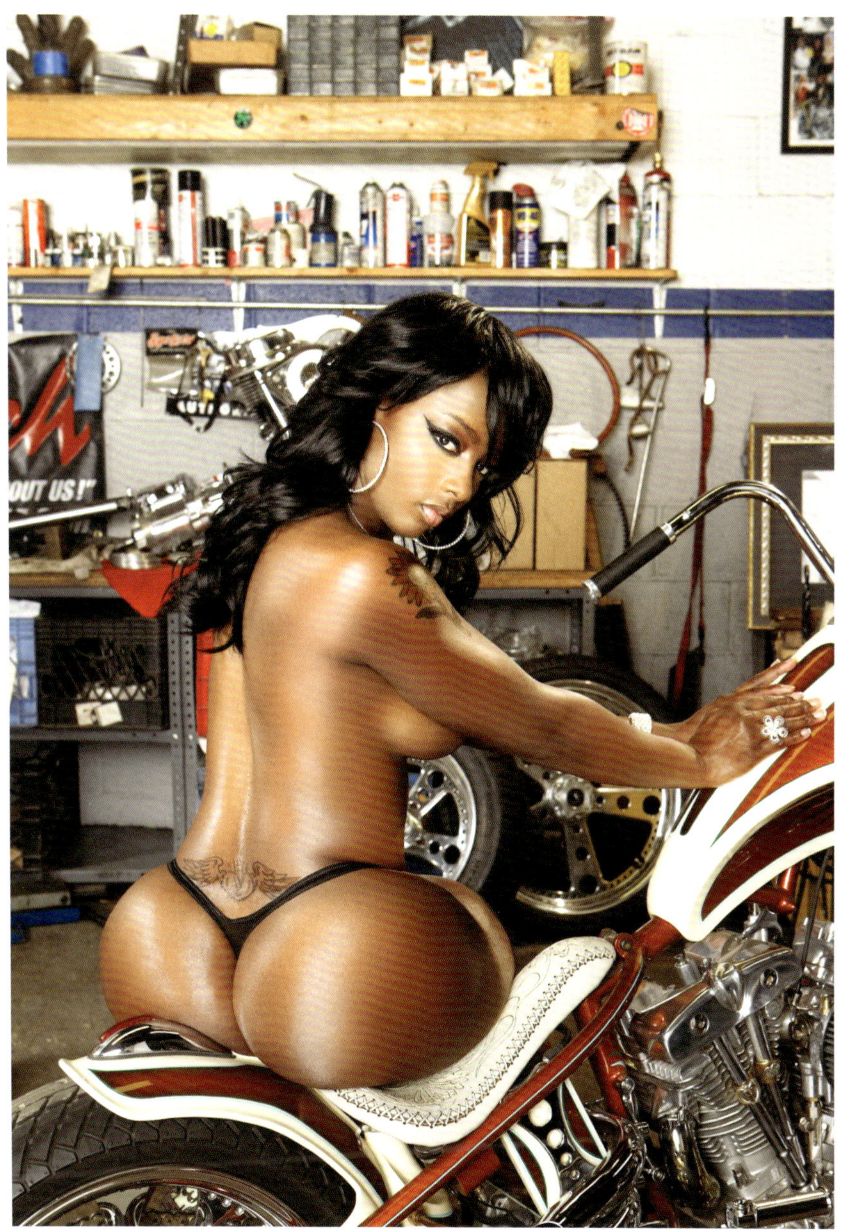

ABOVE **Buffie the Body**

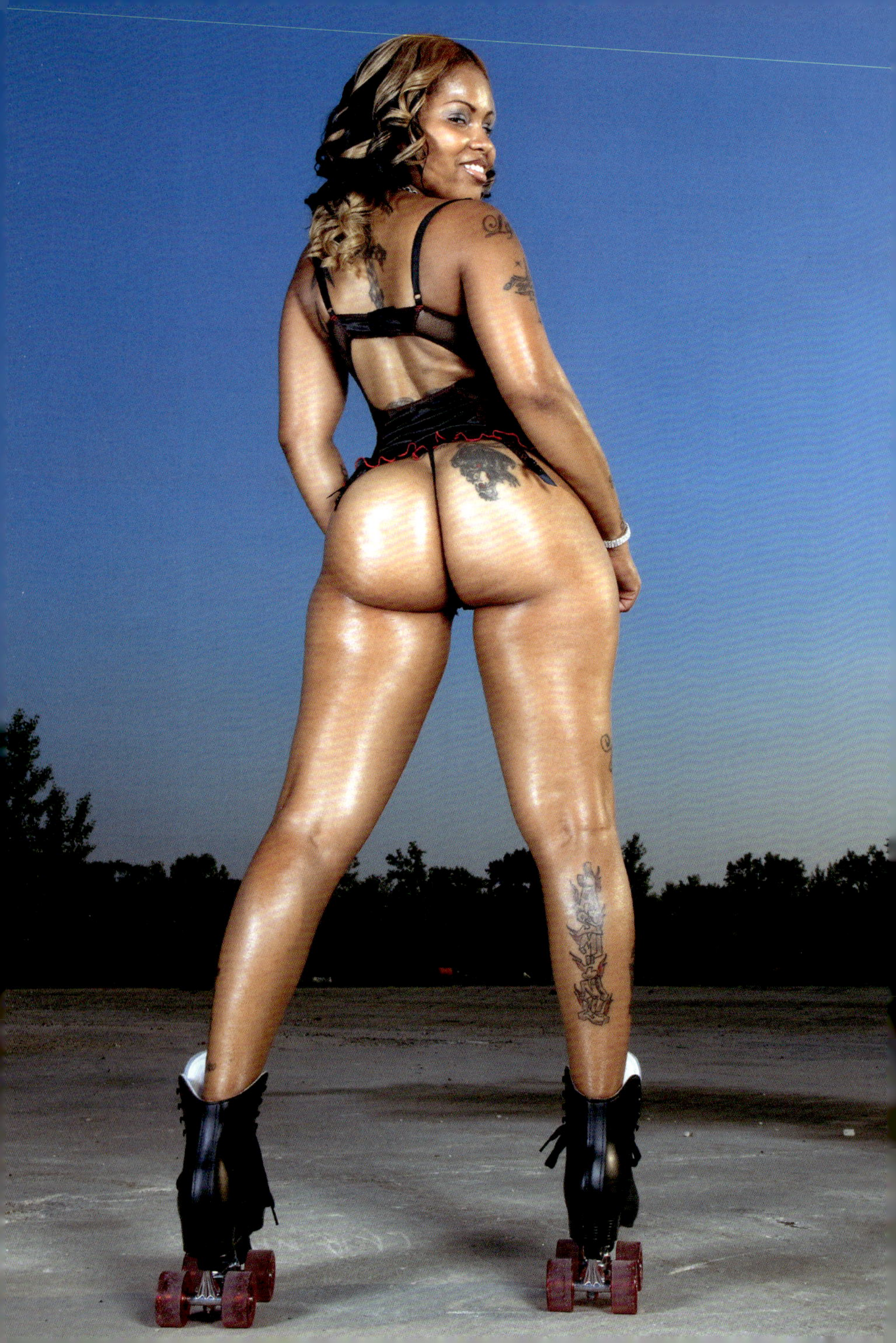

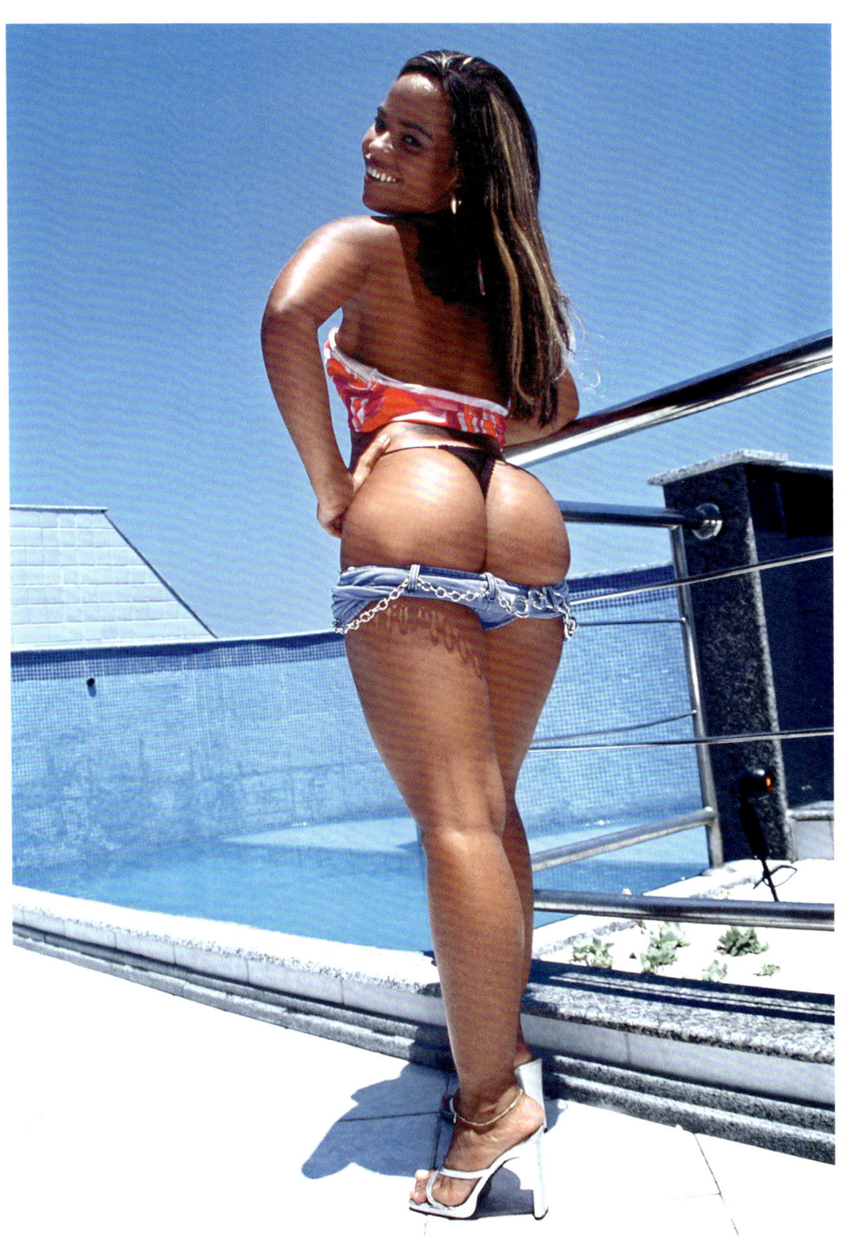

OPPOSITE **Mz Exclusive**   ABOVE **Tabitha**

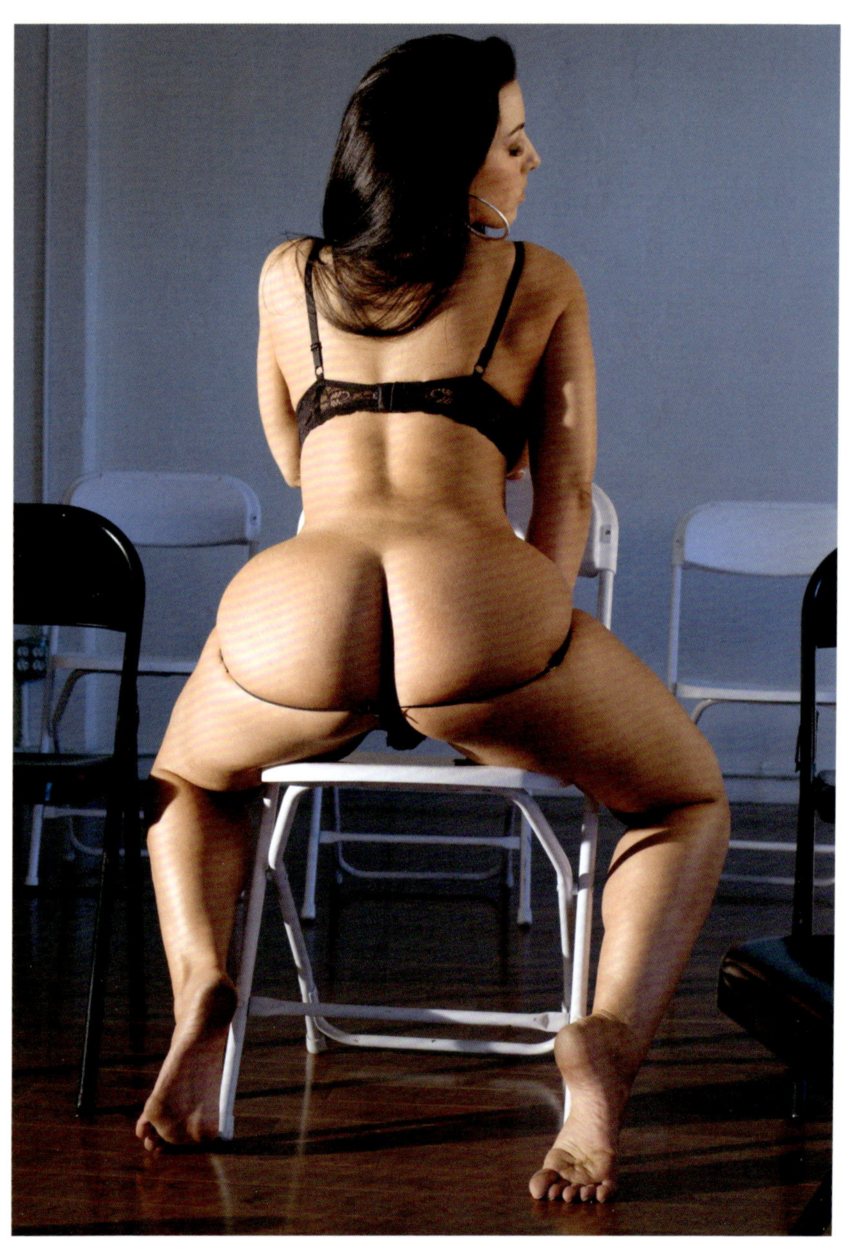

ABOVE **Brianna**   OPPOSITE **Valerie**   PAGES 172-173 **Watermelon Woman**

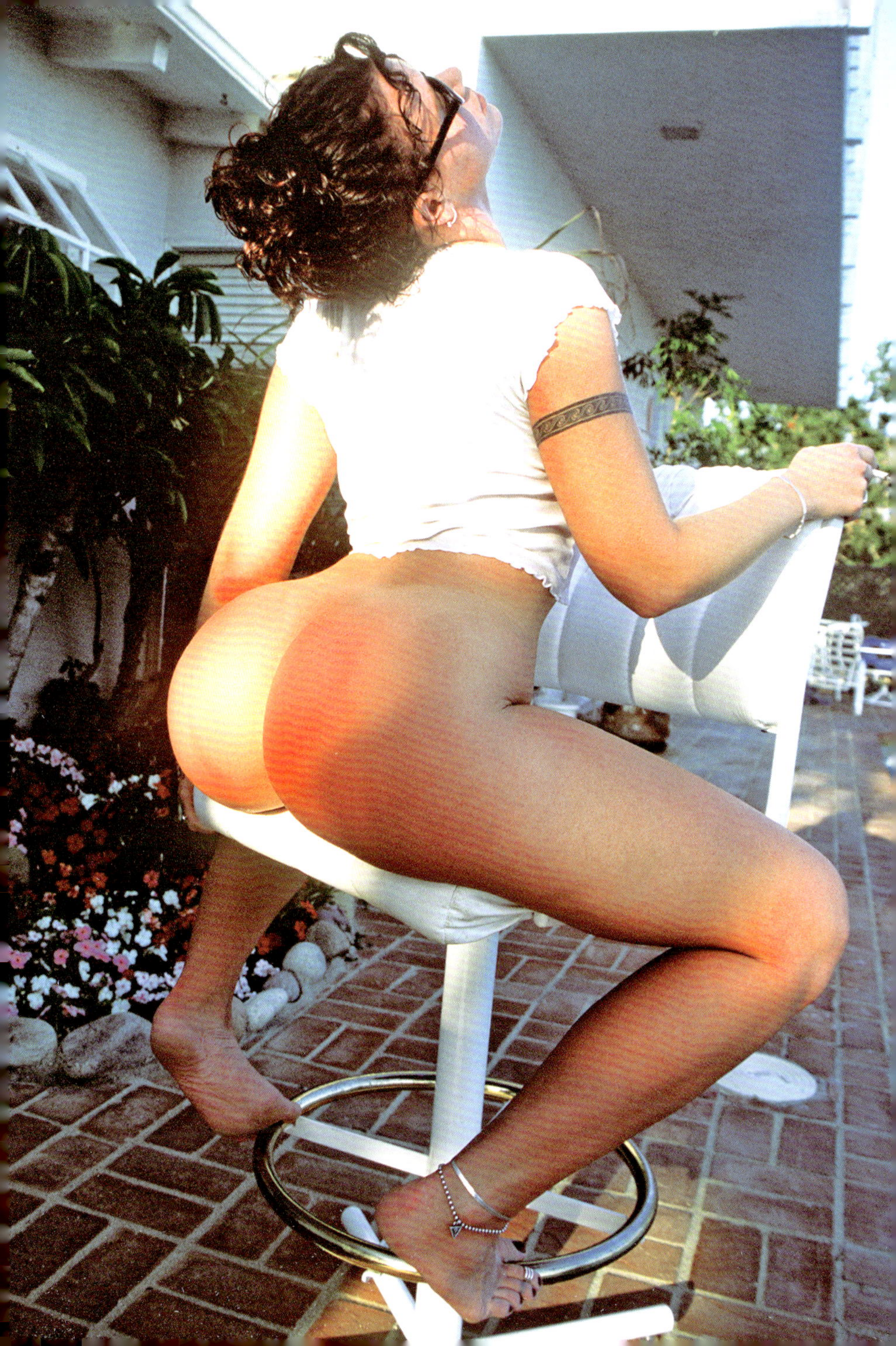

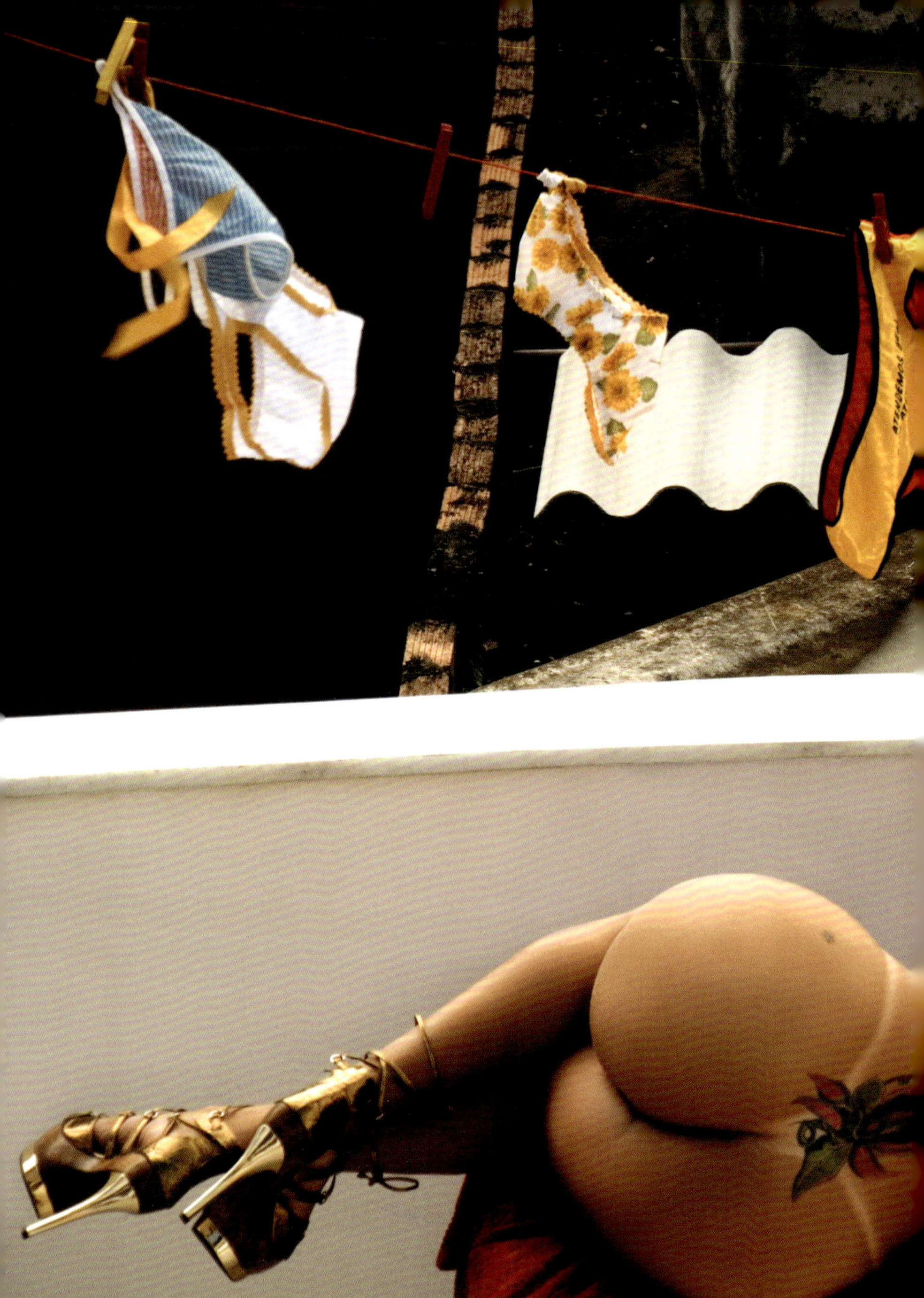

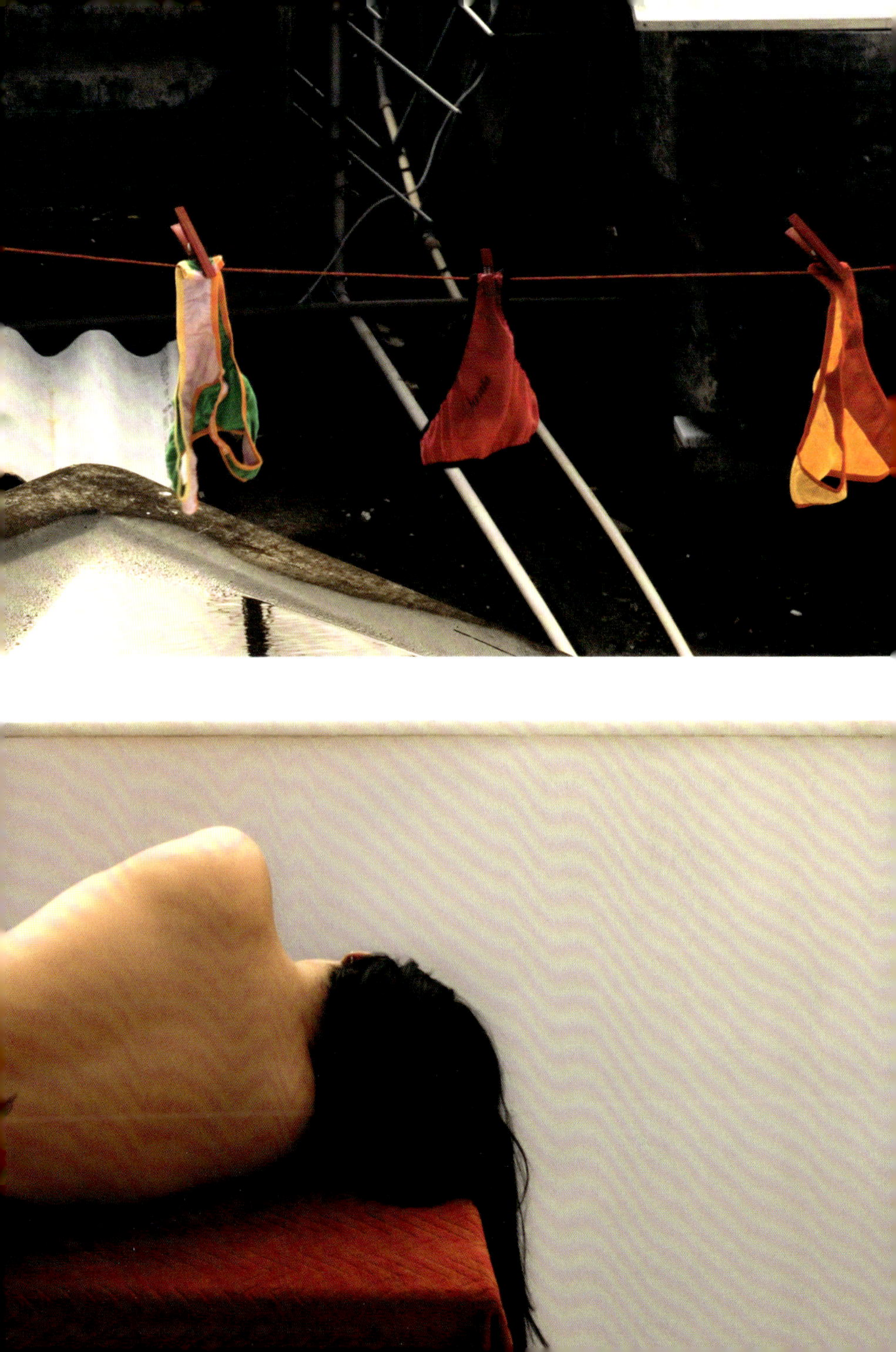

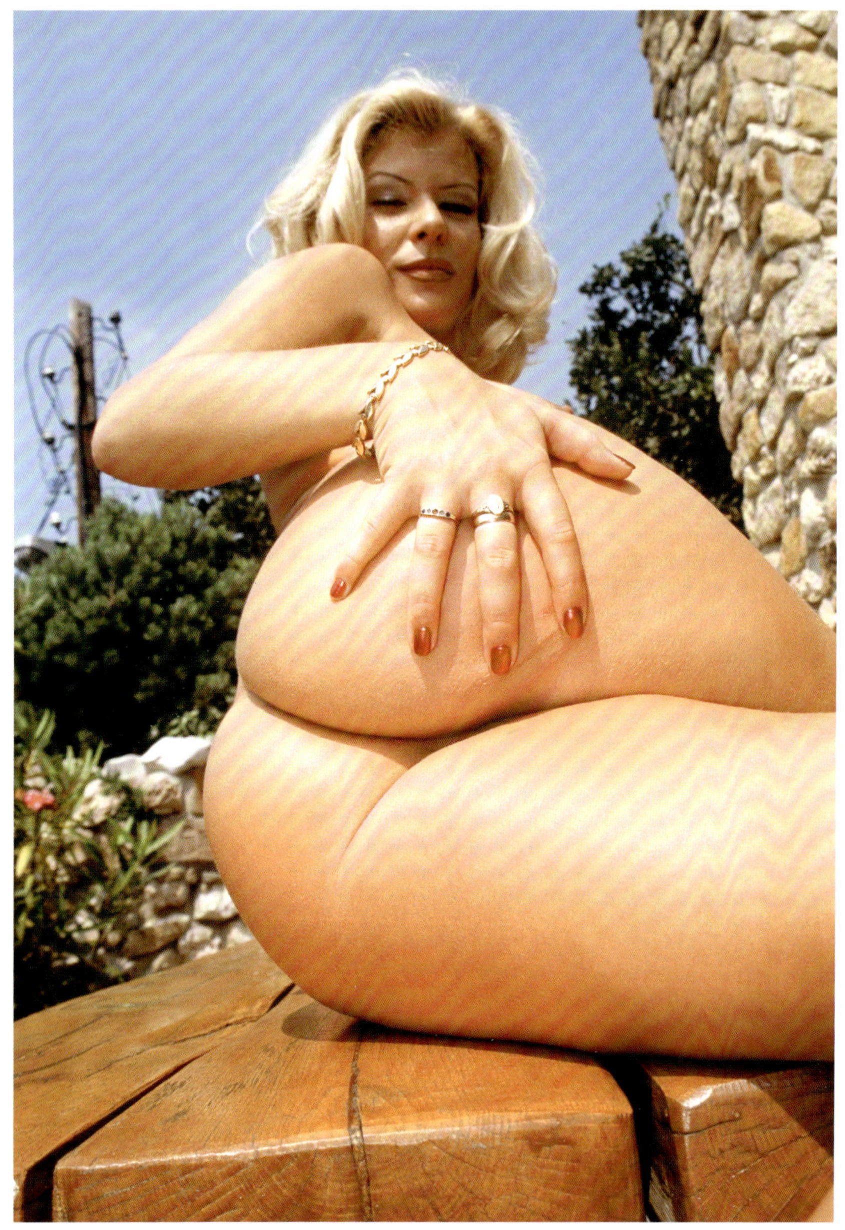

ABOVE **Cynthia**

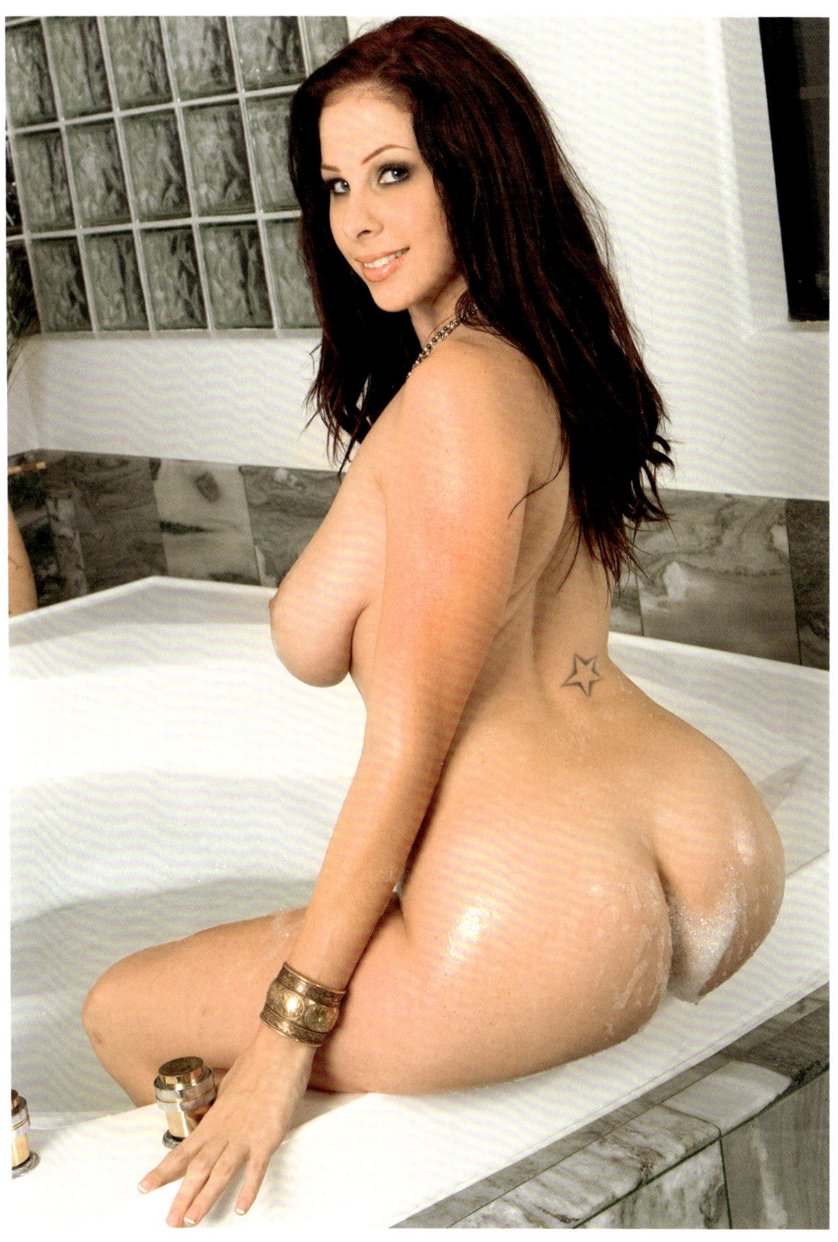

ABOVE **Gianna**   PAGES 176-177 **Jazzie Belle**

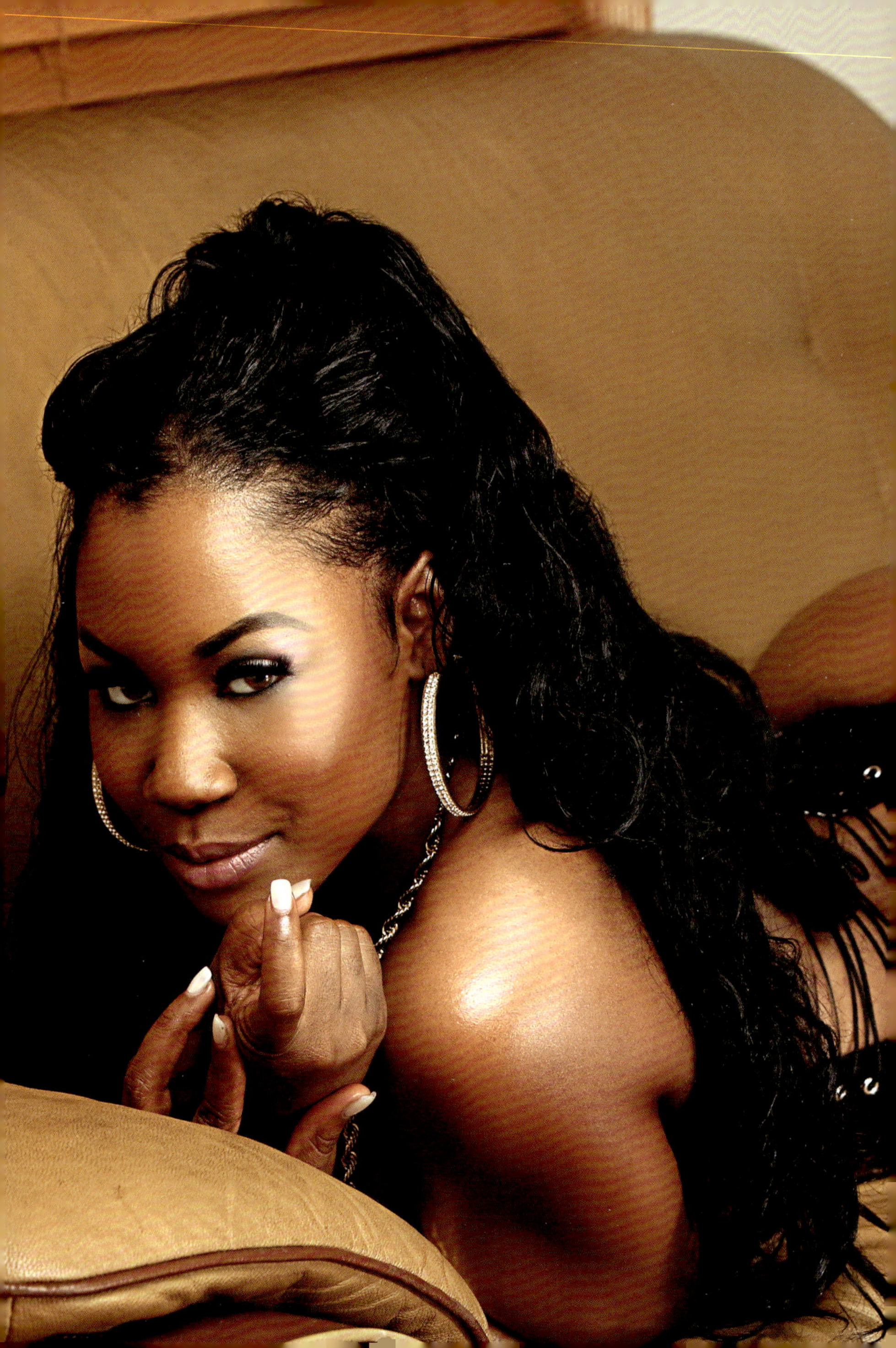

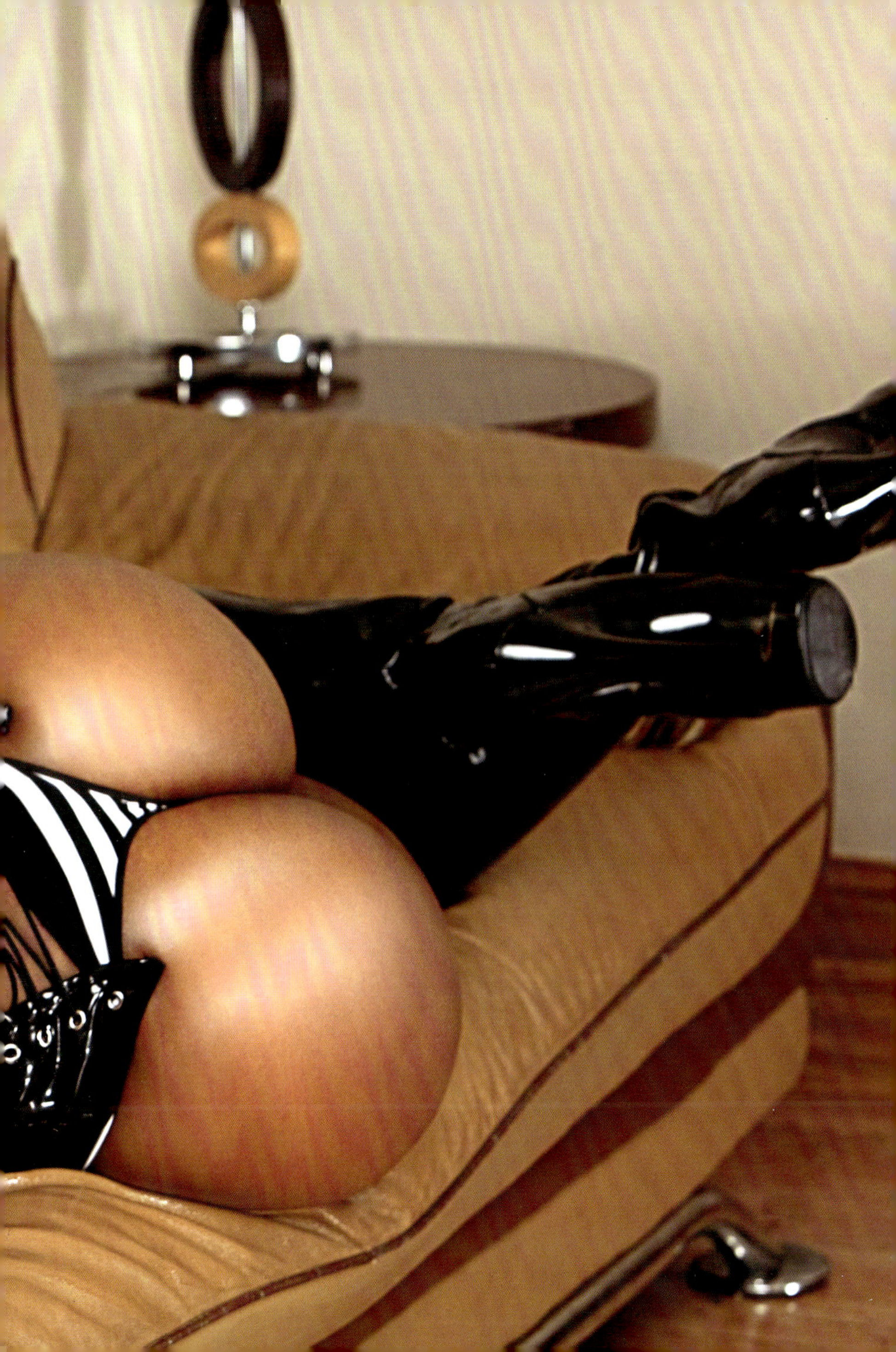

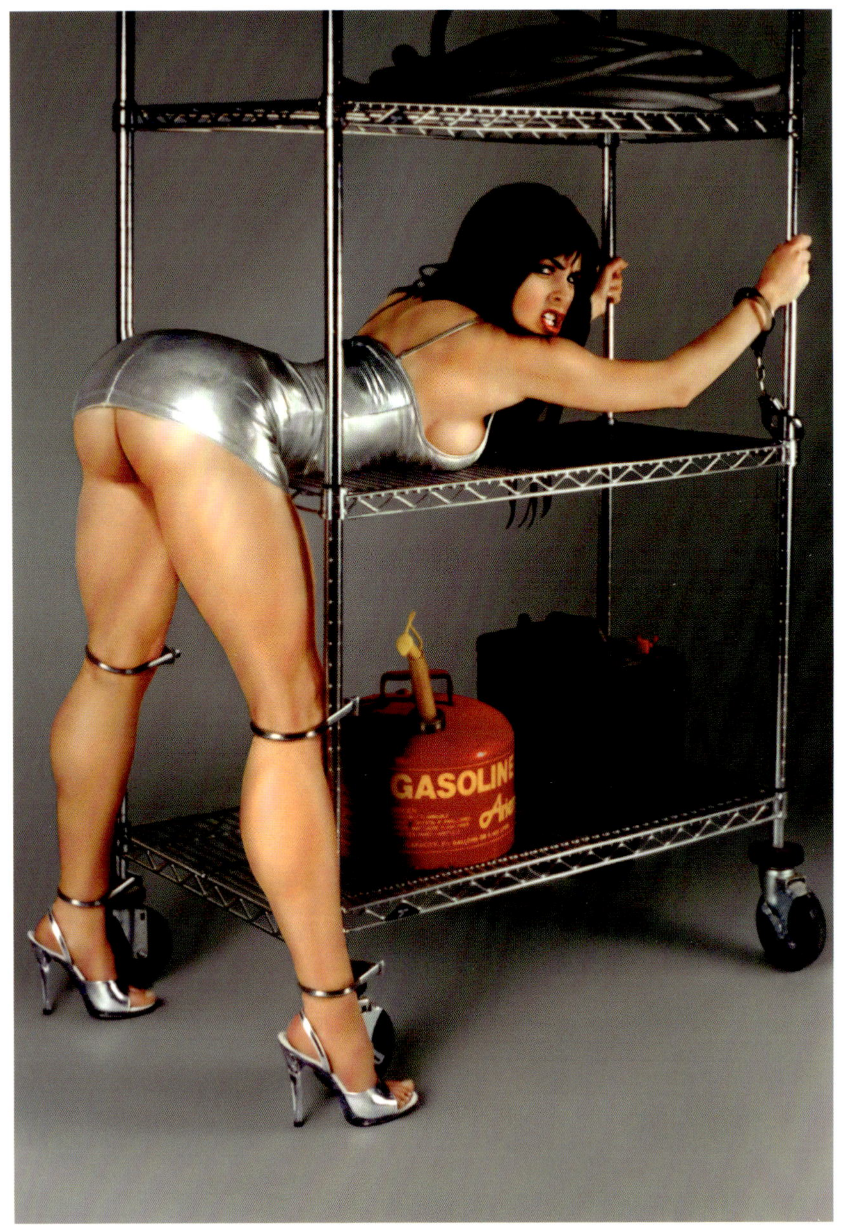

ABOVE **Tina**

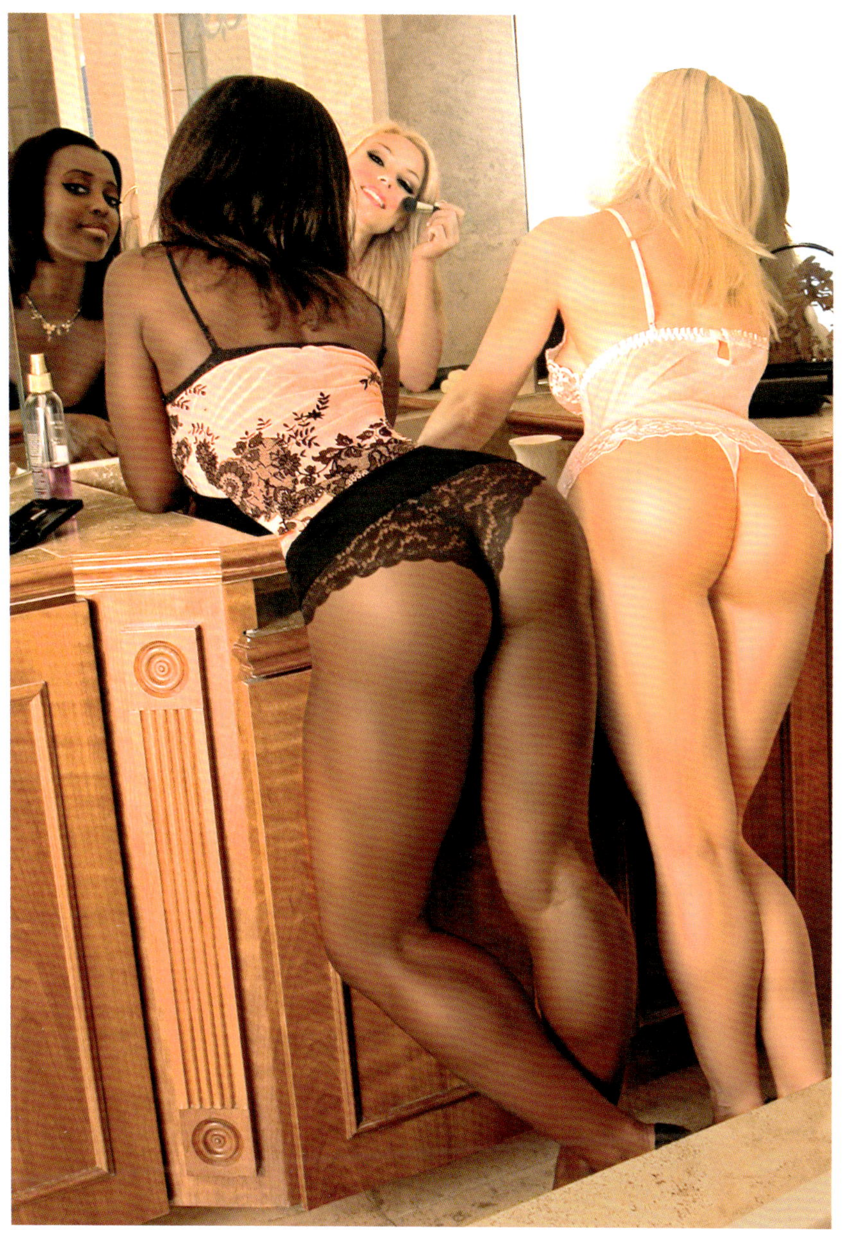

ABOVE **Lola and Racheal**

179

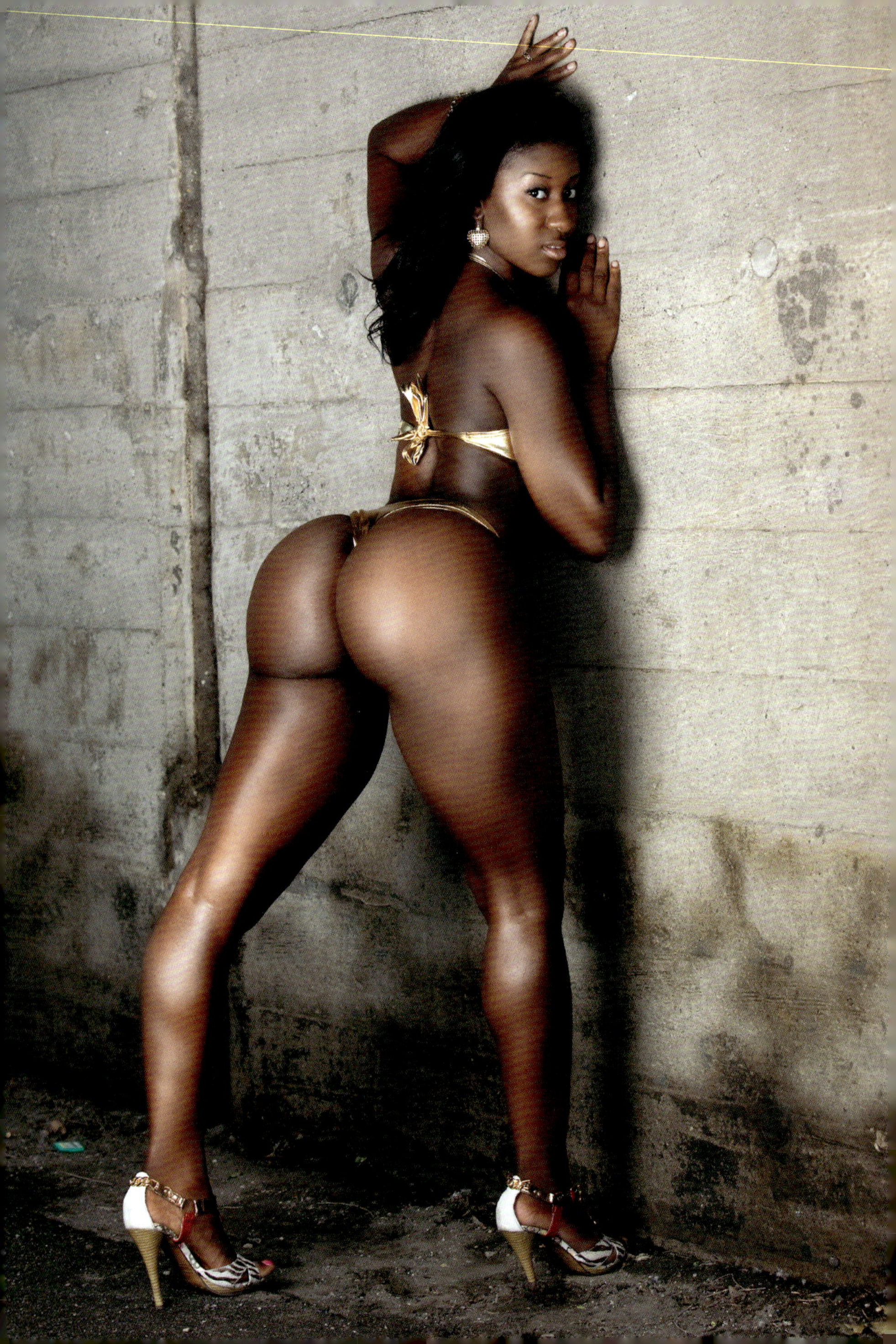

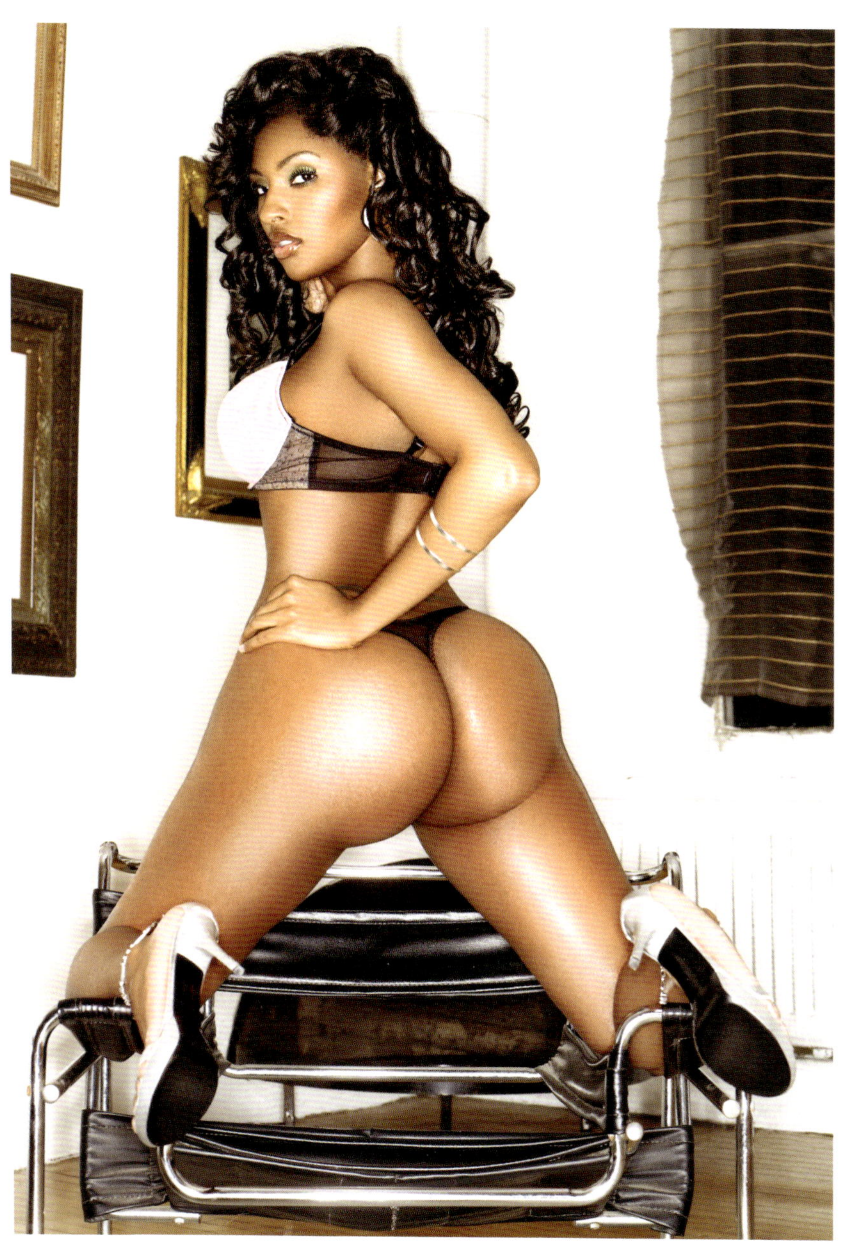

OPPOSITE **Teyai Marie**   ABOVE **Rain**

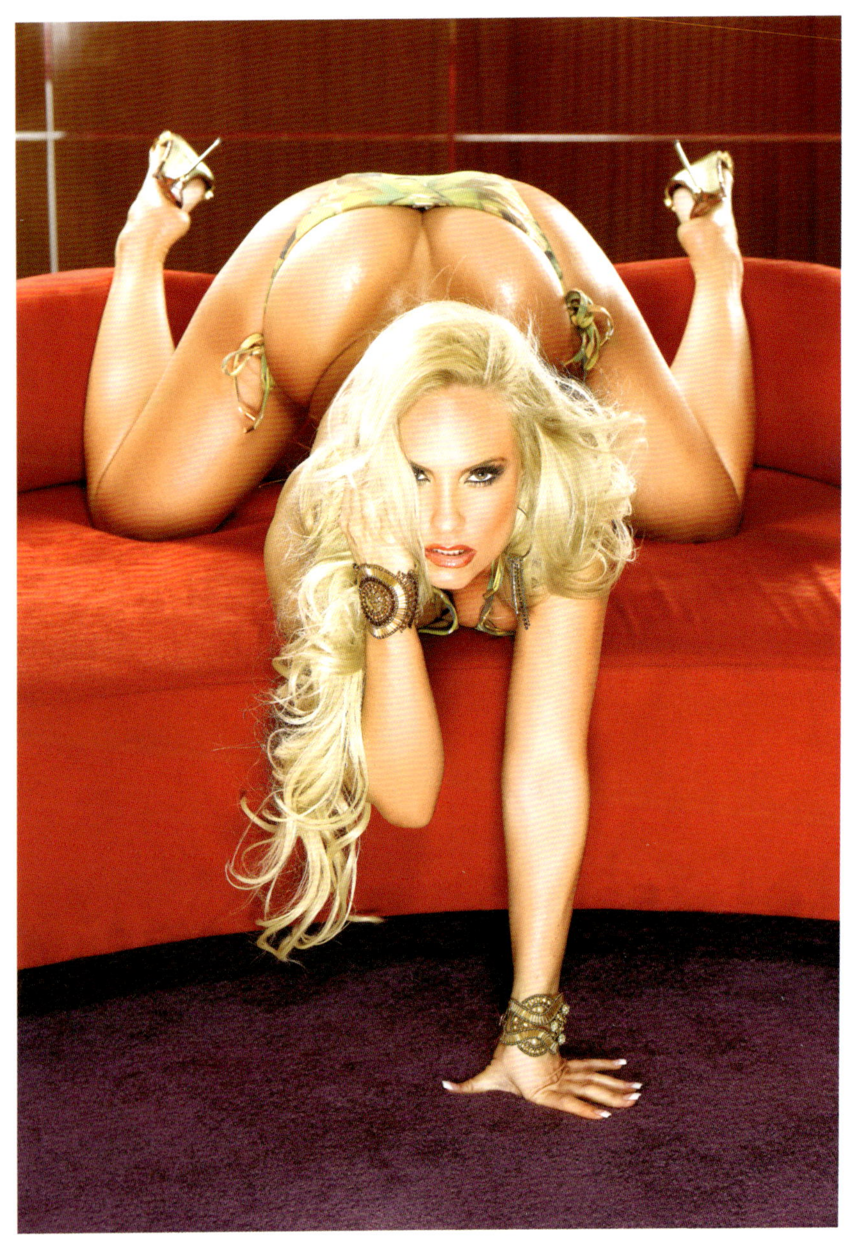

ABOVE AND OPPOSITE **Coco**   PAGES 184-185 **Avery**

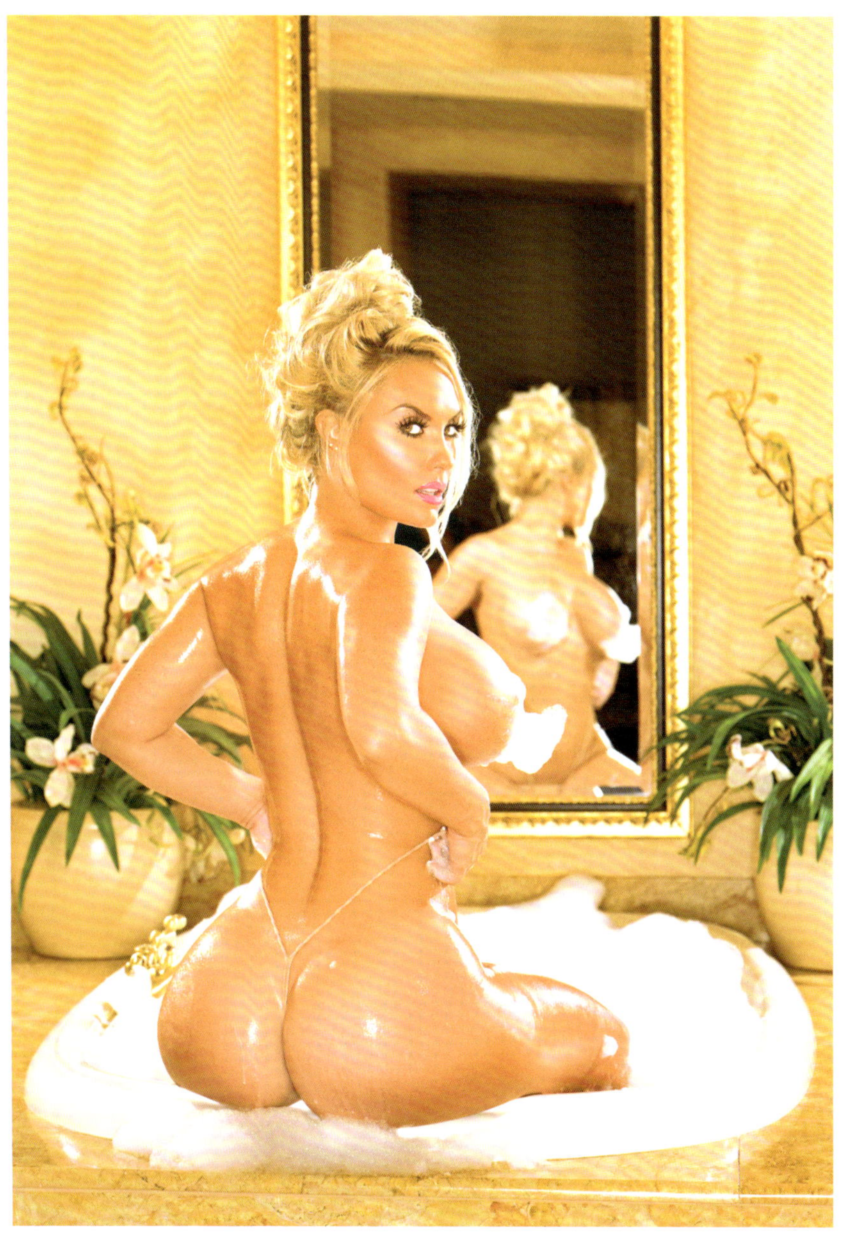

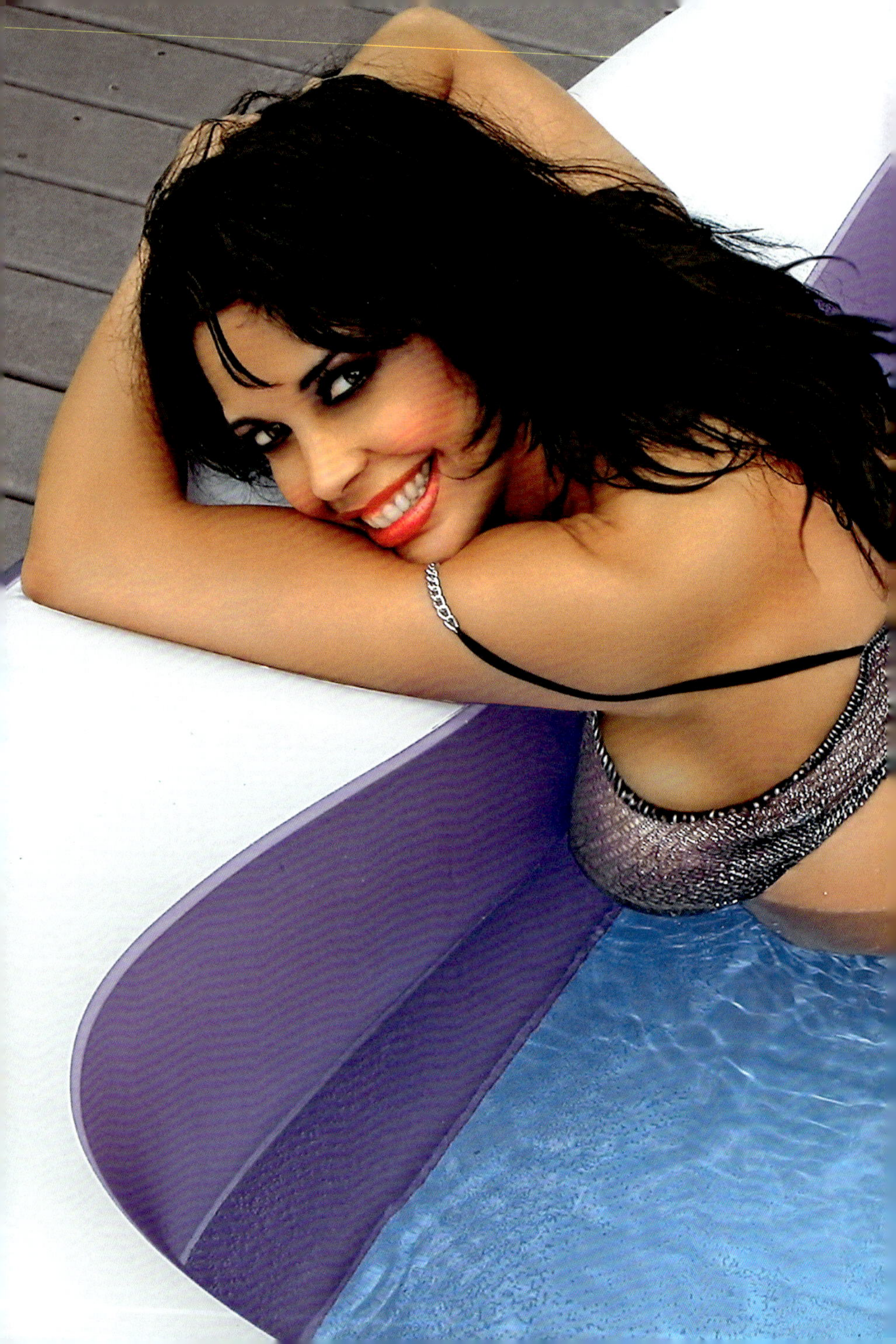

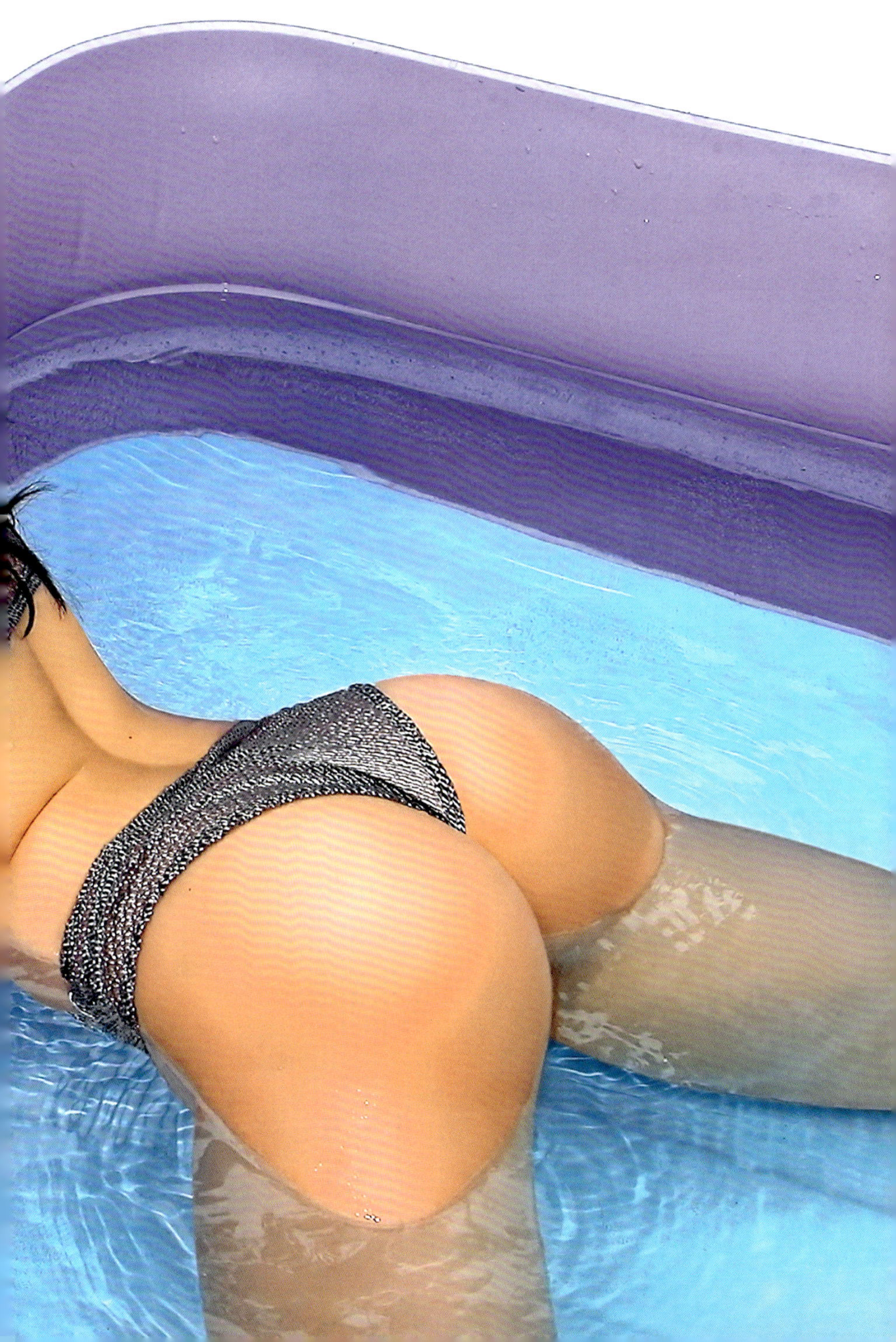

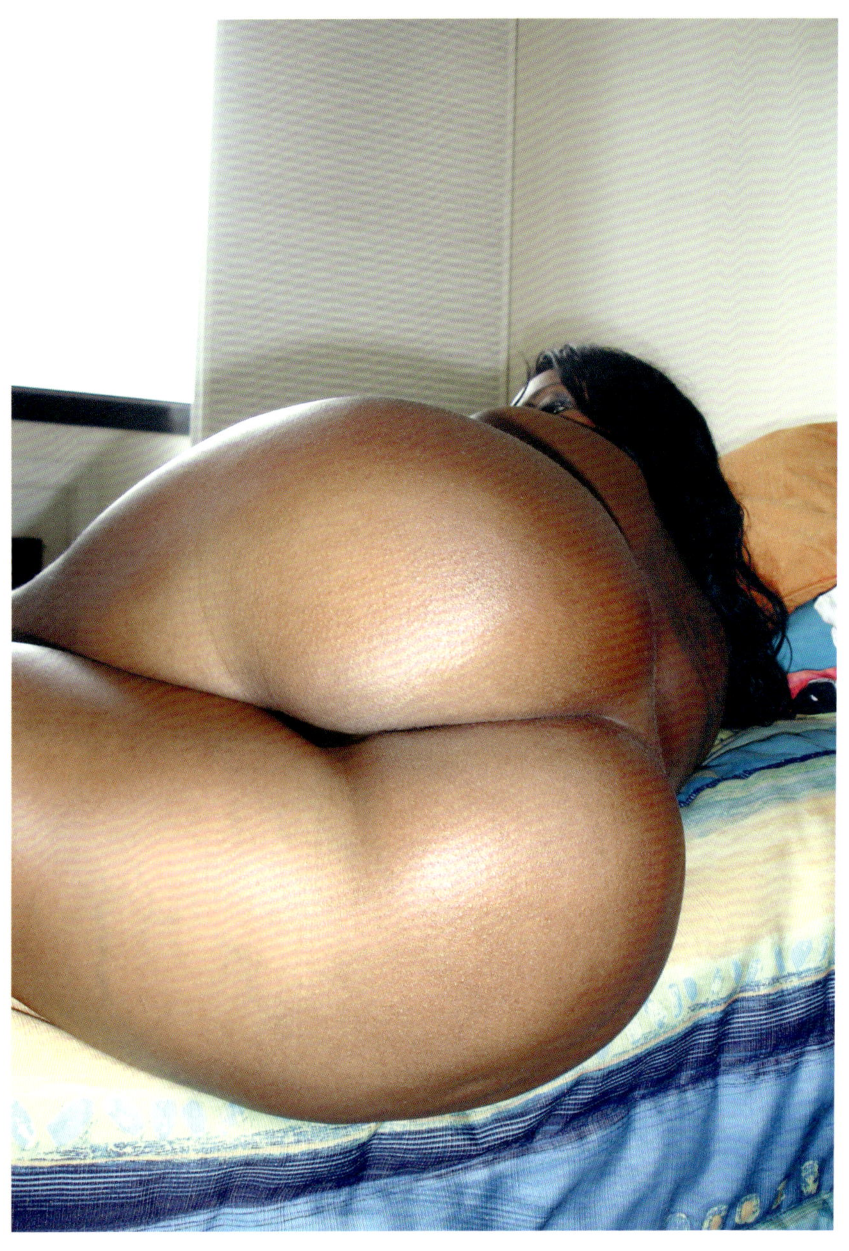

ABOVE **Aminha**   OPPOSITE **Alexis Texas**   PAGES 188-189 **Coco**

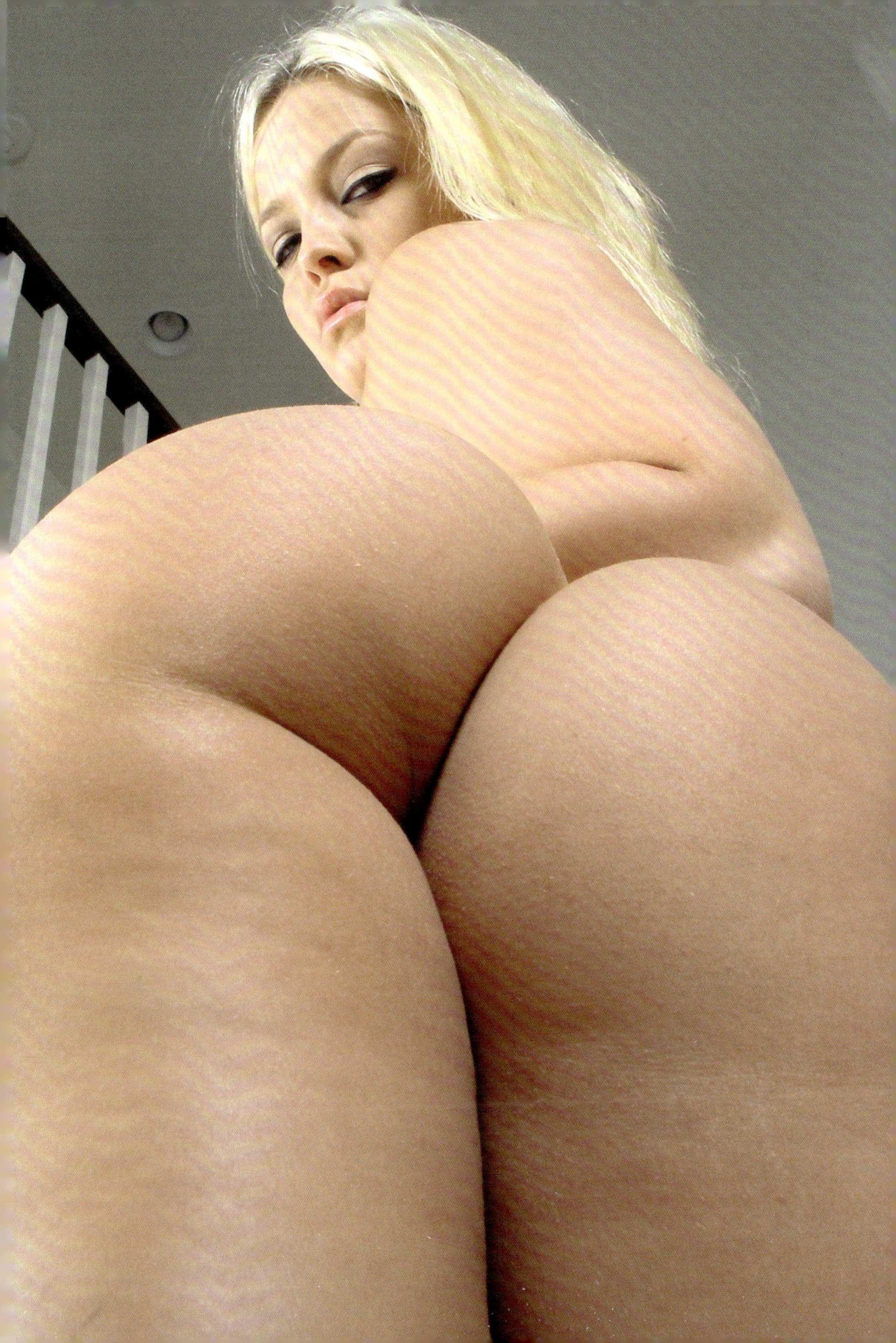

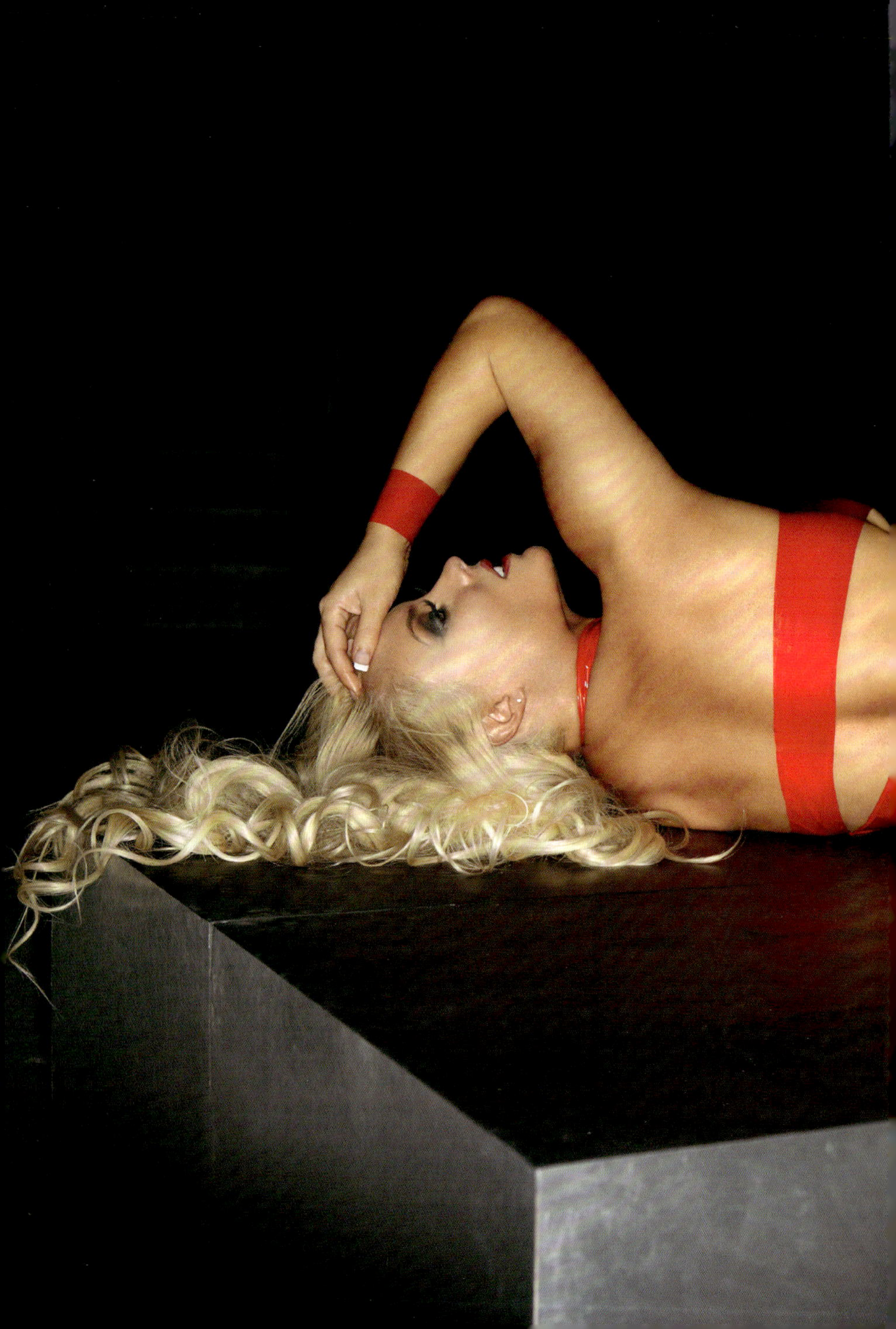

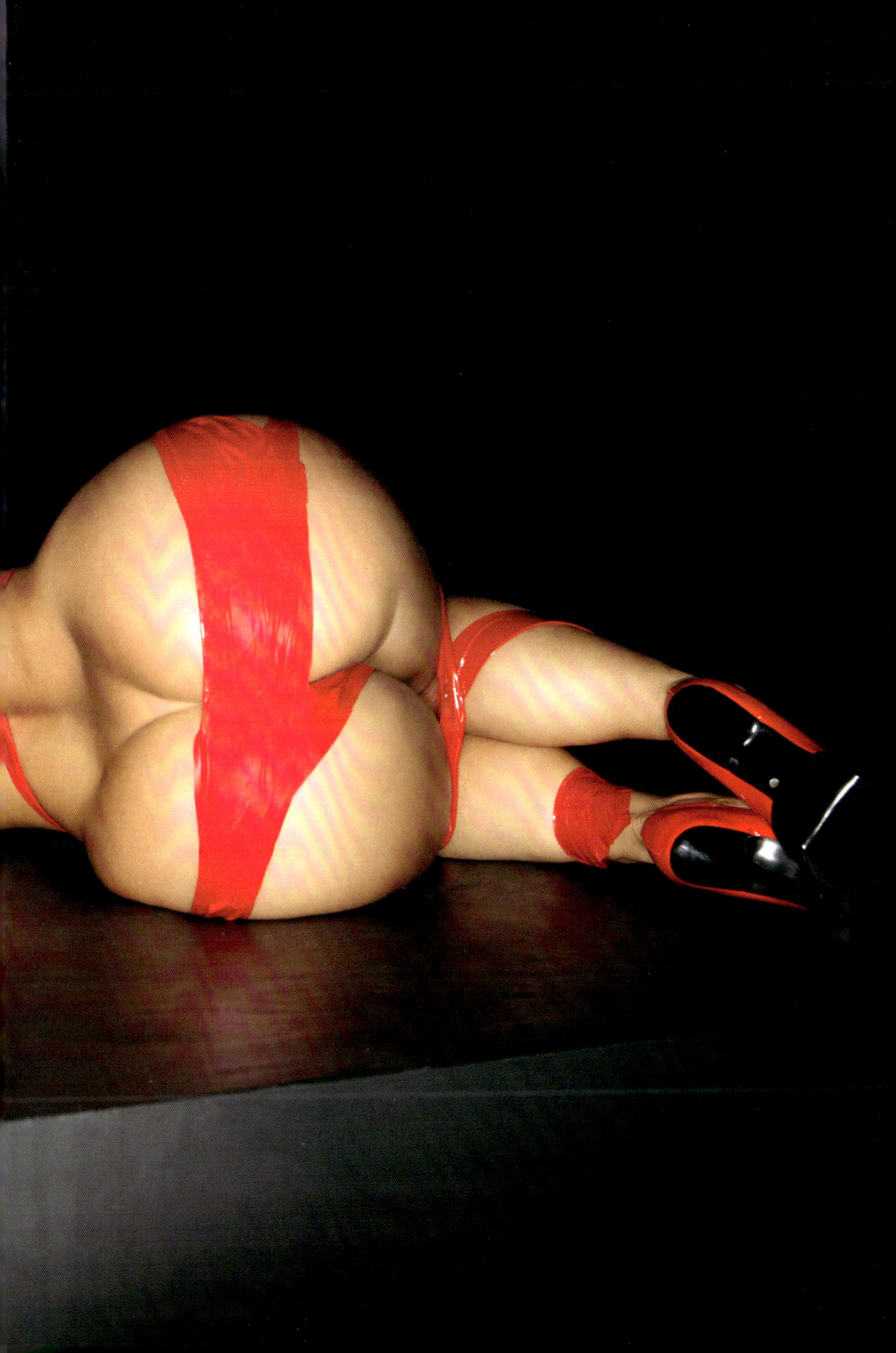

Acknowledgments

Most of the photographs in this book were obtained from the massive archive of A. R. S. Inc., sellers of vintage erotica for over 25 years. They may be contacted by email at yesgirls@yesterdaygirls.com. Photo on page 172/173 is by Jorge Bispo, jorgebispo.com, and courtesy of *Playboy Brazil*. Photos on pages 168, 176/177, and 180 are by Charles Black, skintonesmagazine.net. Photos on pages 25, 39, 48/49, 57, 134/135, 143, 160, and 162 from the collection of Ralph Bowman. Photo on page 63 courtesy of Gloria Dawn. Photos on pages 42, 59, 69, 83, 85, 91, 93, 99, 101, 102, 103, 104/105, 110, 111, 122, 123, 124/125, 136, 141, 149, 152, and 163 from the collection of Erosarchives.com. Photos on pages 164/165, and 170 by Ed Fox, footfactory.com. Photo on page 24 courtesy of Getty Images, gettyimages.com. Magazines and photos on pages 14, 15, 20, right, 44, 46, 47, 50, 53, and 60/61 from the collection of Eric Godtland. Figure, photos, cards, magazines and posters on pages 1, 6, 10, 12, 13, right, 20, left, 21, 22, 23, 28, 29, 30, 38, 40/41, 43, 51, 54/55, 56, 62, 66, 72/73, 74, 75, 79, 82, 96/97, 100, 106, 112/113, 126, 133, 139, and 148 from the collection of Dian Hanson. Photo on page 191 by Butch Simms or Tony Elka, courtesy of Eve Howard, shadowlane.com. Photo on page 167 by Howard Huang, howardhuang.com. Photos on pages 166, 178, 179, and 184/185 by Mike James, jamesart.com. Photos on pages 181, 188/189, 192 by Charlie Langella, charlielangella.com. Photo on page 16 © Mavrix Photo Inc, mavrixphoto.com. Photo on page 187 by Roman Video, romanvideo.com. Photo on page 175 by Sage Style, sagestyle.net. Photos on pages 182, and 183 by Nick Saglimbeni for Slickforce Studio, slickforce.com. Make-up by Caren Elle and Merrell Hollis; hair by Q and Tara Jean Mann; wardrobe by Megan Halpin and Debra Ginyard. Photos on pages 169, 171, 174, and 186 by John Stagliano, evilangel.com. Photo on page 4 by Bunny Yeager, bunnyyeager.com.

The song lyrics used on page 5 are the property of Sir Mix-A-Lot and his representatives.

Special thanks to Ed Fox for his front and back cover photos of the bootylicious Alexis Texas, and to ladirectmodels.com. A very special thanks to Thiago Lucas and Scott Small, who offered help far beyond the call of duty. Thanks as well to Josh Baker, Marco Zivny and Jessica Sappenfield for design, Martin Holz for editorial coordination, Jennifer Patrick for production, Doug Adrianson for proofreading, Wordsworth for transcription, RP Digital for scanning, and, as always, to Benedikt Taschen.

See more of cover girl Alexis Texas, star of the *Buttwoman* video series, at alexistexas.com

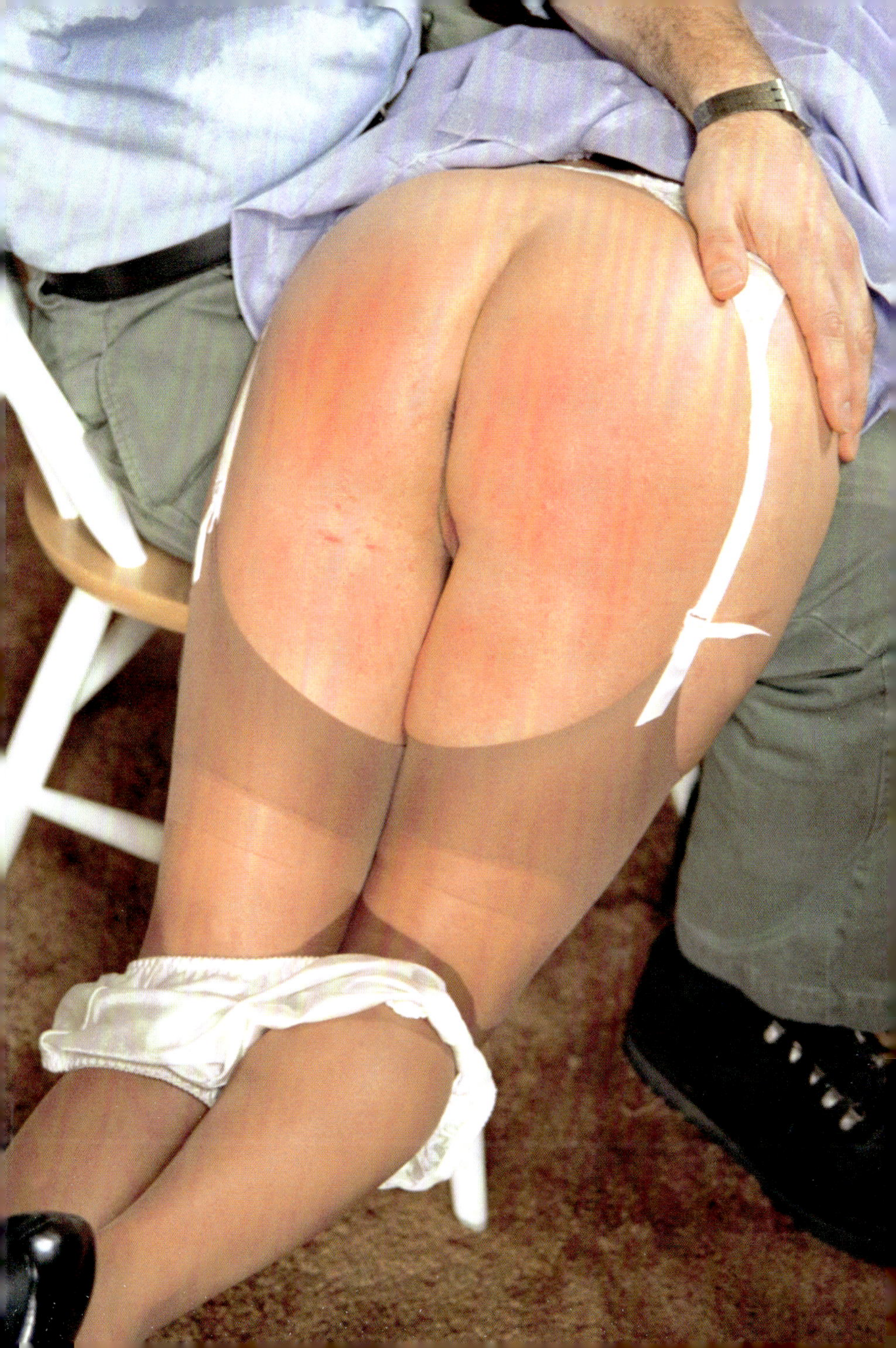

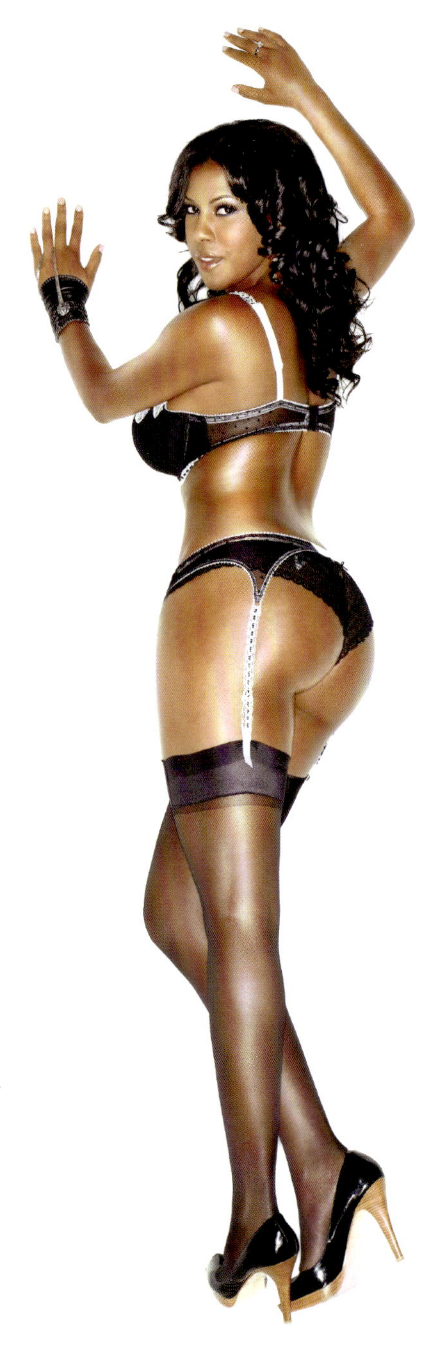

FRONT AND BACK COVERS Alexis Texas by Ed Fox
ENDPAPERS 12 Butts, circa 1975
PAGE 1 Venus de Lespugue (reproduction), circa 25,000 BC
PAGE 2 Isa Diamond, circa 1965
PAGE 191 Brian Tarsis spanks Angella Faith, 1995, Courtesy of Eve Howard and Shadowlane.com
LEFT Vanessa Wilson by Charlie Langella

EACH AND EVERY TASCHEN BOOK PLANTS A SEED!
TASCHEN is a carbon neutral publisher. Each year, we offset our annual carbon emissions with carbon credits at the Instituto Terra, a reforestation program in Minas Gerais, Brazil, founded by Lélia and Sebastião Salgado. To find out more about this ecological partnership, please check: www.taschen.com/zerocarbon
Inspiration: unlimited. Carbon footprint: zero.

To stay informed about TASCHEN and our upcoming titles, please subscribe to our free magazine at www.taschen.com/magazine, follow us on Instagram and Facebook, or e-mail your questions to contact@taschen.com.

© 2023 TASCHEN GmbH
Hohenzollernring 53, D–50672 Köln
www.taschen.com

German translation by Egbert Baqué, Berlin
French translation by Alice Pétillot, Bayonne

Printed in Italy
ISBN 978-3-8365-7892-9

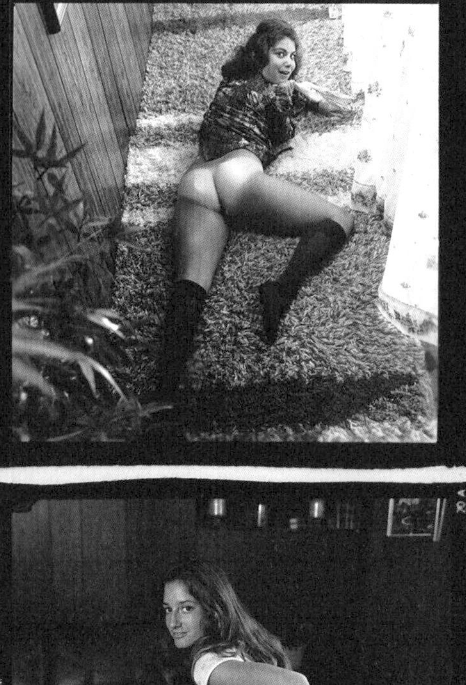
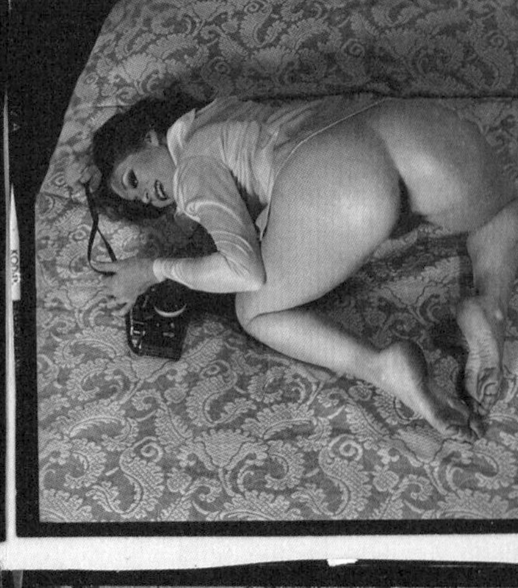
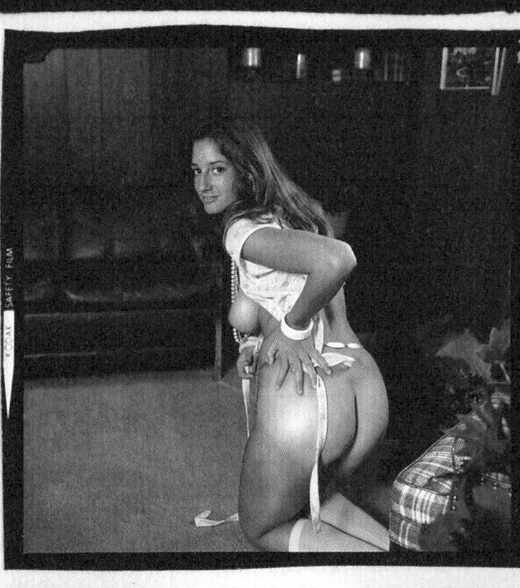
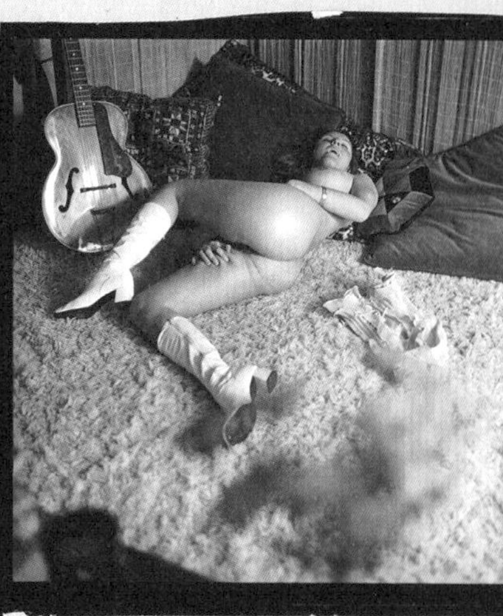
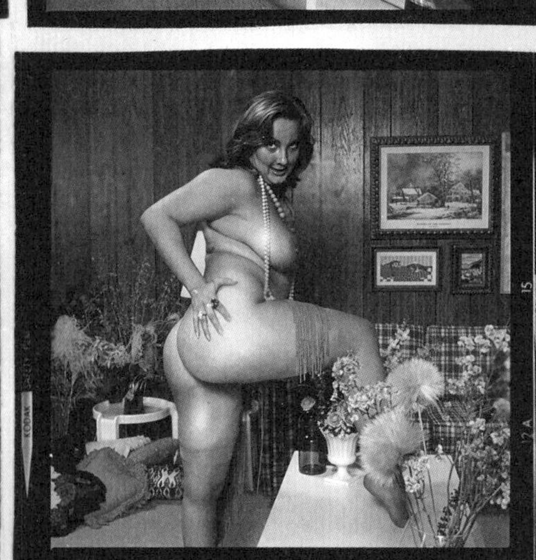
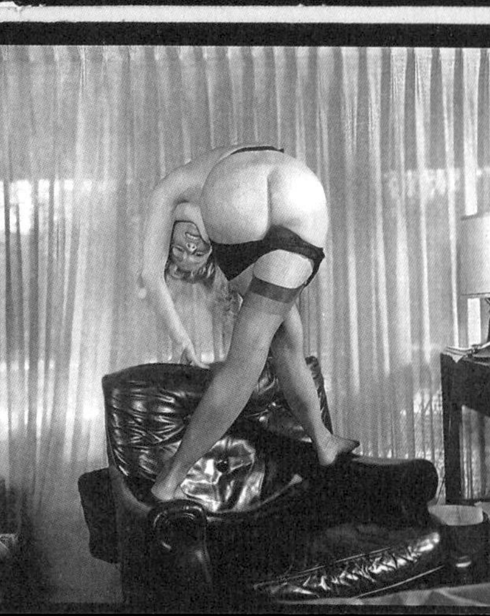